究
叢書・知を究める 15

ホモ・サピエンスの15万年

連続体の人類生態史

古澤拓郎［著］

ミネルヴァ書房

ホモ・サピエンスの15万年——連続体の人類生態史

目　次

目　次

序　章　スペクトラムで人類の歴史を見る

人々の多様性

世界の人々の間に「違い」があることは、しばしば差別の根源になるため、社会的な不正義の元凶であるとみなされることがある。しかし、だからといって世界の人々は「同一」であるとみなすこともできない。もしも個人と個人の違いによる豊かな「多様性」を否定して均一化させようとすれば、民族同化、独裁、全体主義といったことに結びつき、やはり不正義になるのである。それでは差別を生み出すこともなく、はたまた多様性を潰すことなく生きていくには、私たちはどのように世界を見て、考えればよいのであろうか。この問いに対して、「科学」から取り組むことが、本書の全体的な目的である。

この目的を掲げるには、別の背景もある。突然私的なことで恐縮であるが、私は一重まぶたであり、そのため幼少期から目が小さくて、自分は器量が悪いと思ってきた。中学生の時、同じ一貫校の高校生だった姉は、ジャニーズアイドルのような目がぱっちりとした可愛い弟が欲しかったらしく、一重まぶたの私を残念がった。ある時など、まぶたを二重にして固定していれば、いつかは二重まぶたになるかもしれないと言い出し、セロハンテープを持ってきたことがあった。私自身、成長するにしたがい、一重まぶただと人生で損しているような気がしたこともある。決してそれで差別されたというわけではないが、身体的形質によってコンプレックスを感じることになった。それは、そもそもなぜこの世には二重まぶたと一重まぶたの違いが存在するのか、という単純な疑問へと昇華されていった。なお、これはあくまで私の愚痴というか内なる問題であって、一重まぶたに魅力を感じる人もいるし、一重まぶたで素晴らしい器量の人もたくさんいる。ここでいいたかったのは、読者のみなさんも、自分の身体的なコンプレックスをお持ちだったら、なぜそのような身体の違いがあるのか、ということを頭の片隅において、本書を読み進んでいただきたいということである。

それから世界には文化の違いもある。異文化理解という言葉の意味とその必要性が広く社会に知られるようになり、異文化に敬意を払い、大切にすることは、すでに多くの日本人が実践しているところである。しかしそれは、日本人が先進国人として、アジアやアフリカの伝統文化へ向けるまなざしの中に、どこかしら余裕があるからではないか、ということも感じている。私が長く滞在して異文化理解に努めてきたソロモン諸島のロヴィアナ人たちは、熱帯雨林で農耕を営み、サンゴ礁で漁撈を行う生活文化を持っていたが、彼らは彼ら自身の文化よりも、欧米の文化や暮らしへの強いあこがれを抱いている面がある。彼らの立場にたてば、なぜ自分たちの文化はさまざまな「文明の利器」を持たないのか、という思いがある。そのため、海外から便利なものが入ってくると、それを次々と取り入れて、伝統的な行いを減らしてきた。もちろん彼らが自分たちの文化に誇りを持っていることも事実であるが、彼らが欧米の文化に向けるまなざしの中に、私は彼らのコンプレックスのようなものを感じとったのである。もし世界の文化が、同じようにモノを持っていたならば、彼らが欧米文化にこのような思いを感じることもなかったであろう。

学術的な背景

本書はこのような「違い」を取り上げながら、そこに「同じ」ものがあることを、「科学」的に論じるものであると述べた。ここでいう科学的というのは、いわゆる科学・技術だけではなく、あるいは自然科学だけでなく、そこに社会科学、人文科学など、あらゆる学術分野の研究を含めていうものである。特に理論的基盤となるものは、人類生態学という学問分野である。人類生態学がどういう考え方をしているかについては、本書を読み進む中で自ずから理解していただけることと考えているが、人間の進化と適応を生物学からだけでなく、文化の理解、行動の分析、病気の解消といった観点を交えながら研究しており、それは現代のさまざまな問題にも応用できるものである。もしもさらに深く理解したい方がいらしたら、東京大学医学部の人類生態学教室が中心となり執筆している教科書『人類生態学　第2版』（東京大学出版会）をお勧めしたい。

なお順番が前後するが、人類学、あるいは自然人類学と呼ばれる分野では、もっと古くから人間の進化・適応について研究がなされてきており、今でも先端的な成果が出されている。例えば日本人に至る進化だけを取り上げても、国立科学博物館の篠田健一教授による『日本人になった祖先たち――DNAから解明するその多元的構造』（NHK出版）、海部陽介教授による『日本人はどこから来たのか?』（文藝春秋）といった書が挙げられる。また本書はほとんどを人間すなわち現生人類に焦点を当てているが、それ以前の猿人から旧人に至るまでをも含めた人類論としては、川端裕人氏著・海部陽介教授監修『我々はなぜ我々だけなのか――アジアから消えた多様な「人類」たち』（講談社）などがわかりやすい。それから現代の諸問題を人類学からみて一般向けにわかりやすく説明した本には、日本人類学会教育普及委員会監修中山一大博士・市石博博士編集の『つい誰かに教えたくなる人類学63の大疑問』（講談社）がある。また、人類学に限らず人種による区別ができないことを科学的に証明する取り組みには、京都大学人文科学研究所の竹沢泰子教授らが編集する『人種神話を解体する』（全三巻）（東京大学出版会）がある。

本書のもう一つの特徴は、違いの生じてきた背景を考えるためには、「なぜそうなったのか」という経緯を明らかにすることが大事であり、そのため物事を歴史的に考えていることである。このように違いがないことを歴史的に考えるためには、国や地域という枠組みにとらわれずに歴史を考え、そして国の歴史や地域の歴史の寄せ集めではない世界史を目指すという、東京大学の羽田正教授らによるグローバル・ヒストリーの試みに大いに刺激を受けた。『地域史と世界史』（ミネルヴァ書房）や『グローバル・ヒストリーの可能性』（山川出版社）などがある。ただし本書は、歴史の花形の時代であるような中世や近世は大きく抜けている。これは強い政治的な権力によって、違いが創造されたり、均一化されたりしたようなことはむしろ省いたためである。そのため歴史の本を読まれてきた読者の方々からすると、大きな違和感を抱かれるかもしれない。高校までの教科でいえば、歴史や地理は社会科で教えられるものであるが、人類進化や生態系は理科で教えられるものであるところ、本書は社会科や理科という違いに全く頓着せず書かれたものである。そして史資料をたどることはせず、人間の遺伝子、行動、文化、病気、そして生態環境から歴史をたどるのである。

本書は究極的には世界各地の人々を理解するためのものである。私たち地域研究を行う研究者は、長く現地に滞在することで、その地域の人々を理解しようとする。ながく暮らしていると、当初の研究目的以外にもさまざまなことに目が向くようになり、なぜそのような文化なのか、なぜそのような身体的特徴があるのか、そして何か現在問題が起こっているならば、なぜそのような問題が起こったのか、という疑問が生ずることがある。そしてその答えを見つけるために、単に文化だけ、身体だけ、あるいは環境だけを見るのではなく、それら地域のすべてに目を向けることで、誰も考えなかったような新しい発見に至ることもある。地域研究ということが、単に文化人類学やかつての博物学ではなくて、より包括的で分野横断的な研究である所以である。

さて、違いがあることと、同じであること、という相反する状態を両立させる視点として、一般には多様性という言葉がよく用いられるが、本書ではあえて連続体という単語にこだわる。この単語については、第一章で詳しく述べるが、スペクトラム（spectrum）のことである。スペクトルと呼ばれることもある。『ハリー・ポッター』シリーズのハーマイオニー役で有名な女優であり、かつフェミニストとしても知られるエマ・ワトソンさんが国連で男女平等を訴えるスピーチをした時に、この用語を使った。彼女がどういう意図をもってこの単語を使ったかは推測することしかできないが、物理学等で使う専門用語としての意味からみた時、男女のように見かけ上に違いがあるものを、一つのものとしてみるために、これ以上適切な表現はないと私は考えた。多様性という単語は生物学でいえばさまざまな異なる種が共存しているような状況を指し、違うことを前向きにとらえつつも、私からみると種と種の間で線引きをしているように思えてならない。男女の違い、民族の違いというのは、異なるものの間に壁があって隔てられているのではなく、ましてや対立するものではなく、連続したもの、すなわち連続体としてみたほうがよいのである。

本書の構成

構成としては、第一章「人間の起源から」では人間が一つの集団として誕生してから、世界に拡散していくことで、どのような変化が起こったかを中心に説明する。第二章「生物としての私たち人間」では、私たち人間が生物であるがゆえに起こってきた変化と、現在そしてこれから起こっていく変化について考える。第三章「文化の基底」では、世界各地の文化の違いを、人間誕生以来の世界各地の生態環境への適応という観点から理解する。第四章「行動の進化」は、人間の生物としての側面と文化的な側面を繋ぐものとして、行動や思考について論じる。第五章「病気の起源」は、私たちの生存を脅かしてきた病気と、人間が病気を生物として、あるいは文化の力で、どのようにして乗り越えて、今に至るかをまとめる。第六章「現代の課題」では、現在の世界で特に大きな問題となっていることを取り上げ、それを連続体の人類生態史という観点から、どのように理解できるかを試みる。そして終章では、あらためて私たち人間がみな、切っても切れない、一つの連続体であることを説明する。

本書では科学的研究を紹介するために、海外の学術雑誌も多く引用している。読みやすさのために、学術雑誌の名前には日本語名を付しているが、公的な日本語名がない場合は、筆者が独自に訳したものであることを断っておく。なお、科学的とはいえ人間や自然については解明されていることは、まだ限られている。科学研究の成果とは、ある条件下での結果に基づいて結論を導いているが、条件が異なると結果が異なることもありうるし、実験技術や観測技術の進歩により結果が変わることもある。このように科学にも限界があることをご理解しておいていただきたい。

さて、この連続的な生態史を学ぶことで、人間＝ホモ・サピエンスについての理解が深まり、私のように自分の個性をもって切ない思いをする人が、少しでも減ることを願うものである。

第一章　人間の起源から

1　人間の壮大な旅と個人的なコンプレックス

アフリカ大陸から世界へ

遥か昔私たち人間が地球上に誕生した時、それは小さな一つの集まりにすぎなかった。それから今まで、長い時間をかけて、人間は枝分かれをするように、さまざまな身体的特徴や文化を持つに至った。このような違いには、肌の色の違い、体形の違い、農業様式の違い、伝統的祭祀の違いなど、実にさまざまなものがある。この事実こそが、悪い時には差別の根となってきたが、本書がテーマとする連続体の源である。そこで本書ではまず、一つであった集団が、どのようにして分かれるに至ったのかという人類史の経緯について簡単にまとめておく。

ホモ・サピエンスすなわち私たち人間の祖先が誕生したのは、今からおよそ一〇～二〇万年前のことであったとされる。年代についてはさまざまな研究があるが、本書では間をとって約一五万年前を人間誕生の時として話を進めたい。それから、誕生の場所はアフリカ大陸であった。アフリカ大陸というと、砂漠をラクダがのんびり歩いているような光景を想像される方も多いが、この巨大な大陸は赤道をまたいで南北に伸びて、その赤道付近には高温で雨の多い熱帯雨林が広がっているのであり、サハラ砂漠のような乾燥地帯は大陸の中でも赤道から北と南に離れたところにだけ分布しているものである。このアフリカの熱帯雨林は今でも多種多様な生物が暮らす「生物多様性」の宝庫であり、人間に近い生物であるゴリラやチンパンジーも、この熱帯アフリカに生息する。したがって、人間がこのアフリカ大陸で誕生したことも不思議ではない。ただし、厳密にいえば人間がこの豊かな「熱帯雨林の中」で誕生したとは限らない。二足歩行をはじめとする人間の特徴は、熱帯雨林での暮らしよりもその外にあるサバンナでの暮らしに適しているとされており、むしろ熱帯雨林を追われた霊長類の種の中から人間が誕生したと考えられているのである。

人間は誕生以来、何万年もアフリカ大陸で暮らしてきた。アフリカ大陸は広大で、先ほど書いたようにさまざまな気候と風土に富んでいた。しかし、人間は今からおよそ一〇～五万年前にアフリカ大陸の外へと進出を始めたようで、この時代以降の中東、ヨーロッパ、アジア、そして世界各地で人間が生存した痕跡が見つかるようになる。これは人間の「出アフリカ（Out-of-Africa）」と呼ばれる。アフリカから陸続きで現在の中東まで来た後、あるグループはヨーロッパ（約四万二〇〇〇年前）

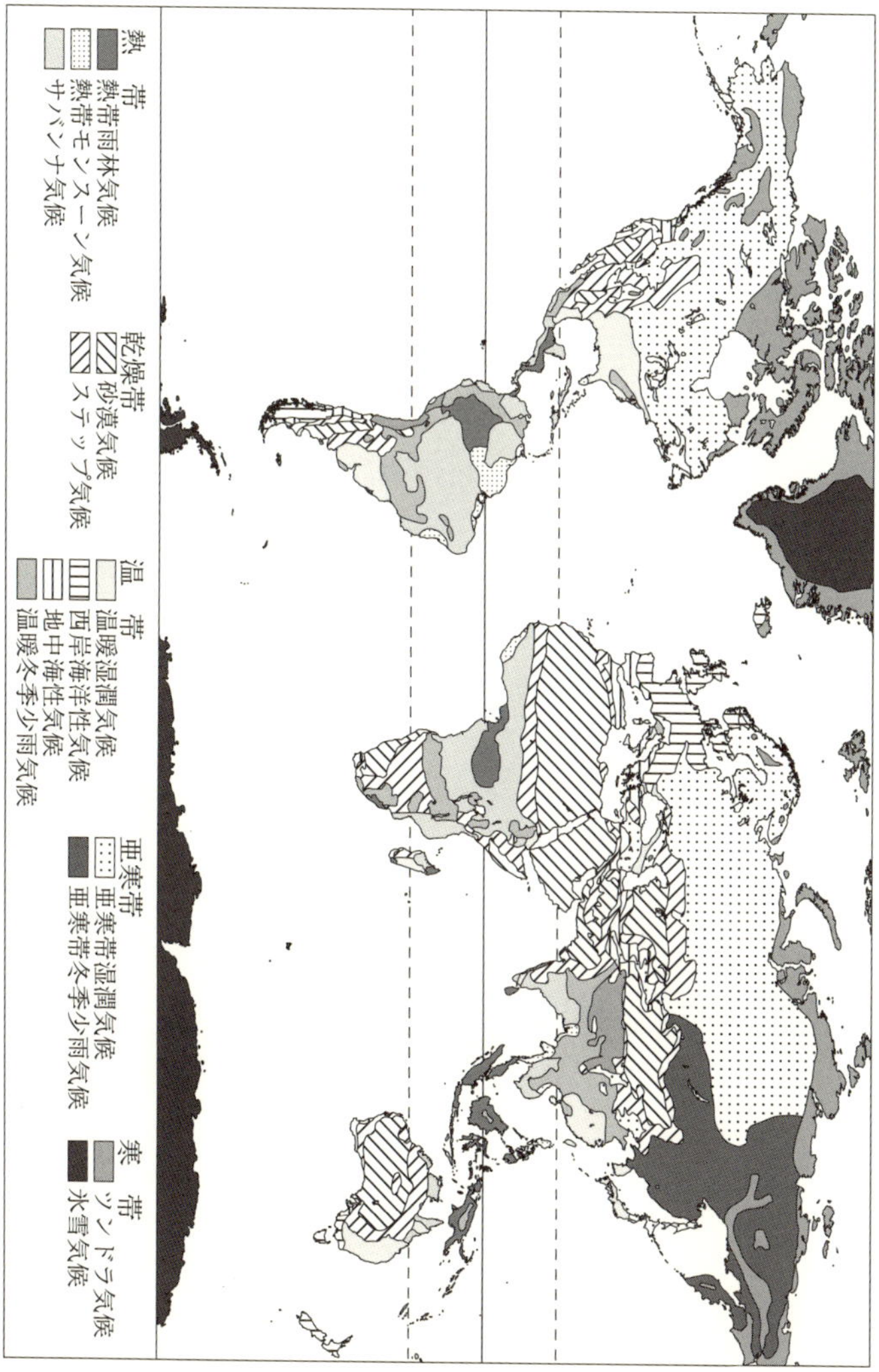

世界の気候区分におけるアフリカ大陸

へ、別のグループは東に向かい南アジアを経て、やがて五万年前には東南アジアへとたどり着いた。そこから北へ向かい、四万年前頃には東アジアに住み始めたグループがあった。日本もこの頃である。そこから北に進んでシベリアへと到達し、さらに東へと、当時は陸続きであったベーリング海峡を渡り、一万四〇〇〇年ほど前には北米大陸にたどり着いた。このグループが北アメリカ大陸を南下し、やがて南アメリカ大陸を縦断し、その南端にたどり着いたのは約一万三〇〇〇年前だ。こうして世界すべての大陸に人間が到達した。しかし全大陸の制覇をもって人間の旅が終わったのではなく、実は最後の人間の移住はもっと後のことである。五〇〇〇年ほど前にアジアから出た人々が太平洋の島々へと渡り、大型カヌーによる遠洋航海を行ってハワイやイースター島にたどり着いたのが大移住の最後であり、それはわずか一〇〇〇〜一五〇〇年ほど前であったとされる。

ここで人間の拡散と移住の歴史において、よくある誤解のいくつかを解いておきたい。まず人類の誕生は五〇〇〜七〇〇万年前といわれることもあるが、これはいわゆる猿人と呼ばれ、あらゆる人類種の祖の誕生を指す。この猿人以降、さまざまな種の人類が産まれ、絶滅していったが、その中で今生きている私たち「現生人類種」、すなわちホモ・サピエンスが誕生したのが先ほど述べた約一五万年前であり、本書はこの現生人類種を人間と呼んで、その歴史を扱う。

また中国では北京原人の骨が見つかり、インドネシアではジャワ原人の骨が見つかっており、前者は約七〇万年前のもの、後者は一七〇万年前のものとされている。ヨーロッパでは、約五〇万年

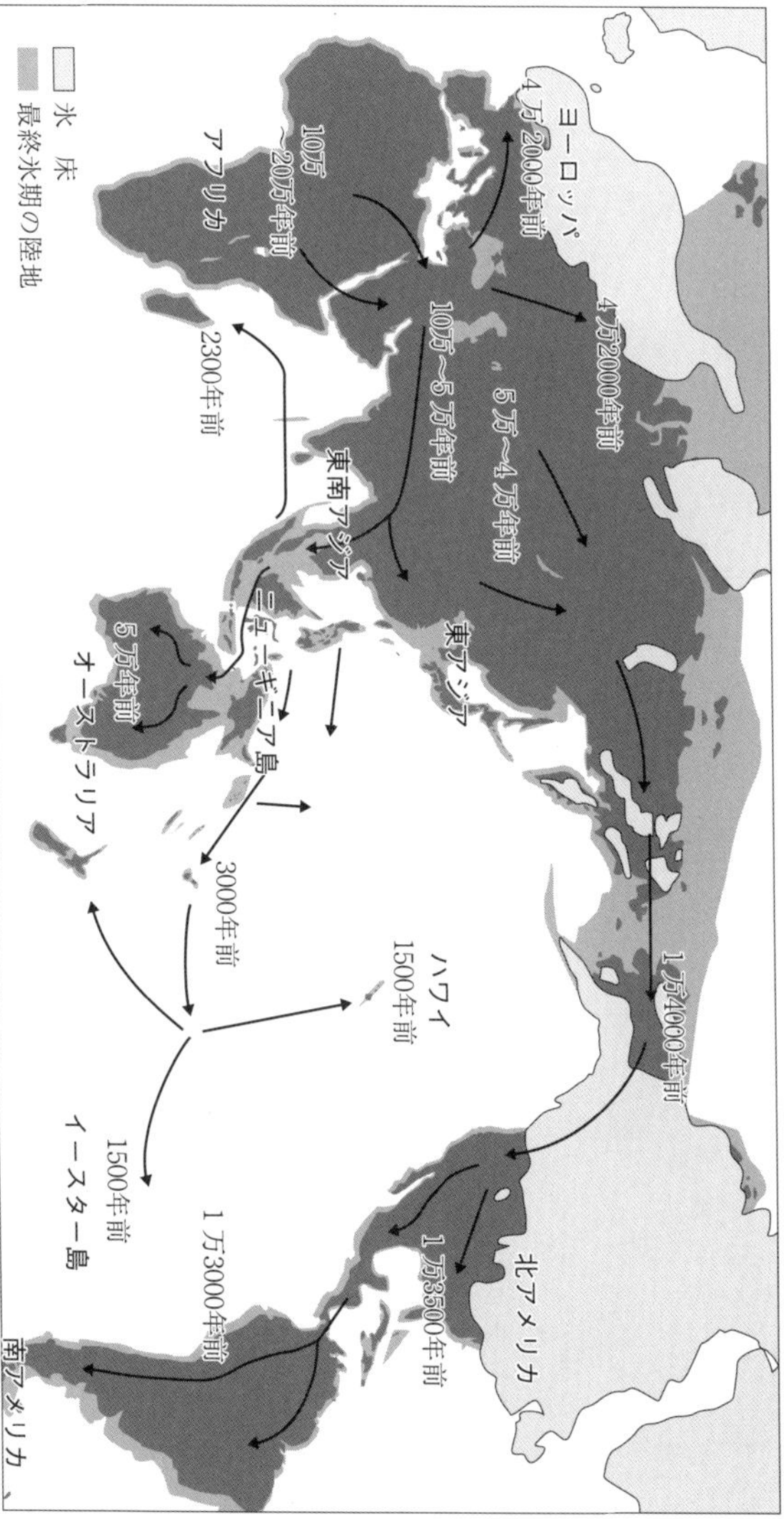

人間の拡散・移住の概要

（出典）印東（2010）などを元に筆者作成

前のハイデルベルク原人が見つかっている。このような原人が進化して、例えば北京原人が進化して現在の東アジア人になり、ジャワ原人が進化してインドネシア人になったという考え方もかつてはあったが、今では否定されている。否定する根拠となった研究の一つに、カリフォルニア大学バークレー校のレベッカ・カン博士やアラン・ウィルソン教授らによって一九八七年に科学誌『ネイチャー』（*Nature*）に公表された論文がある（Cann, Stoneking, and Wilson 1987）。この研究チームが世界中の女性から集めた、ミトコンドリアＤＮＡという遺伝情報を分析して比較したところ、女性らは皆、計算上は約二〇万年前にアフリカにいた一人の女性から生まれてきた、という結論になったのである。この研究に対しては、科学の世界でさまざまな議論が行われたが、考古学や骨形質学などの異分野の研究や、その後さらに発展した遺伝学の研究においても、おおむね同じ結果になることがわかった。つまり、はるか昔にアフリカの外にでて世界に広まった原人は私たちに遺伝子を引き継ぐことなく絶滅し、それより後にアフリカに誕生した、新しいごく少数の人間があらためて世界に広まって、今に至るというのである。なお、原人よりもっと後に誕生したネアンデルタール人などの旧人については、アフリカの外で私たち人間と交わったとされており、これについては本章四節で論じる。

ところで原人が絶滅した原因の一つとして考えられているのは、地球に何度も訪れた氷河期がある。氷河期のアジアやヨーロッパはあまりに寒冷でそこで生存することはできず、アフリカ大陸でのみ人間の祖先は生存し得たという考え方である。私たち人間についても、先に述べたようにアフリカ大陸の外に出たのは一〇万年前とされるが、ヨーロッパやアジアにたどり着くまでに五万年かかったのは、アフリカ大陸の外の環境に何度も追い返されたためであり、寒冷な気候で暮らしていくための身体と文化を備えるために時間がかかったためであろう。熱帯アフリカや熱帯アジアから、寒冷なヨーロッパや東アジアにも進出できるようになったのは、私たち人間が氷河期でも生きていけるような体質と、衣服・住居・火の使用などの文化を身に着けるようになったからなのである。

ただし氷河期は人間移動の壁となっただけではなく、むしろ氷河期は人間に文字通り道を提供してきたとも考えられている。一番新しい氷河期、すなわち最終氷期（ビュルム氷期ともいう）は七万〜一万五〇〇〇年前にあったとされている。この頃、東南アジアでは海面水位が今よりも一〇〇メートル以上浅く、そのため現在のスマトラ島やボルネオ島、ジャワ島などの島々まで、アフリカ大陸からずっと陸続きであった。ユーラシア大陸とアメリカ大陸も陸続きであったし、オーストラリア大陸とニューギニア島も繋がっていた。

一重まぶたの誕生と私

このように人間がアフリカで誕生して世界に広がる中で、どのように変わったかを示す最初の例を挙げたい。それはとても私的な理由になるが、私にとってのコンプレックスとなっており、日本をはじめとして東アジアや北アジアには広くみられるが、世界的にみるとかなり少数派である、一重まぶたという形質である。

日本には二重まぶたの人と一重まぶたの人がいる。そして一重まぶたの私は、実はこの形質を残念に思うことが多く、二重まぶたへのあこがれをずっと抱いてきた。二重まぶたのほうが、美男美女が多く、世の中でチヤホヤされているのではないかと思ってきたのである。それなのになぜ自分は一重まぶたなのか。そもそも、みなが二重まぶたであれば、このようにコンプレックスを感じることもなかったのに、生まれながらにして不公平であると思うのである。欧米の人々はほぼ全員二重まぶたであるから、このような違いは存在しない。もちろん一重まぶたの人も、とても魅力的であることははっきり述べておきたい。しかし自分が魅力的かというと、そうとは思えないのである。

ある時、日本の伝統的な美意識では一重まぶたこそが美男美女であったという話をされて慰められたことがある。たしかに江戸時代中期以降の喜多川歌磨らの美人画などを見ていると、一重まぶたの女性達が美しく描かれている。しかし私の限られた知識の間でも、歌磨より一〇〇年以上前に浮世絵を確立した菱川師宣の浮世絵には、二重まぶたの美男美女が描かれることがあり、絵によっては、女性は一重まぶただが男性は二重まぶたというものもあった。それから、私の調べた限りで、一重まぶたに関するもっとも古い科学論文は一八九六（明治二九）年に『中外醫事新報』という日本の医学雑誌に掲載されたもので、美甘光太郎医師による二重まぶた整形手術に関するものである（美甘光太郎 1896）。美甘医師は、この論文の冒頭で、浮世絵画家のみは一重まぶたを子細に観察してきたが、「温順」そうに見えて「愛嬌」があるとして、もてはやされてきたのは二重まぶたである、

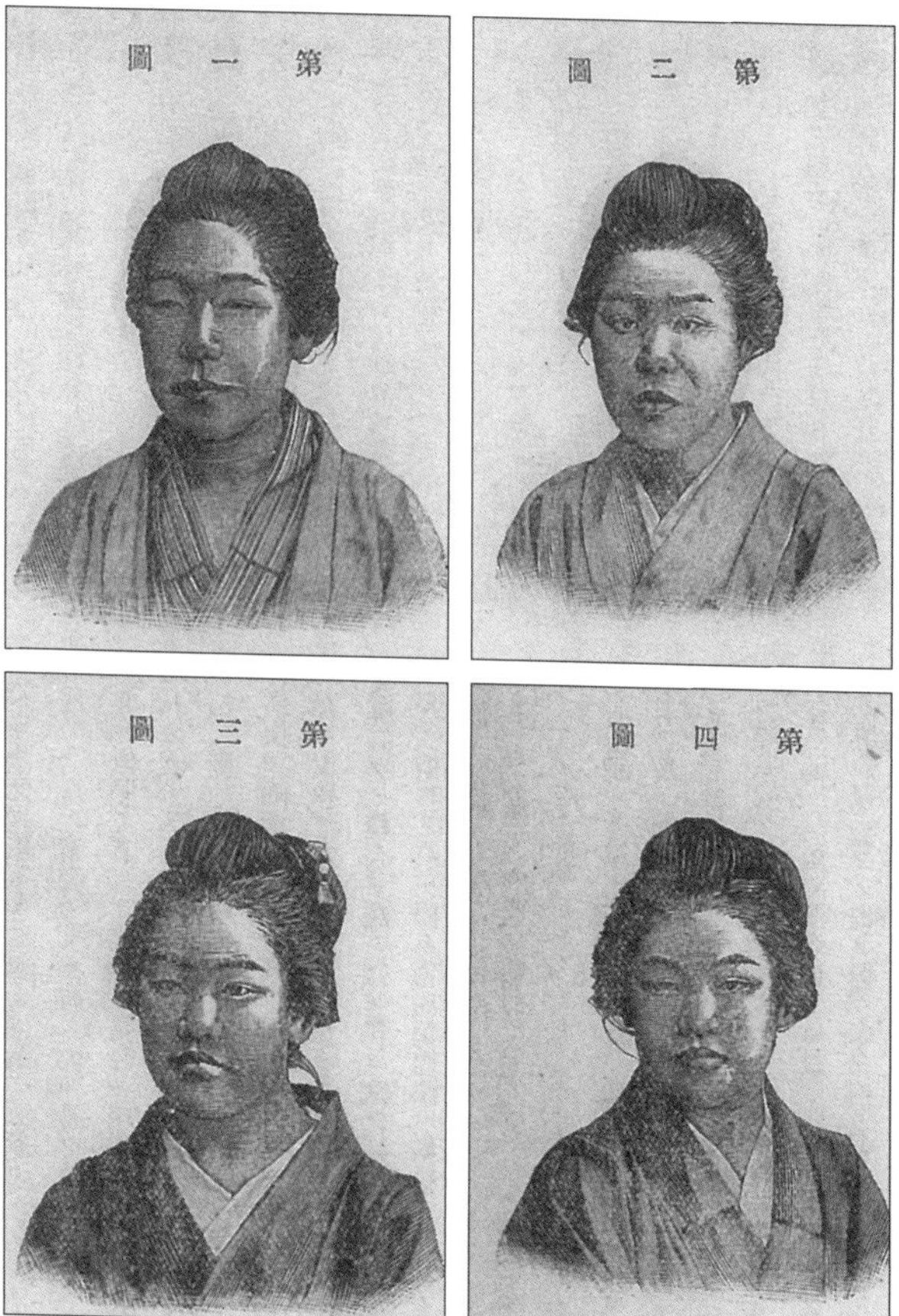

美甘医師が報告した明治時代の二重まぶた整形手術
（出典）美甘（1896）

と断じている。それから美甘医師は一重まぶたについての医学的・形態学的分析を加え、彼の手術の実例を示し、そして最後には手術を受けた女性がより一層美しくなり、その女性患者からは予想以上の歓喜をもって、感謝されたことを書いている。こういったことを調べるにつけ、私のコンプレックスは深まるのであった。

そのような中で、私の心を本当に慰めてくれたのは、進化・適応という観点であった。進化を取り扱う生物学の有名学術誌に『進化』(*Evolution*)というものがあり、二〇世紀半ばにさまざまな動物そして人間の形態が、気候にどのように影響されるかが論じられていた。なかでも一九五六年にアメリカ国立博物館(現在の国立自然史博物館)のマーシャル・ニューマン博士が、人間が寒冷気候に適応する時のさまざまな形態的・生理的特徴をまとめた研究論文がある。その中で、ニューマン博士は寒冷気候では人間は突出部を減らし、それから皮下に脂肪を溜め込むことが有利なので、東アジア人は眉や鼻の隆起が減り、頬や眼球周りに脂肪をためやすくなったという説を紹介している(Newman 1956)。まぶたが一重か二重かにはさまざまな要因があるが、まぶたが薄いとおのずから二重になるが、まぶたが厚いと一重まぶたになりやすいものである。そして一般に日本人はまぶたに脂肪が多くて厚いといわれている。日本人では、たとえ二重まぶたの人であっても、ヨーロッパ人の目つきとは印象が違うものであるのは、この脂肪の厚さのためである。

先に述べた通り、アフリカを出てから南アジアや東南アジアの熱帯を経て移動してきた人間にとって、東アジアは寒冷であった。しかもこの地に到達した四〜五万年前とは、まだ氷河期の最中である。その時、分厚いまぶたが眼球を凍結から守る役目をもってくれたのである。つまり私の一重まぶたは寒冷への適応の産物であった、と考えるに至ったのである。なお、同じく寒冷であってもヨーロッパでは一部の民族を除き一重まぶたがみられないし、東アジアでも二重まぶたの人がたくさんいるように、もともとの人間は二重まぶたであったところ、東アジアでのみ新しい進化形態としての一重まぶたが突発的に誕生し、それ以降の人間に伝わっていったと考えられる。そう考えると、ますます一重まぶたがありがたく感じられてくるのである。

適応と進化

寒冷への適応ということを、進化の視点から説明しておきたい。適応というのは、生物がその環境の中で生きていくのに有利な形態や機能を持つことである。しかし、どのようにして適応が起こり、進化が起こるのかは、一般の方々にはよく誤解されるところである。例えば暖かいところから、寒いところに行って、何年も暮らしていたら肌が分厚くなり、そこでの暮らしに適応するかもしれない。ただしこれは、次の世代には引き継がれず、赤ん坊は再び薄い肌から始めることになるため、進化とはいえない。これは、別の例として父親が筋力トレーニングに熱中して筋骨隆々になった後に子供を作ったとしても、その筋肉は全く子供に伝わらないことと同じである。つまり寒冷適応についていえば、単に寒いところに暮らし始めたからといって、世代を経るごとに皮下脂肪が徐々に多くなり、やがて一重まぶたの多い民族が誕生するということは起こらないのである。

それでは、世代を経るごとに変わっていくような進化が、どのようにして起こるかというと、一八五〇年代に有名な生物学者チャールズ・ダーウィンが、アルフレッド・ウォーレスとともに発表した、自然淘汰と突然変異による進化説が主流の考え方である。自然淘汰というのは、その環境に適さない者は、自然に淘汰されてしまうということである。つまり環境で生き延びることができなかったり、生きていても子孫を残せなかったりすると、次世代を残すことがないことをいう。それでは、淘汰される形質を持った者と、淘汰されない者の違いがどのように生まれるかというと、それがもう一つの用語である突然変異というものによるのである。これは単に変異とも呼ぶ。突然変異は、直感的には理解しにくいところのある概念である。人間でいうならば、母親と父親の遺伝情報が混ざって、母親とも父親とも違う新しい形質の個人が生まれる。また、実は受精の過程では二人の遺伝情報が混ざるだけでなく、もともとの遺伝情報の中身がわずかに書き換えられるため、その個人は、父親と母親のいずれも持っていない形質も持っている。こうして生まれてきた子供は、それまでの人間には無かった特徴を何かしら持っているわけである。それはたまたま偶然起こる変化であり、突然変異なので

チャールズ・ダーウィン

ある。自然淘汰と突然変異を組み合わせて考えると、突然変異で生まれた形質がその環境で生きていくために、そして子孫を残すために不利であると淘汰されるが、逆に有利であると、次世代に残りやすくなる。

この自然淘汰と突然変異によると、寒冷な北東アジアで偶然に顔面に脂肪の多い子供が誕生した。この子は環境に適していて、やがて子供を残した。その子孫のうちから、偶然さらに顔面に脂肪の多い子供が誕生し、より一層環境に適していた。これが数千年から数万年も積み重なって、やがて分厚いまぶたという形質が集団の中に広まっていったと考えられるのである。

ただし、このような説は形態と地理的条件が一致するという経験的観察のみによっており、本当にそういう進化が起こったのか、一重まぶたが寒冷で有利であるかの科学的検証はまた別に行われなければならない。また私自身の希望的意見が含まれていることもここで述べておく。

人間の進化を遺伝子の中にみる

このような進化の過程は、私たちの中に遺伝情報として伝わってきている。そのため、人々の遺伝子を調べることで、どういう進化と適応を遂げてきたかを知ることができるのである。なお、遺伝情報の全体は専門用語ではゲノムと呼ばれ、遺伝子というのはその一部にすぎないが、一般的に知られた単語として、本書ではできるだけ遺伝子という言葉で説明を続ける。

遺伝子と形質の関係はとても複雑である。人間の一つの形質に対して、たくさんの異なる遺伝子

（と狭義の遺伝子以外の遺伝情報）がかかわっていることが多くある。今では医療の世界で遺伝子治療とか遺伝子診断ということがいわれるようになり、遺伝子から病気のリスクを調べる民間企業もあるが、遺伝子とその機能についてはまだ解明されていないことが多く、遺伝子による診断技術もまだ限られた病気にしか実用されていない。実はいまだに、遺伝子がいくつあるかですら、わかっていない状況である。

今のところ、人間が持っている遺伝子の数は二万数千個であると予測されている。なお、これらの遺伝子は、稀な遺伝病の場合を除いては、すべての人がすべての遺伝子を持っている。時々会話では、「彼の運動神経が良いのは、私とは遺伝子が違う」のように「遺伝子が違う」というが、これは厳密には遺伝子のタイプ、つまり遺伝子型が違うということである。例えば血液型は、ある種の糖転移酵素を作る機能を持つ通称ＡＢＯ式遺伝子と呼ばれる遺伝子で決まり、ＡＢＯ式遺伝子自体は皆持っている。しかし、この酵素にはＡ、Ｂ、Ｏという三種類があり、人によってその組み合わせが、ＡＡ、ＡＢ、ＡＯ、ＢＢ、ＢＯ、ＯＯという六パターンがある。この組み合わせのパターンを遺伝子型という。

なおＡＢＯ式血液型については、異なる血液型間での輸血が禁忌であるように、人間の中で今でも機能しており、血液型を発見したオーストリア・ハンガリーの病理学者カール・ラントシュタイナー博士には一九三〇年にノーベル生理学・医学賞が贈られている。しかしながら、本来輸血などなかったような時代において、血液型がどのような機能を持っていたのかはわかっていない。血液型が人間に引き起こすこととして、非科学的とされる性格の違いにしても、あるいは体質の違いや病気のなりやすさにしても、いくつかの仮説は提示されてきたが、明らかになったものはない。このように、私たち人間の遺伝子の中には、型の違いがあっても、日常的に表面に出てくる違いはないというものもたくさんある。

「優性遺伝」・「劣性遺伝」だけではない

ところで、一重まぶた、二重まぶたという外見は、世間一般では何故かメンデルの法則に従うと思われていることが多い。読者の中で、生物で遺伝のことを習ったことがある人は、優性遺伝、劣性遺伝という呼び名で知っているかもしれない。これがもしも真実ならば、両親それぞれから二重まぶたの遺伝子型をもらうか、片方から二重まぶたの遺伝子型をもらえば二重まぶたになり（優性遺伝）、一方そうではなく両親から一重まぶたの遺伝子型をもらった場合には一重まぶたになる（劣性遺伝）という話である。しかし、これは都市伝説の類であると考えられる。実は、優性遺伝・劣性遺伝する遺伝子というのは少ない。例えば先ほども挙げた血液型の場合、AとBはそれぞれOに対して優性であるが、AとBでは拮抗しているように、優性・劣性だけでは説明できない。なお、優性遺伝・劣性遺伝ということは、字面と違って人間に優劣があることとは関係ないので、日本遺伝学会などは「顕性遺伝《けんせいいでん》」・「潜性遺伝《せんせいいでん》」という語の使用を提案している。

私が知るかぎりにおいて、二重まぶた・一重まぶたを優性（顕性）遺伝で決定する具体的な遺伝子は存在しない。美容整形分野をはじめとして、一重まぶたと二重まぶたの作りについての報告があるが、それらではまぶたの厚みに加え、複数の筋やじん帯が影響し、ほかにも環境の影響のあることが明らかになっている。このように複数の部位がかかわる場合、それぞれが異なる遺伝子の影響を受けているのであり、単純に何か一つを親から受け継ぐかどうかではない。

単純な遺伝子型で説明できないことは、他の根拠からもわかる。私たち研究者は、すでに明らかとなっている科学的知見を見つけるために、米国国立医学図書館が運営するPubMedや、Google社が運営するGoogle Scholarといった専門的なデータベースを用いる。これらのサイトで一重まぶた・二重まぶたの遺伝についての先行研究を調べてみると、興味深いことに何故か科学捜査・法医学に関するものがでてくる。その中に、中国・四川大学の金波博士、梁伟波博士、张林博士らのチームによる論文で、『国際科学捜査——遺伝学別冊シリーズ』（*Forensic Science International: Genetics Supplement Series*）という雑誌の二〇一五年五号に掲載された論文がある（Jin et al. 2015）。この論文は、遺伝子型の違いのうち、まぶたに関係する可能性がある四つの遺伝子型を調べたものだ。この研究は、もしそういう遺伝子型があるならば、犯行現場に残された遺留物のＤＮＡから、犯人の顔を再現できるのではないか、という考えに基づいている。だが研究チームは、どの遺伝子型も実際のまぶたと関係していることはなかったとし、まぶたの仕組みはそう単純ではないことがあらためて確認されている。

さて本節では、私個人の身体的形質は人間がアフリカで誕生して世界に拡散する壮大な人類史の中で形成されてきたこと、そしてそれは遺伝子の中に見出されること、そしてそれに対する科学的研究の知見は必ずしも世間一般に知られている知識とは一致しないということを説明してきた。このようなことを念頭において、次節以降を読み進めていただきたい。

2　肌の色では何も区別できない

今でも続く対立

アメリカ合衆国では二〇一四年にミズーリ州セントルイス郡ファーガソンで、ヨーロッパ系の警察官がアフリカ系の住民を射殺したことに対して、大きな抗議運動が起こり、それが暴動や略奪へと発展した。二〇一五年にもメリーランド州ボルティモアで、ヨーロッパ系警察官によって拘束されていたアフリカ系住民が死亡したことを契機に、大きな暴動が起こった。また、二〇一六年には、映画の第八八回アカデミー賞の候補者が発表されると、その監督や俳優がすべてヨーロッパ系俳優・監督で占められていることが、大きな議論になった。二〇一七年にドナルド・トランプ大統領が就任すると、その政策の端々に人種差別的な要素があるとして、物議をかもしている。エイブラハム・リンカーン大統領が奴隷解放宣言を出したのが一八六二年であり、さらにアメリカは自由と平等を掲げた国であるが、それにもかかわらず今でも肌の色の違いによる対立が続いている。

日本のニュースでは白人警官と黒人青年など、白人・黒人という表現が多くなされた。アメリカのニュースでも、Black と White という言い方が多くされていた。いまだに色の単語だけで特定の人間集団を指すこと自体が、差別の根源であるような気がしてならないが、アメリカだけでなくイギリスでも、公的機関で Black と White という単語が用いられているようである。一方、研究の世界では、白人・黒人という言い方は避け、冒頭のようにヨーロッパ系・アフリカ系という表現が一般的である。ただし、アフリカにルーツがあり、ヨーロッパに長く住んでいる人もいれば、ヨーロッパ系の人々が多く住むアフリカの国もあり、この表現も十分ではない。なお日本人をはじめとする東アジアの人々については、メディアでも黄人という言い方はせずアジア系と表現するし、アメリカのニュースでも今では Yellow という表現は聞かず Asian が一般的である。白色人種をコーカソイド、黒色人種をネグロイド、黄色人種をモンゴロイドと表現することもあるが、コーカソイドとネグロイドという表現は、やはり肌の色に基づいた用語であり、研究の世界では不適切とされることがある。

このように肌の色の違いによって人を分けることを、どう記述し表現するかというのは難しい問題であるが、そもそも科学的にいって、肌の色によって人を分けることは可能なのだろうか。

黒い肌から白い肌へ

肌の色の違いは、残念ながら歴史において人間を区別する根拠とされてしまい、深刻な差別のもととなり、それが今まで続いてきた。しかしすべての人間は、時間の軸をずっとずっと遡れば同じ祖先から生まれたことからすると、もともとは肌の色は一つであったことは間違いない。

本章一節で書いたように、私たち人間（ホモ・サピエンス）は皆、今の肌の色に関係なく、約一五万年前にアフリカ大陸で誕生し、私たちは歴史の大半を「アフリカ人」として過ごした。さて、この場合、アフリカに誕生した人間共通の祖先は、どのような肌の色だったのか。現在のアフリカ系の人々を見てみると、皆一様に肌が黒い。このことには機能的な説明がある。赤道近くの地域、つまり太陽からの照りつけが強いところでは、強い紫外線がＤＮＡを破壊することになる。しかしメラニン色素が多くて肌が黒いことで、それを防ぐことができる。こうしたことからすると、最初の人間は皆肌の色が黒かったと考えられる。

さて、アフリカを出て、そこから北へ向かいヨーロッパに人間がたどり着いたのは四万年ほど前といわれ、これがヨーロッパ系の人々となり、ここで肌の色が白い人々が生まれたと考えられる。ヨーロッパ、特に北部地域の人々は肌の色が白いが、これは極地では日照が弱いことと関係しているとされる。極地に近づくと、太陽からの距離が遠くなるので、日照が弱くなる。実は骨格の発達など身体の発育に必要な要素にビタミンＤというものがある。これは通常体内で作られるが、そのためには十分な太陽の光を浴びることが必要なのである。十分な日照がなく、ビタミンDが不足すると、成長期に骨格異常を起こすことがあり、ヨーロッパに多くみられる「くる病」になる。

すなわち日照が弱い地域で効率よくビタミンDを生成するためには、白い肌が好ましい。環境に適応するという考え方からすると、アフリカからヨーロッパの新しい環境に移住した人たちは、最初は黒い肌をしていたが、ずっと世代を重ねる中で日照の弱さに適応して、白い肌の人が広まっていったと考えることができる。そうすると白い肌が生まれたのは人間がヨーロッパにたどり着いた四万年前よりも最近のことであるわけである。これに関しては、二〇一八年二月にイギリスのユニバーシティ・カレッジ・ロンドンのヨアン・ダイク博士や自然史博物館のセリーナ・ブレイス博士らが、『バイオアーカイヴ』(*bioRxiv*)という学術サーバーに驚くべき分析結果を公表した。彼らがイギリスで発掘された古人骨で「チェダーマン」(Cheddar Man)という呼び名がついている標本の遺伝子を解析したところ、このかつてイギリスに暮らしていた人は、黒い肌をしていたと考えられるということ

チェダーマン

(出典) ロンドン自然史博物館 (http://www.nhm.ac.uk/discover/cheddar-man-mesolithic-britain-blue-eyed-boy.html)

であった（Brace et al. 2018）。そしてこのチェダーマンは、イギリスで見つかっているもっとも古い人骨の一つであるが、その年代は約一万年前なのである。つまり、この発見は、白い肌が生まれたのは、過去一万年よりも最近の間に起こった可能性があるのである。人間が約一五万年前に誕生したとすれば、その後一四万年以上の間、すべての人は「黒人」であった可能性がでてきたのである。

東アジア人の肌

一方、我々日本人、東アジア人など温帯地域の人々はどうなのか。人間が東アジアにたどり着いたのは、四～五万年前であるといわれ、アジア系の起源となる。アフリカ系の黒い肌でも、ヨーロッパ系の白い肌でもない。しかしここで、温帯地域で黒い肌の人が生きられないとか、白い肌の人が生きられないというのは考えにくい。なぜなら、ヨーロッパでも地中海の温帯地域に暮らしてきた、肌の白い人々もいれば、アフリカでも南アフリカのような温帯地域に暮らしてきた、肌の黒い人々もいる。

このように東アジア人の肌の色でなければならないことの説明は難しいが、日照との関係でいえば、この地域には四季があり、日照が強い季節と弱い季節が両方あることと関係があるといわれている。日本人でも、日焼けをするとかなり黒くなる。一方、白い肌になりたい人も多く、日照を避けるとかなり白くなる人もいる。東アジア人の肌の色が変わることのできる範囲は大きく、この対応範囲の広さにより四季に適応している。

なおこの関係で、アジア系でありながら日照の弱い極地に暮らす、アラスカのイヌイットの人々

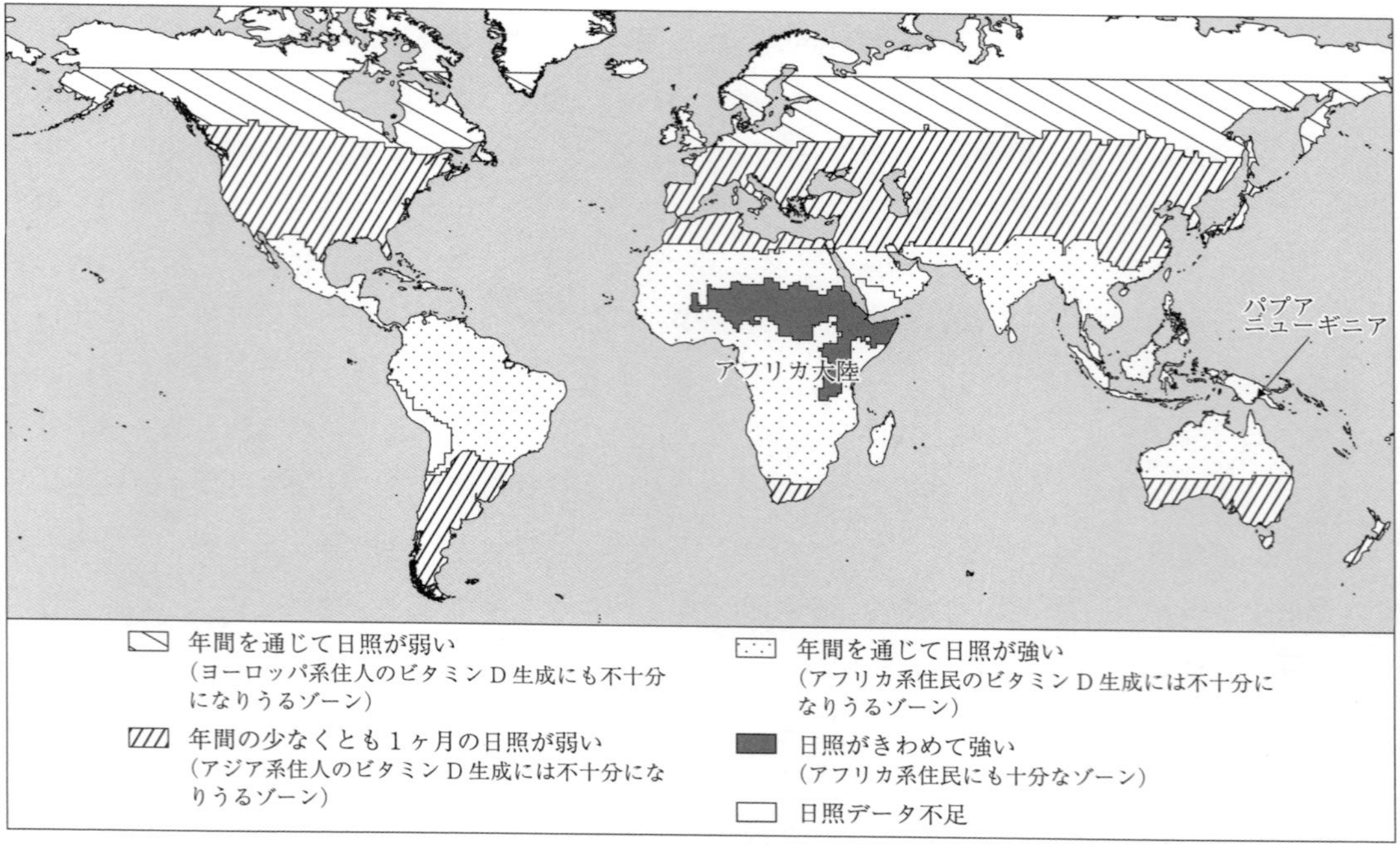

世界における日照の推定

（出典）Jablonski and Chaplin 2000, Figure 2 を改変

は白い肌でなくて、ビタミンD欠乏にならないのか、という話がある。実は、イヌイットの人たちは生の魚をよく食べるが、それにはビタミンDが豊富に含まれるため、成長に必要な分を補っているとされる。

進化の過程で肌の色は変わる

カリフォルニア科学アカデミーのニーナ・ジャブロンスキー博士とジョージ・チャプリン博士の二人は、世界のさまざまな民族について、その肌の色の濃さを調べ、二〇〇〇年に『人類進化雑誌』(*Journal of Human Evolution*) に論文を公表した (Jablonski and Chaplin 2000)。両博士は、それぞれの民族が暮らしている地域の紫外線量を調べたところ、肌の色の濃さとの間に強い相関があることがわかった。つまり、紫外線の強い赤道の近くには肌の色が濃く、紫外線の弱い極地のほうには肌の色が薄くなることを、データをもって示した。二人の博士は男性よりも女性のほうの肌が若干白いということも発見したが、これは妊娠中には多くのビタミンDを必要とするため、女性のほうが多くの日照が必要だからではないかと考察している。

肌の色が、今その人が住んでいるところの日照と関係している事実を深く考えると、この発見は重要な意味を持っている。例えば南太平洋のソロモン諸島やパプアニューギニアは、アフリカ大陸から遠く離れているが、やはり肌の黒い人々がいる。逆に、アフリカと南太平洋の間にあたる、中東や南・東南アジアで、赤道から離れたところには、それほど肌の色が黒くない人々の地域もある。そうすると、アフリカ大陸から発した人間の壮大な旅の中で、一度アジア大陸の環境では肌の色が

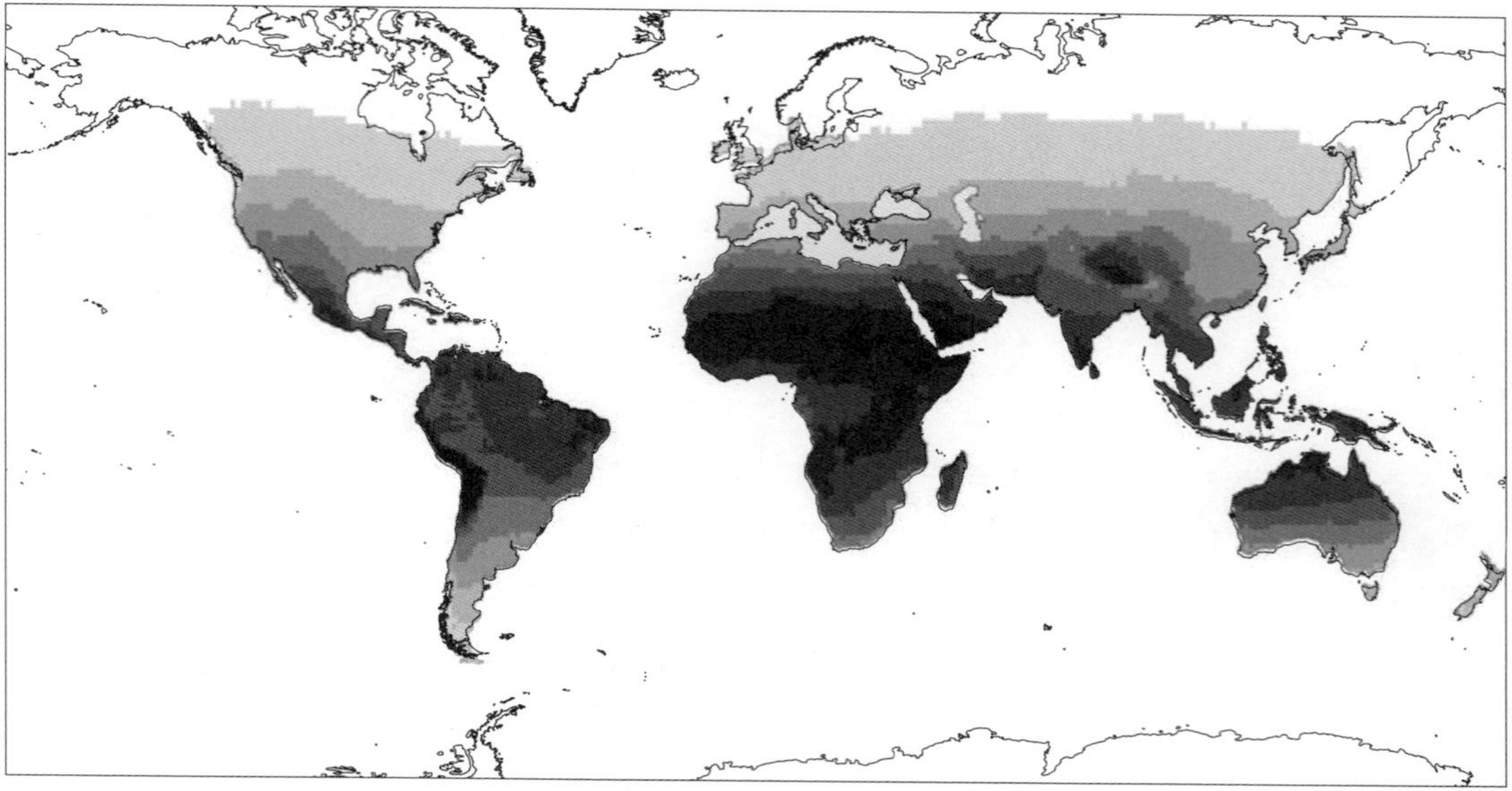

世界各地の先住民における肌の色の濃さ

（出典）Jablonski and Chaplin 2000, Figure 3

薄く変わった人々が、再び赤道付近に移住したことで肌が黒くなった可能性もある。イギリスでも肌の色が白くなったのは、わずか一万年以内であったように、肌の色というのは、私たちがこれまで考えていたよりも短時間で変わりうる身体的特徴であるのかもしれない。両博士の結論では、肌の色は環境への適応と進化の過程にすぎず、環境次第でどうにでも変わりうるのだ、ということを述べている。

肌の色は他の何も決めない

肌の色にかかわる遺伝子はすでにいくつか知られており、代表的なものを挙げると、*SLC24A5*、*SLC45A2*、*TYR* などである。これらの遺伝子にも、人によってタイプが異なる、遺伝子型の違いがある。

これらのうち、前二者の遺伝子型の違いは、赤道から離れる地理的分布と相関しており、しかもヨーロッパ系、アフリカ系、アジア系でパターンが異なることが知られている。次頁の図には *SLC24A5* を例に挙げている。民族ごとに示されたパイチャートの図で濃灰色はアフリカで誕生した祖先型、白色はヨーロッパで誕生したと考えられる派生型の割合を示している。祖先型はアフリカで九〇パーセント以上の人が該当し、黒い肌の色になり、一方の派生型はヨーロッパで一〇〇パーセント近くの人が該当し、白い肌の色を反映する。先に書いたように、肌の色が地理的に関係しているころを表している。なお、日本人を含む東アジアの民族もアフリカと同じく祖先型がほとんどである。したがって、この遺伝子だけをみると東アジアも「黒人型」であるが、*SLC45A2*など他

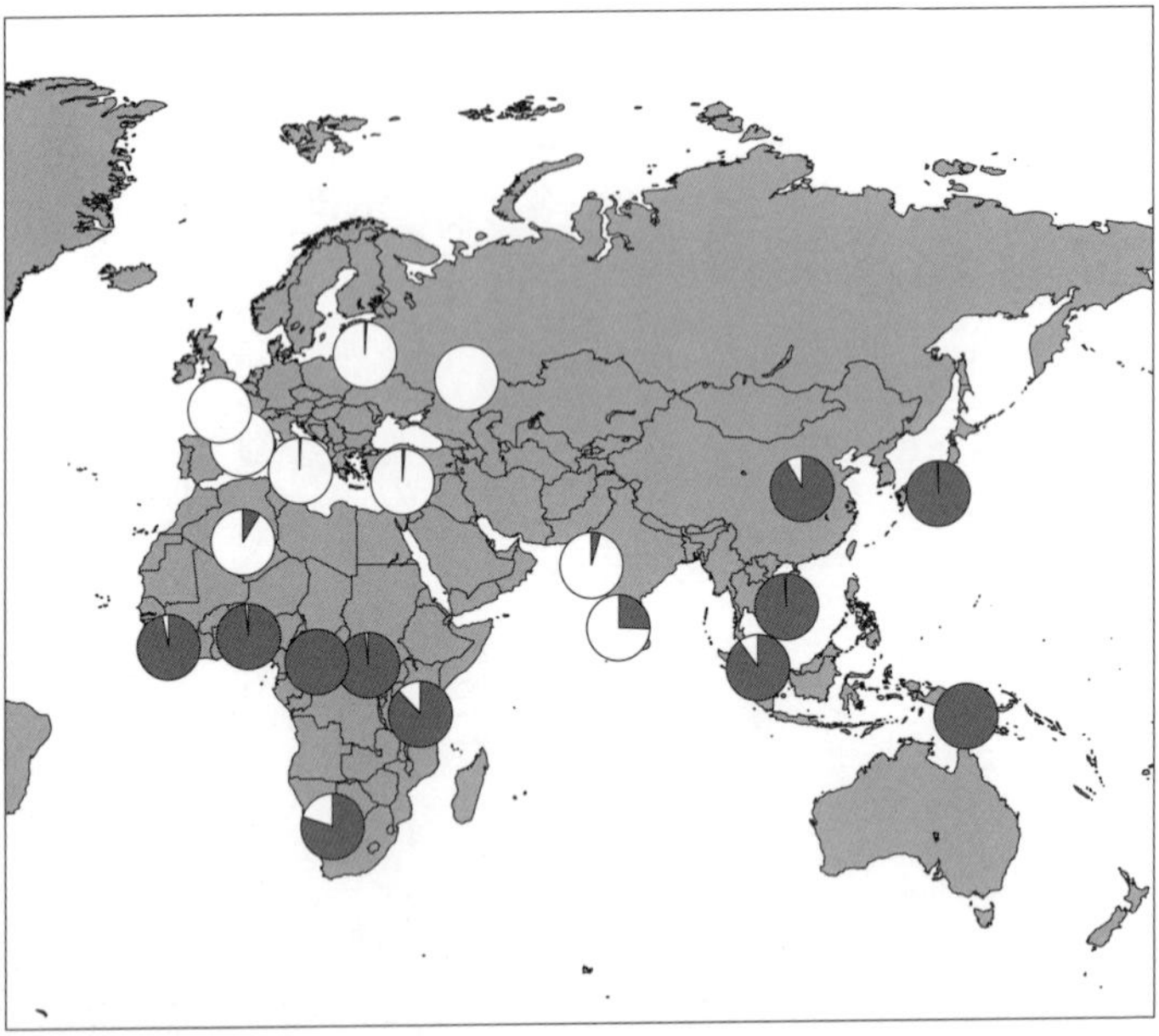

各地における*SLC24A5*遺伝子の祖先型（濃灰色）と派生型（白色）の割合

（出典）イエール大学，ALFRED などを元に筆者作成

の遺伝子の働きにより、中間的な肌の色になっている。しかし、アフリカ系の人々を、アジア人が肌の色で区別できないことを考えさせられる。

ところで、これらの遺伝子には稀な変異が起こることがあり、アルビノやアルビニズムと呼ばれるような、先天的にメラニン色素が欠乏した人になる。紫外線に触れない対策や、視力での対処などの医学的な対処が必要になる。しかしながら、そのような人を研究した結果、色素欠乏ということを除いて、それ以外に身体的、心理的、社会的能力に違いがないことがわかっている。これは肌の色で能力に違いがないことの証明の一つとなっている。

ニューヨーク州立大学のジョン・レレスフォード博士は、世界各地の集団についての過去の研究成果を解析しなおすことで、肌の色、それ以外の身体的特徴、遺伝的特徴の違いを比べ、その結果を二〇〇二年に『アメリカ自然人類学雑誌』（*American Journal of Physical Anthropology*）に公表した（Relethford 2002）。博士は各民族の中でさまざまな遺伝子型の違いや、身体的特徴の違いがあることを見つけた。しかし、肌の色だけは各民族の中ではほぼ同一であった。つまり、どの民族にも、何かの分野に優れる人がいるが、そのように優れた人の存在と肌の色とは関係はないのである。そして肌の違いと連動して能力に違いが出ることはないということである。

このようにみてくると、肌の色というのは、その人の祖先がアフリカから出てどのような環境に暮らしてきたかによって違うだけであり、人間の何らかの能力を反映するものではないことがわかる。そして遠い将来においては、再び肌の色が変わることもあるのである。したがって、社会的に肌の色ごとに異なる価値を持たせて区別・差別することはできない。そして何らかのきっかけで差別・被差別の関係が逆転した未来というのがあり得るということも知っておくべきなのである。

3 体格の違いは適応なのか

寒冷地の人と熱帯の島の人

調査のために、私が南太平洋ソロモン諸島の村で暮らしていた時の話であるが、民族による体格の違いについての印象的なエピソードがある。ソロモン諸島は小さな島国であるが、外国の船が頻繁に訪れる。木材を運び出しに来る船や、ここで休憩や食料等の補充をするために立ち寄る船が多いのである。村人は普段は畑作や漁撈に基づく自給自足的な生活を送っているが、若者の中には時に村外での賃金労働に従事する人もいる。ある時、そういった若者の一人がとても驚いた様子で、その日の出来事を村人に語ってくれた。彼は木材積出港で働き、その日ここに立ち寄ったのはロシアの船であったという。そこで彼が驚いたというのは、ロシアの人の体があまりにも大きいということであった。ソロモン諸島の人は、平均すると日本人よりも小柄である。彼はかつて島にいた伝説の巨人にすら譬えて、その大きさを他の村人たちに言い表し、それを聞いた村人たちも一様に驚いているようであった。

ロシアにもさまざまな人が暮らしているし、島にもさまざまな人が暮らしていて、もちろん一概にはいえないが、ロシアの人の体が大きくて、熱帯の島の人は体が小さいというのは、ある一つのステレオタイプな民族観である。日本人とアメリカ人の体格の違いなど、民族や地域によって体格が違うということも、広く認識されてきたことであるが、この背景について考えたい。

ベルクマンの法則とアレンの法則

寒冷と熱帯のように対比的な気候と関係して、古くからいわれてきた法則に、ベルクマンの法則とアレンの法則というものがある。ベルクマンの法則というのは、一八四七年にクリスティアン・ベルクマンが発表したもので、恒温動物では同じ種の中で、または近縁な種同士において寒冷な地方に生息している動物ほど大型になるというものである。一方アレンの法則は、ジョエル・アレンが一八七七年に発表したもので、恒温動物の同種または近縁な種において、寒冷な地方に生息している動物ほど耳・首・足・尻尾などの突出部が小さくなるという法則である。ベルクマンの法則にしたがって、同じクマの仲間でも、ホッキョクグマ（シロクマ）は体長約二・五メートルもあるが、日本のヒグマなら二メートルくらい、そして熱帯のマレーグマは一メートル少々しかない。また、アレンの法則にしたがって、極地に暮らすホッキョクギツネはとても小さな耳しかないが、日本のキタキツネは中くらいの耳をしていて、そして砂漠に暮らすキツネの仲間のフェネックギツネは極端に大きな耳を持っている。なおフェネックギツネは、大人の個体でも小さな体に大きな耳がついていて、可愛らしい動物である。ディズニー映画『ズートピア』では、アカギツネのニックとフェネックギツネのフェニックが詐欺の相棒で、フェニックは小さな子供にしか見えないため無垢なふりをして詐欺を働いているが、実はフェニックはおっさんで、手練れのワルという設定にあり、みかけとのギャップで観客の笑いをとるのである。

ホッキョクグマ
（オスの体長は２メートルを超え，体重は 600 キロにもなる）
（出典）札幌市円山動物園（http://www.city.sapporo.jp/zoo/b_f/b_18/db099.html）

これらの法則は身体が大きいほうが体温を保ちやすく、耳は小さいほうが体温を奪われにくいということで、哺乳類が寒いところ、暑いところで、体温を保持するための適応であるといわれてきた。このメカニズムについて少し説明をしたい。そもそも哺乳類は恒温動物であり、体温を常に維持しているが、恒温動物はこうして気温が変化しても深部体温を一定に保つことで、脳や内臓などの温度を安定させて生命を維持しているのである。また、恒温動物は食べ物を体の中で分解し、そしてそこから発生するエネルギーを使って、心臓などの生命維持に必要な筋肉や、身体運動のための筋肉を動かしている。つまり食べ物がエネルギーを経て運動になるわけである。このような「食べ物」から「運動」へのエネルギー変換をエネルギー代謝という。余ったエネルギーは脂肪などとして体内に蓄えられる。しかしここで、エネルギーはそれほど効率よく変換されるわけではなく、使われたエネルギーの大部分は「運動」にならず、「貯蓄」されることもなく、熱になるのである。これが運動をすると身体が熱くなるわけである。この一連の過程の中で、エネルギー代謝が多いほうが熱も多くなるので、必然として体が大きく、動かす筋肉が大きくて、食べる量が大きいほうが生み出す熱が多くなる。したがって体の大きい動物のほうが、寒冷地方でも多くの熱を生み出せるのである。

こうした熱は体の外に出ていく。熱は体の表面から出ていくため、体の表面積が大きいほど熱は出ていきやすくなる。そこで、寒いところでは体を大きくしつつも、表面積は小さくすることが適応的である。そもそも、面積は二乗的に増えていくものであるが体積は三乗的で増えていくので、体が一様に大きくなった場合に、体積あたりの面積は相対的に小さくなっていく。そのため、体が大きいほうが熱を生み出す量が多く、熱が逃げる量が（相対的に）少ない傾向となることがベルクマンの法則の理論である。一方、体表面積を少なくするには、できるだけ体の突起を減らすことでも達成できるので、耳や四肢の突出が小さくなることがアレンの法則となる。両法則をまとめると、体積あたりの表面積を小さくすると、球体に近づいていくことになり、ホッキョクグマやホッキョクギツネのように、丸っこい体になる。

フェネックギツネ
（体長 30〜40 センチ，体重 1 〜 2 キロでイヌ科最小の動物であるが，大きな耳が特徴である）
（出典）ウィキペディア

なお爬虫類など変温動物の場合には寒いと活動できず冬眠するが、逆に熱いと通年で活動して成長し続けることができることから、熱帯のほうが大きく、寒冷のほうが小さい。これは逆ベルクマンの法則と呼ばれる。熱帯の巨大蛇アナコンダや、巨大なイリエワニがその例である。

人間の体に当てはまるのか

人間の場合も民族による体格の違いが、ベルクマンの法則とアレンの法則にしたがうといわれることがある。例えば、冒頭の話のように北ヨーロッパや東スラブ（いわゆるロシア人）の人は体が大きいが、熱帯のソロモン諸島のメラネシア人は小柄である。極地に近いアラスカに暮らすイヌイットの人は、背がそれほど高くないが、手足が短く、がっしりと肉のついた体格をしている。一方、アフリカのサバンナに暮らす人々は、背が高いが、ひょろっとしていて、手足も長いため、体積あたりの表面積が大きい。なお、先ほどの恒温動物の例でホッキョクグマとホッキョクギツネは両法則に従っていながらも、体の大きさが全く違う。それと同じく、人間の場合でも同じ気候にいながらもロシア系では背が高く、イヌイットでは背が低いように、異なる体形の人はありうる。逆に、熱帯と寒冷のそれぞれに背の高い民族がいたとしても、前者はひょろっと（アフリカ乾燥地）していて、後者はがっちり（ロシア系）していれば、両法則と矛盾しないのである。

人間の近縁種として、すでに絶滅したホモ・ネアンデルターレンシス（ネアンデルタール人）は氷河期の寒冷に適応したため、寸胴で手足が短かったといわれている。一方、熱帯アフリカで見つかった、ホモ・エレクトゥス（ホモ・エルガステル）の古人骨にトゥルカナ・ボーイと呼ばれるものがある。これは我々人間が誕生した約一五万年前よりも一五〇万年以上遡る、約一七〇万年前の骨であるとされる。推定年齢九歳だが、身長一六〇センチに達する高い身長であり、ひょろっとした体格であったとされる。

ところで、南太平洋の島にも、体が大きい民族がいる。サモア、トンガ、ニュージーランド先住民マオリなどのポリネシア人が代表的である。これらの民族は有名なラグビー選手を輩出してきたし、日本の大相撲で活躍した小錦、曙、武蔵丸などもポリネシア系である。彼らが大柄であることについては、諸説ある。ベルクマンの法則に沿って考えるならば、ポリネシア人がアジア大陸から数千年をかけて移住する中で、遠洋航海中の洋上では熱を奪われやすかったことや、ポリネシアの島々は赤道から離れた地域もあり、寒冷であったという理由が挙げられる。二〇一八年に開催された平昌冬季オリンピック

平昌冬季オリンピックで入場するトンガのピタ・タウファトファ選手

（出典）ジャパンタイムズ（www.japantimes.co.jp/sports/2018/02/10/olympics/winter-olympics/tongan-goes-topless-olympics/）

の入場式で観衆の度肝を抜いたのは、氷点下一〇度ともいわれる酷寒の中、上半身裸で入場行進をしたトンガ代表のピタ・タウファトファ選手である。北欧の選手らも温かい防寒具に身を包む中、南の島からやってきた選手が半身裸で堂々と歩く姿は驚きをもって見られたが、私はトンガ人の寒冷適応説が本当であったのか、と思いながら見ていた。ただし、太平洋の島々は北欧などと比べても寒冷とは言いがたく、これまでこの説が十分に証明されたことはない。

南太平洋に大柄の民族がいることは、寒冷適応とは異なるという説もあり、それについては、第五章でなぜ太りやすい民族があるのかという観点から述べる。

人間の体は変わる

さて、ベルクマンの法則とアレンの法則によれば、民族ごとの体格の違いは適応で説明される。しかし体格が遺伝適応だけでは説明できないという説もある。子供の成長についての研究で世界第一人者であるバリー・ボギン博士は「ディズニーランドのマヤ人（Maya in Disneyland）」という研究を発表した（Bogin 1999）。中米グアテマラでは一九六〇年代から九〇年代まで内戦が続いていた。住民は政治的な自由が失われたうえに、水・食料などにも困難をきたしていた。一方、アメリカが内戦に介入していたこともあり、多くのグアテマラ人がこの時期にアメリカに移住した。さて、グアテマラといえば、マヤ文明で有名な先住民マヤ人がいる。もともとそのようなマヤ人の研究をしていたボギン博士は、グアテマラに住んでいるマヤ人が、アメリカに移住することで、子供の成長にどのような変化が生じるかを調べることを着想した。アメリカの移住先が、たまたまディズニーランドがあるカリフォルニア州とフロリダ州であったから、こういうタイトルになったという。

さてボギン博士はまもなく、アメリカで育ったマヤの子供たちがグアテマラにいた時代の子供たちよりも身長や体重で優れていることを見出したが、それは博士の想像を上回るほどの大きさであった。その身長の差は、当初の研究では五・五センチとされたが、その後二〇〇二年に『アメリカ人類生物学雑誌』（*American Journal of Human Biology*）に発表した詳細な研究では一一・五センチにも達した（Bogin et al. 2002）。これは、せいぜい一世代の間に起こった変化としては、驚くほどの差である。ボギン博士は、こういった差を生み出した要因の中でもっとも大きかったのは、安全な水と平和だと述べている。グアテマラでは細菌などの感染症、農薬や化学肥料に汚染された水を常に飲んでいることで、慢性的に発育不良が起こっていたというのである。また内戦下では親が子供の成長に手を回すだけの生活の安定がなく、栄養不足になりがちであった。ほかに、食料供給や医療サービスの違いも挙げている。彼の研究は遺伝子型ではなく環境で、これだけ体格が変わりうるということを示唆している。なお、近年進んだエピジェネティクスという研究分野においては、従来知られていたのとは異なる経路で環境が遺伝的特徴と関係していることも指摘されており、これは第二章四節で説明したい。いずれにせよ、環境によっても個人や集団間での差が大きくなるということである。

日本人も明治時代初期には男性の身長は一五〇センチ台後半であったといわれる。現代の二〇歳代男性の平均身長は一七〇センチ台であり、一〇センチ以上伸びてきた。これはやはり飲料水や食事など、環境と生活習慣の変化のおかげであろう。ただし、この期間にヨーロッパの人々の平均身長も伸びたことが知られており、日本人が高身長化したにもかかわらず、ヨーロッパの人々との身長差は縮まっていない。このように、体格の違いには、ベルクマンの法則とアレンの法則のように地理的条件によって長期間にわたって環境に適応してきた要因と、現在の暮らしでどのような環境で成長してきたかという要因の双方が影響しているのである。

4　人種という区別を考える

人種とは何か

肌の色で人間を区分することはできないということをすでに書いたが、肌の色でなくとも人間の何らかの特徴をもとに、「人種」を分けられるという考えは社会に根強くあるように感じる。人種は、生物としては一つの種である人間＝ホモ・サピエンスを、特徴に応じてさらに細かく分類しようとすることであり、そこには優劣があるという差別的意味合いを含んできた。それに対して、人種という区分は存在しないし、そういう用語自体を使うべきではないという考え方も、今では世界に広く共有されている。例えばユネスコ（国際連合教育科学文化機関）はその憲章において「人種不存在」を明記しているが、これはナチスドイツによるユダヤ人ホロコーストを負の教訓とし、それを二度と繰り返さないためとされる。優秀な集団・劣等な集団があるという思想は、忌まわしいほど悲惨な出来事に繋がってきたのである。

だが一方で、違いの良さを認め合うことも、対等な人間関係や平等な社会には欠かせないものである。違いを無視して、あるいはお互いの違いを尊重せずに、無理矢理すべてを同じと考えることも問題なのであって、無理矢理同化させることが民族浄化や独裁主義に繋がってきたのである。世界にはさまざまな文化があり、その独自の文化が貴重であることは言うまでもない。そして同様に、世界にはさまざまな身体や生理機能があり、その独自の身体的・生理的特徴を尊重することは、むしろ人種差別を否定することに繋がるはずである。

さて今回は、人種という問題を念頭に置きながら、あえて生物としてのヒトを分類しながら、人間の豊かな多様性について考えたい。

種としての人間

人間は一つの種だと先に書いた。種というのは、生物学において生き物を分類する基本的な単位であり、種より一つ上の分類は属、その上は科となる。例えば人間は、ヒト科ヒト属ヒトという種である。人間に近い生き物としてはヒト科チンパンジー属の種であるチンパンジーが例に挙げられるが、チンパンジー属にはもう一つボノボという種もある。種の定義あるいは種の分け方は、わかりやすい基準があるわけではなく、形態や遺伝的特徴、地理的隔絶などを見ながら行われることになる。動物の場合には、個体間で生殖可能かどうかが一つの判断材料である。ただし、たとえ機能としては生殖可能であったとしても、生息域が異なるなどの場合には、やはり別種として扱われる。例えばヒョウ属のライオン、トラ、ヒョウなどは、人為的に強制すれば生殖可能だが、野生状態では隔絶されていて生殖しないので別種にされている。なお種という単位自体、人間が考えた恣意的な概念であることをここに断っておく。

いま生きている私たち人間は、文字通り「現生人類種」であるが、それ以外にすでに絶滅した人類種がいる。つまり時代を遡れば、ヒト属には他にも種がいたのである。現生人類を新人と呼び、すでに絶滅した人類を、新しいほうから順に旧人・原人・猿人と分けることもある。そして新人以外についてはそれぞれ複数種の化石が見つかっている。なお本章第一節にも書いたとおり、もっとも古い猿人種の誕生は五〇〇万年以上前に遡られ、新人の約一五万年前よりもはるか昔である。

さてそれでは他の人類種はどこへ消えてしまったのか。そしてなぜ絶滅してしまったのか。現生人類種は、地球上の熱帯から寒冷帯まで、そして雨の多い湿潤地域から雨のほとんど降らない乾燥地域まで、さらに海上から高山まで、きわめてさまざまな環境に適応できる稀有な生物である。北京原人やジャワ原人といった種は、地球の氷河期に絶滅したという説があり、それに比べると現生人類は気候変動への適応能力が高かったのかもしれない。しかし他の近縁種も、氷河期以降も生息していたという説もあり、環境への適応能力が高いものがいたとしても不思議ではない。

交わりあった人類種

世界で人類種化石の発見が続き、さらにその年代推定が進むと、現生人類種と同じ時代に、他の人類種が生存していたことがわかってきた。例えば旧人ネアンデルタール人である。ヒト属の一種であったネアンデルタール人はヨーロッパを中心に中央アジアにかけて、現生人類種と同じ時期・同じ地域に居住し、相互に交流があったとされる。また、近年注目されている種に、ロシア南部・中国国境近くで見つかったデニソワ人というものがある。デニソワ人はまだ分類上の位置づけがはっきりしないが、ネアンデルタール人に近い別種であるという説が有力である。他にも、違う系統の種としてインドネシアのフローレス人も挙げられる。さて、これらの人類種はどこへ消えたのか。

国立科学博物館に展示されているネアンデルタール人の復元人形
（現生人類種とは異なる種であったと考えられている）
（出典）筆者撮影

こういった謎に関する重大な研究として、ドイツを代表する研究機関であるマックス・プランク研究所のチームがネアンデルタール人の骨からＤＮＡの一部を抽出することに成功し、二〇一〇年に『サイエンス』（*Science*）誌に分析結果を公表した（Green et al. 2010）。それによると、私たち人間すなわち現生人類種のDNAの一～四パーセントほどは、なんとネアンデルタール人由来のものであるという。しかも、アフリカ大陸の外、ヨーロッパやアジアに住む人々でその割合が高いという。このことは、現生人類種の一部が六万年ほど前にアフリカ大陸から外に進出したところ、それより数万年前からその地に暮らしていた旧人ネアンデルタール人と出会い、そこで交配が起こったことを示唆していた。そして、このようにしてネアンデルタール人との混血からできた集団が、その後の世界に広まっていったというのである。

さらに同じチームは上述のデニソワ人のDNA抽出にも成功した（Krause et al. 2010）。同じ年の『ネイチャー』誌に公表されたその論文で、このチームは東南アジアから南太平洋の境にあるニューギニア島先住民には、四～六パーセントという高い割合でデニソワ人のDNAが含まれることがわかったとした。これらの発見は、ネアンデルタール人やデニソワ人といった別の人類種は見かけ上はすでに絶滅したが、実は私たち人間＝ホモ・サピエンスとして生きているということである。かつては地理的に隔絶された複数種がいたが、生殖を通して一つになってきたのである（Reich et al. 2010）。その後の研究ではネアンデルタール人とデニソワ人が交配したことも示されている。なお、こういったDNAの比較では、限られた集団のサンプルで比較されているので、分析対象となったニューギニア島民だけにデニソワ人の遺伝情報があるとは限らない。また、まだ見つかっていない化石の人類種が他の人々に入っている可能性もあり、今後も発見があるたびに書き換えられていくことであろう。

現代の人間の多様性

さて、現生人類種はアフリカ大陸で誕生したことは繰り返し述べているが、そこから世界各地に広まる過程で、どのように分岐していったのか、という研究もなされてきた。その一例にユタ大学のスコット・ワトキンス博士らによって二〇〇三年に『ゲノム・リサーチ』（*Genome Research*）に発表された論文がある（Watkins et al. 2003）。ワトキンス博士らは *Alu* 配列挿入の多型というものを分析した。*Alu* 配列挿入というのは詳細は省くが、その型の違いについては以前から「人種の違いが出やすい」といわれてきた遺伝部位である。ワトキンス博士らの分析結果によれば、アフリカから人間が誕生し、そこからヨーロッパ人、東アジア人が分岐したことが、ここからも確かめられた。なお、東アジア人がさらに移住していった先がアメリカ先住民であり、またヨーロッパから近世以降に移民したのがアメリカ大陸のヨーロッパ系住民である。ここで大きく注目された結果の一つは、ヨーロッパとアジアの中間である南アジアの集団であった。ここには古くからいわゆるカースト制度があったが、彼らの分析結果によるとカーストが高い人たちはヨーロッパグループにより近く、カーストが低い人たちは東アジアグループに近いということが示された。このことは同じ地域の中にありながら歴史的・社会的な分断が遺伝学的な差をもたらしているとして、論議を呼んだ。その一方で、アフリカ大陸には、ヨーロッパ人とアジア人の全部を含めた遺伝的な違いよりも大きな、遺伝的な多様性があることもわかった。人間は、アフリカ大陸の外に出てからの年数の三倍程度もの期間を、アフリカ大陸で過ごしてきたのであるから、この大きな多様性は当然のことでもあった。譬えるならば、ヨーロッパ人と東アジア人を違う人種というならば、アフリカ大陸の中だけで複数の人種が存在することになる。これらのことは、アフリカ人、ヨーロッパ人、南アジア人、東アジア人といったステレオタイプな人種分類と遺伝的な分岐は一致しないことを表していた。

なお、この研究はすでにやや古いし、どの遺伝情報をもとにするか、どういう統計解析をするかなどで結果は少々変わりうる。ただしその後のさまざまな研究でも、アフリカ大陸での多様性が大きいこと、現在の民族や人種などステレオタイプで恣意的な区分と遺伝情報をもとにしたグループは必ずしも一致しないことはおよそ共通している。

南の小さな島から人種を考える

私は南太平洋や東南アジアの島嶼部で調査研究を行っているが、ここは人間の多様性からみても実に興味深い地域である。というのも、ここは人間が最後にたどり着いた地域であり、そして大陸から海を渡ってきた小集団が、そこから分岐して各島々に広まった地域であると考えられるからである。

ニューギニア島はグリーンランドに次いで世界で二番目に大きな島（大陸を入れても八番目）であり、ユーラシア大陸からは海で隔てられている。ここは、アフリカ大陸を出た人間が、東南アジアまで移動してきて、海を渡り、五万年前にはニューギニア島と、オーストラリア大陸まで定住を開

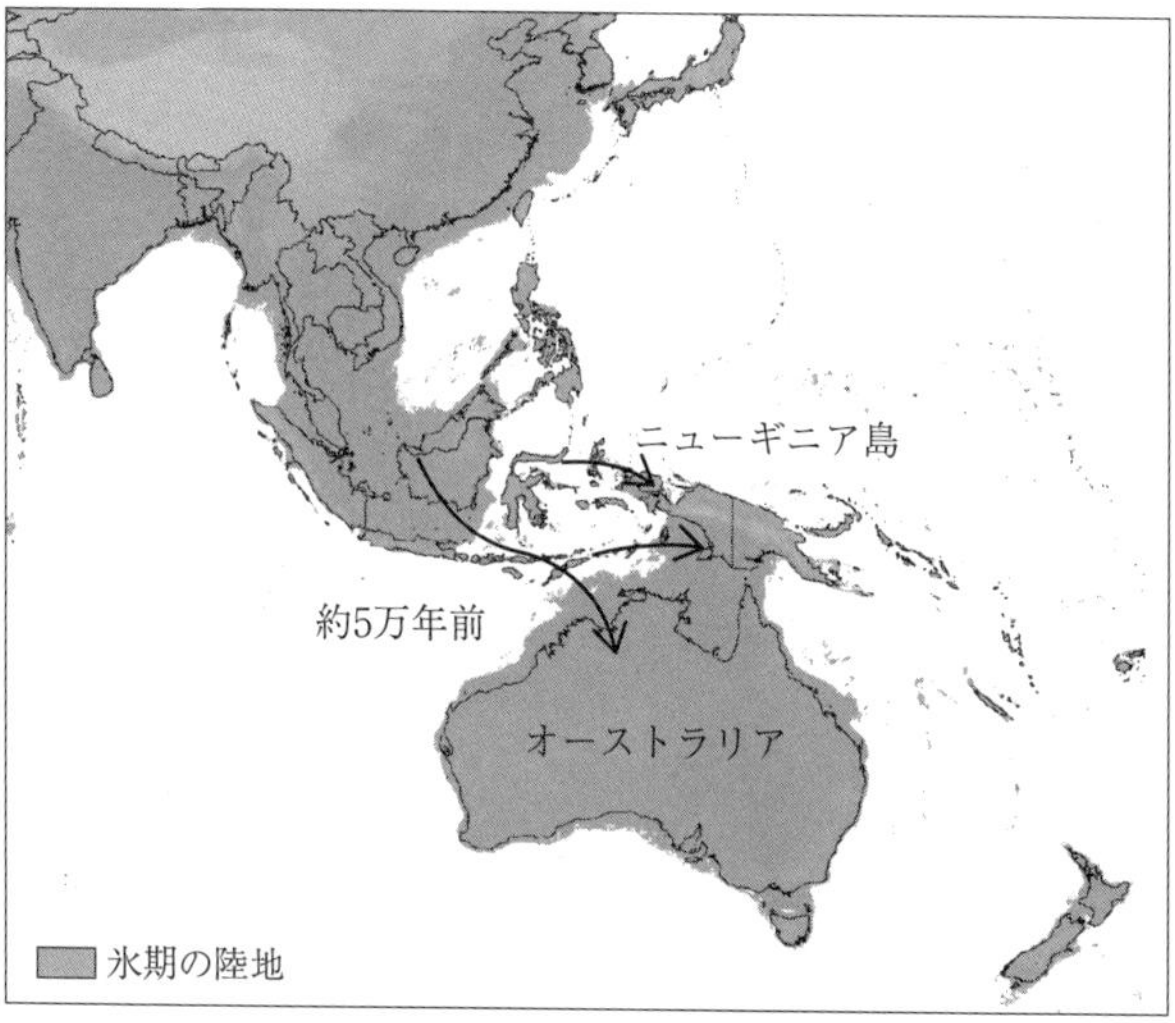

太平洋島嶼部への第一の移住の波

（出典）筆者作成

始したという場所である。これは人間が南の島々に来た第一の波である。先にニューギニア島ではデニソワ人との混血が残っていると述べたが、それが島に来る前にすでに起こっていたのか、来た後のことであったかはまだわかっていない。

さて、ニューギニア島より東に進むと、やがて隣の島が水平線の向こう側で見えない「リモートオセアニア」と呼ばれる地域になり、そこから先に行くには高い航海技術が必要であった。そこでリモートオセアニアに向かった人々は、遠洋航海の技術を持った人間であったが、考古学的な発見によると彼らは農耕技術や土器製作技術なども持っていたと考えられている。この人々は東アジアのどこかで長く暮らしていた集団であり、そこから分か

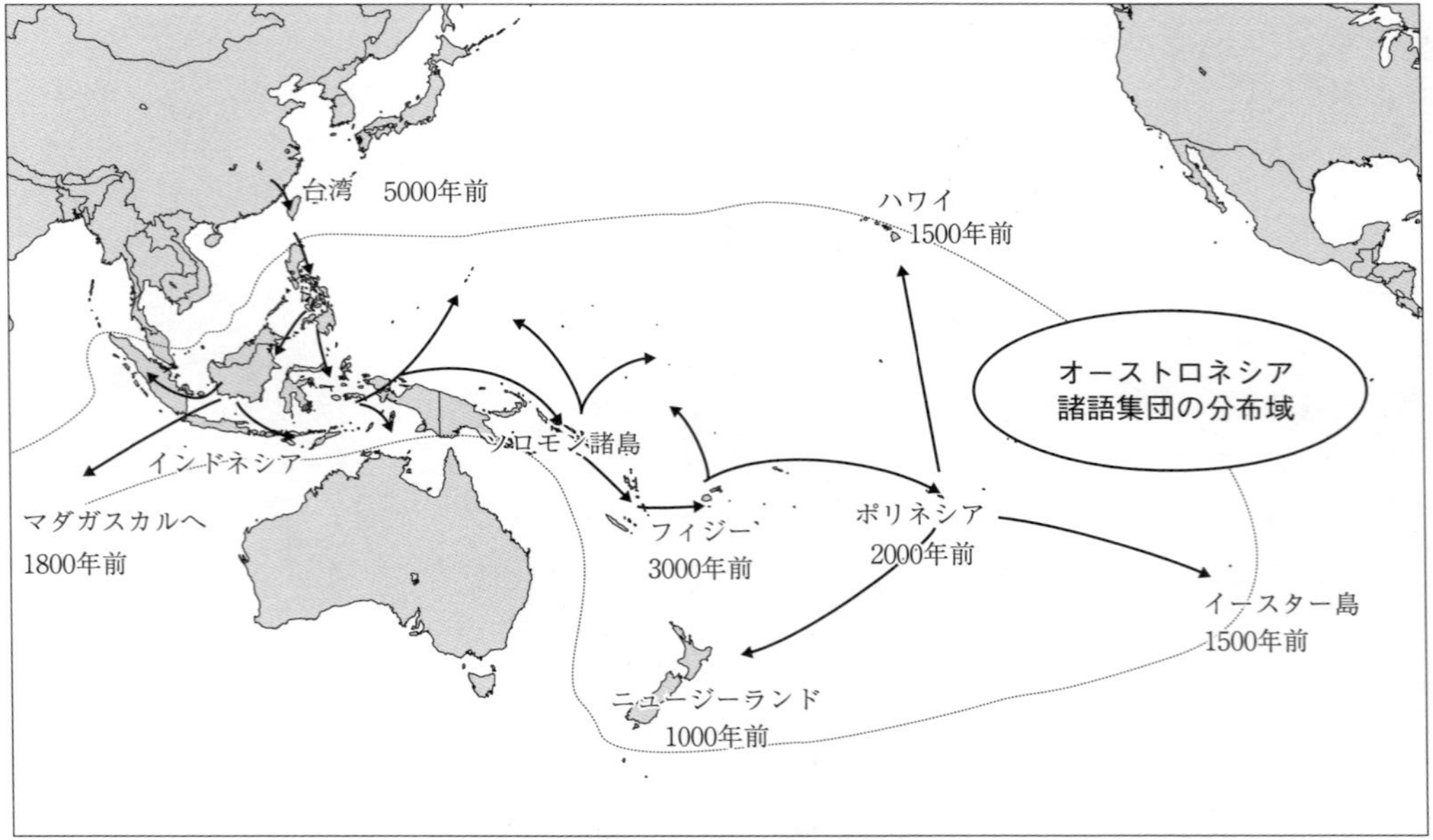

太平洋島嶼部への第２の移住の波

（比較的短期間に広域に分布したため，これら広範囲でオーストロネシア諸語という同系統の言語が話されている。この系統の言語はニューギニア島では稀である）

（出典）筆者作成

れて、台湾から航海しながら南下し、フィリピンやインドネシアに来て、そこから東に向かい、このリモートオセアニアの島々に移り住んだ。南の島々への第二の波である。諸説あるが、彼らがこの島々に行きわたったのは一〇〇〇〜三〇〇〇年ほど前である。ハワイやイースター島にたどり着いたのは、紀元後五世紀を過ぎてから（今から約一五〇〇年前）と考えられている。約一五万年前の人間誕生からすると、ごく最近のことである。比較的短期間に拡散したために、いまでも同じ系統の言語であるオーストロネシア諸語を話しているが、この言語は第一の波の行先であったニューギニア島にはほとんど存在しない。

このような移住の波があったため、島々は陸地面積が狭いにもかかわらず、「人種のるつぼ／サラダボウル」と思えるほど、さまざまな人が暮らしている。ニューギニア島とその周辺には、肌が黒く、中肉中背で、髪は縮れたり、巻いたりしている人が多い。リモートオセアニアには、特にポリネシア（ハワイ、トンガ、サモアなど）には、褐色の肌で、髪はまっすぐかやや波状で、大柄な人が多い。各地域の中でも、島に

ソロモン諸島国民の中でもポリネシア系住民（左）とメラネシア系住民（右）
（身体的特徴が異なる）
（出典）筆者撮影

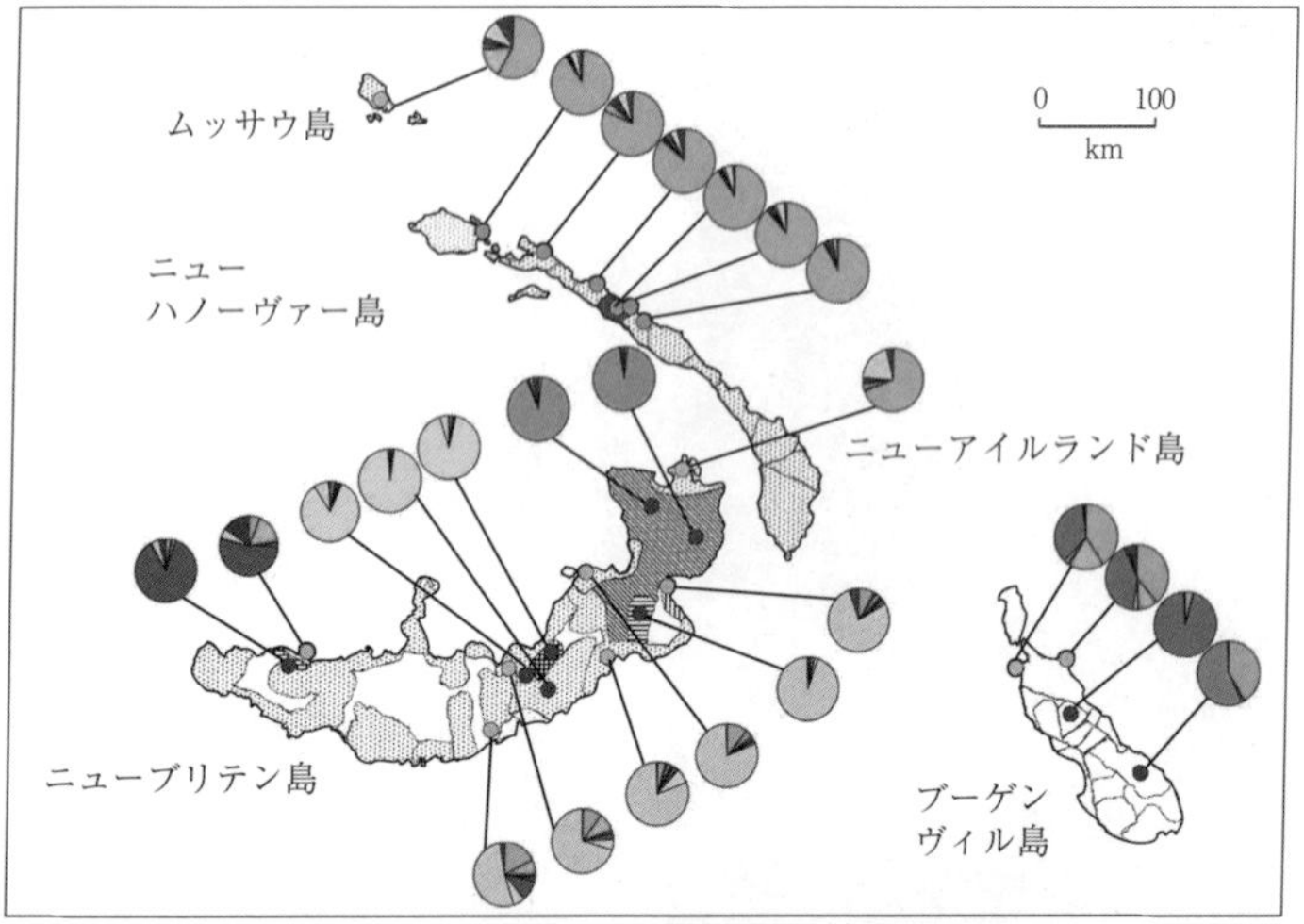

近接する島々における民族の遺伝的構成の違い
（民族ごとのパイチャートの色構成の違いが遺伝的違いを表す）
（出典）Friedlaender et al. 2008, Figure 8 を改変

よって違ったり、同じ島でも汀線部と山間部で違ったりする。

テンプル大学のジョナサン・フリードレンダー博士らのチームは、ニューギニア島の近くにあるニューブリテン島（沖縄本島の三倍くらい）やニューアイルランド島（同二倍くらい）に住む人々を対象にして遺伝学的調査を行い、『プロス・ジェネティクス』（*PlosGenetics*）に二〇〇八年に発表した（Friedlaender et al. 2008）。それによると、この島々内での遺伝子の違いが、当初考えられていたよりもずっと大きいことがわかった。どれくらい大きかったかというと、もし仮にヨーロッパ人と東アジア人の遺伝子の違いが人種の違いの基準であるとすると、これらの比較的小さな島々だけで五つ以上の人種があることになるほどであった。調査された島は比較的小さな島であったが、より大きいニューギニア島を含むと、さらにもっと「人種」が増えることであろう。狭い地域、少ない人口の中でも、それほどに細かく分かれるとすると、人種という分け方は、何の役にも立たない。

このように、南の島からも、人間が育んできた豊かな連続体をみることができるのである。私は調査でこれらの島々をよく訪れるが、よそ者が訪れても、島々の人々はどこでもとても暖かく迎え入れてくれ、受け入れてくれ、親切にしてくれる。なぜ社会的・文化的に人を区別するのか、ということについても考えさせられる地域である。

第二章　生物としての私たち人間

1　性別を連続的に見る

エマ・ワトソンさんの国連スピーチから

「序章」にも書いたが、本書のタイトルは女優エマ・ワトソンさんが二〇一四年九月二〇日に国際連合で行った男女平等に関するスピーチでの単語に由来している。彼女は男性と女性は「対立する二つの理想形」として異なるのではなく、一つの「連続体＝スペクトラム」(spectrum) として理解するべきだといったのである。この文を日本語に訳した方々の文章をみると、spectrum を「連続体」としたもの以外に、単に「一つのもの」と意訳したものもあった。彼女の意図するところは、男女は別のものではなく、途切れのないものである、という意味であろうから、一つのものと訳すのも適切に思える。

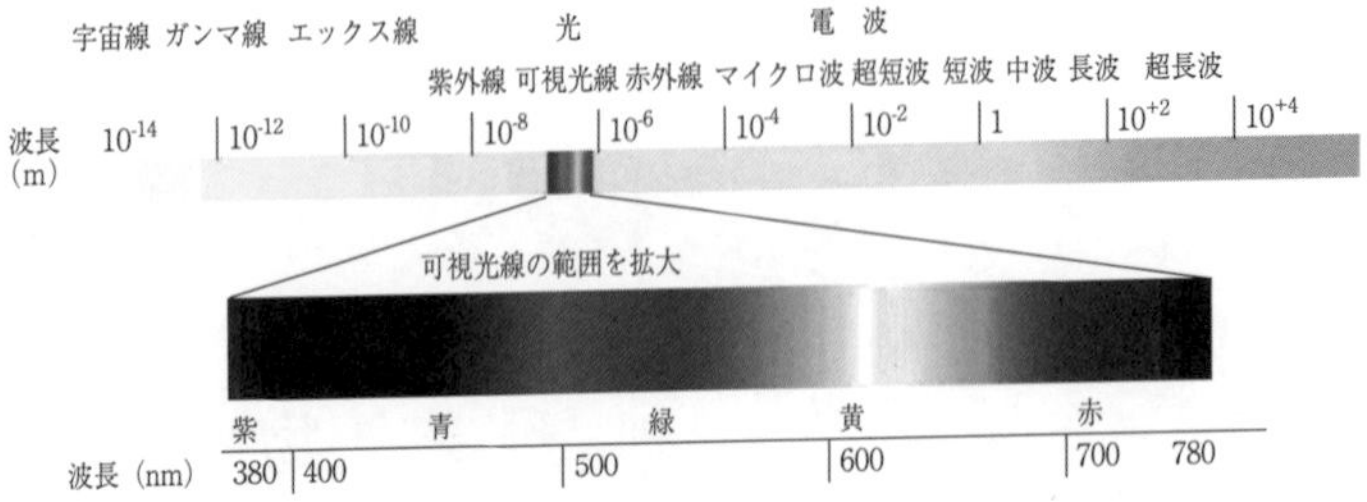

波長と光学スペクトル

（出典）筆者作成

この単語には別の専門用語としても意味があり、日本語ではフランス語由来の「スペクトル」という用語があてはめられる。空中にはさまざまな電磁波が飛び交っており、それぞれ波長が異なる。この波長の異なりを成分として分けたものがスペクトルなのである。そしてこの波長というのは、光の色にもなる。波長の長さが三八〇ナノメートルから七八〇ナノメートルの範囲は、目に見える光「可視光線」である。波長の短いほうから順に、三八〇ナノメートルあたりは紫色、四五〇ナノメートルあたりは青色、五五〇ナノメートルあたりは緑色、六〇〇ナノメートルあたりは黄色、七〇〇ナノメートルあたりは赤色である。紫色よりも波長が短いと目に見えない紫外線、赤色よりも波長が長いとやはり目に見えない赤外線になる。

虹はこういう光のスペクトルが見える状態なのであって、切れ目なく紫色から赤色まで続く。虹の色について「赤・橙・黄・緑・青・藍・紫（せき・とう・おう・りょく・せい・らん・し）」という覚え方があるが、これは波長の長いほうから短いほうへと並べた時の順番である。ＬＧＢＴつまりレズビアン、ゲイ、バイセクシャル、トランスジェンダーなど、性的多様性を表すシンボルに虹色の旗があるが、単に性の多様性を表すだけでなく、このように連続的に変化するものを象徴しているとみることもできる。スペクトルという単語はこのような切れ目のない多様性を示唆するのであり、意味深い。

人間の性別

男女平等あるいは性的多様性に対する、ある種の意見として、人間で男女の違い、性的な役割は、生物学的に決まっているというものがある。それでは、生物学として男女はどのように決まるのかを、いくつかの観点からまとめてみたい。

生物は親から受け継いだ遺伝情報をもとに、身体が作られる。この遺伝情報を伝える容器のようなものとして、人間の場合にはそれぞれの細胞の核の中に、四六本の染色体というものがあり、一セット二三本は父親から、もう一セット二三本は母親から受け継ぐ。それぞれの染色体にはたくさんの遺伝子等の情報が入っている。この四六本のうち四四本は常染色体、残る二本は性染色体と呼ばれる。文字通り、性染色体が生まれてくる子が男女どちらになるかを決定するのであって、常染色体は性別には関係ない。この性染色体にはＸとＹの二種類があり、両親からＸという染色体を受け継げば女性になり、母親からはＸを父親からはＹという染色体を受け継ぐと男性になる。このメカニズムからいえば、Ｙ染色体を持つ女性はいないので、母親からＹ染色体を受け継ぐことはない。先祖を遡ると、Ｘ染色体やすべての常染色体は男性・女性いずれかの先祖から来ているかはわから

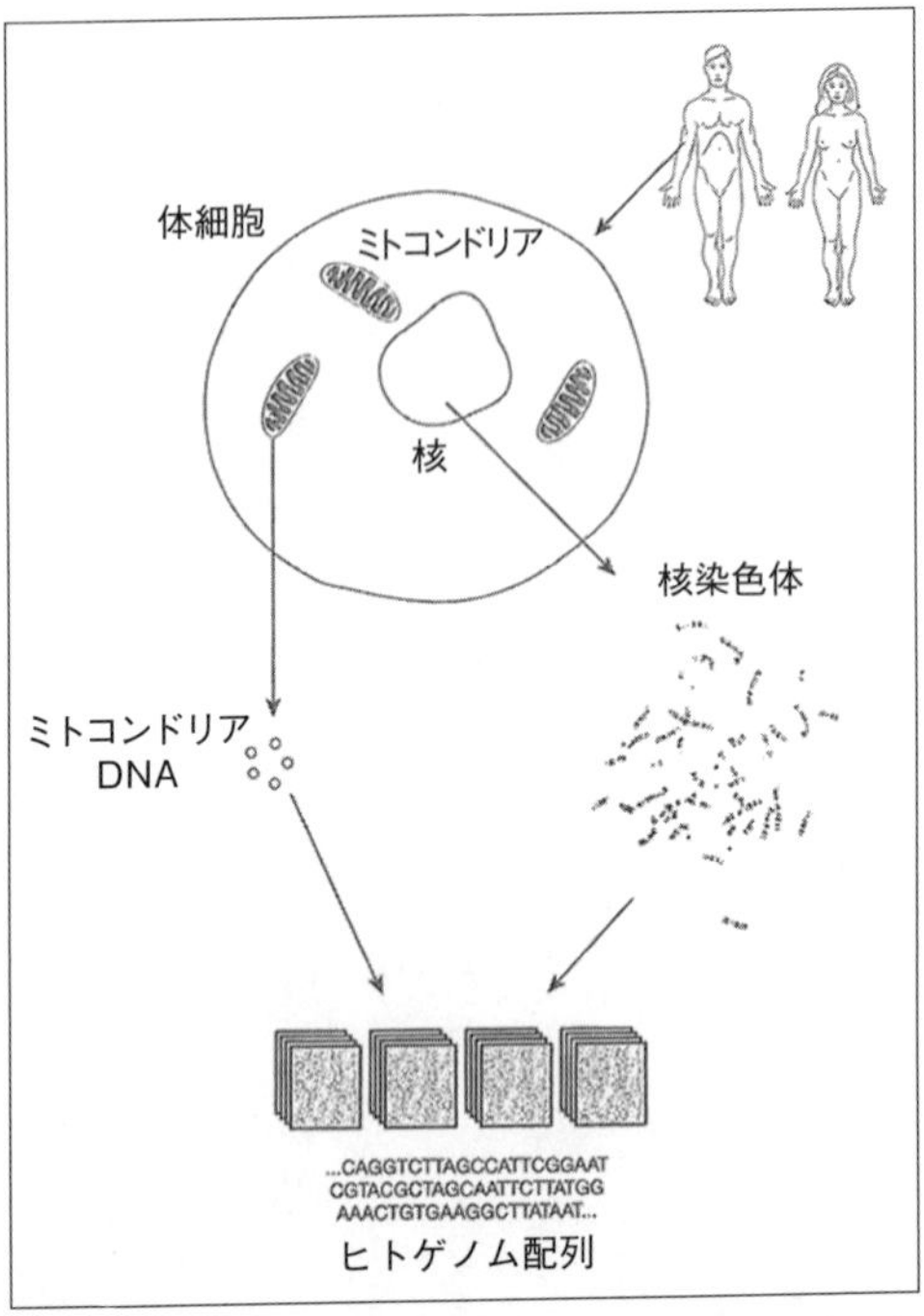

細胞の中には核やミトコンドリアなどがあり，核の中に染色体がある。染色体とミトコンドリアの中にDNAがある

（出典）Nussbaum et al. 2009 の Figure 2-1 を改変

ないが、男性にとってのY染色体の由来は万世一系男性先祖だけである。

ところで、染色体は遺伝子を世代を超えて運んでくれるものである。すべての染色体を合わせると遺伝子がいくつあるかというのは、いまだに明確にはなっていないが、二万数千個という数がよく用いられる。さて、実はX染色体に比べるとY染色体は圧倒的に小さい。しかもY染色体は、その半分くらいには遺伝子が何もない。無駄な領域で、「遺伝子砂漠」と呼ばれる。この結果、遺伝子の数は、X染色体には推定一〇九八個が見つかっているが、Y染色体にはたった七八個しか見つかっておらず、二つの性染色体の間で大きな差がある。しかもX染色体上には、免疫、色覚、血液凝固など、生存にかかわる遺伝子がたくさんある。このようなことから、生物としてはX染色体があれば十分であり、Y染色体は後からできた簡略な染色体といわれることもある。産科学的な観察では、母体内にいる時、妊娠八週目頃から男性への分化が始まるが、その様相は、もともと女性になるべく設計されていたものを、無理矢理男性に作り替えていくようなものだという（多田富雄 1997）。

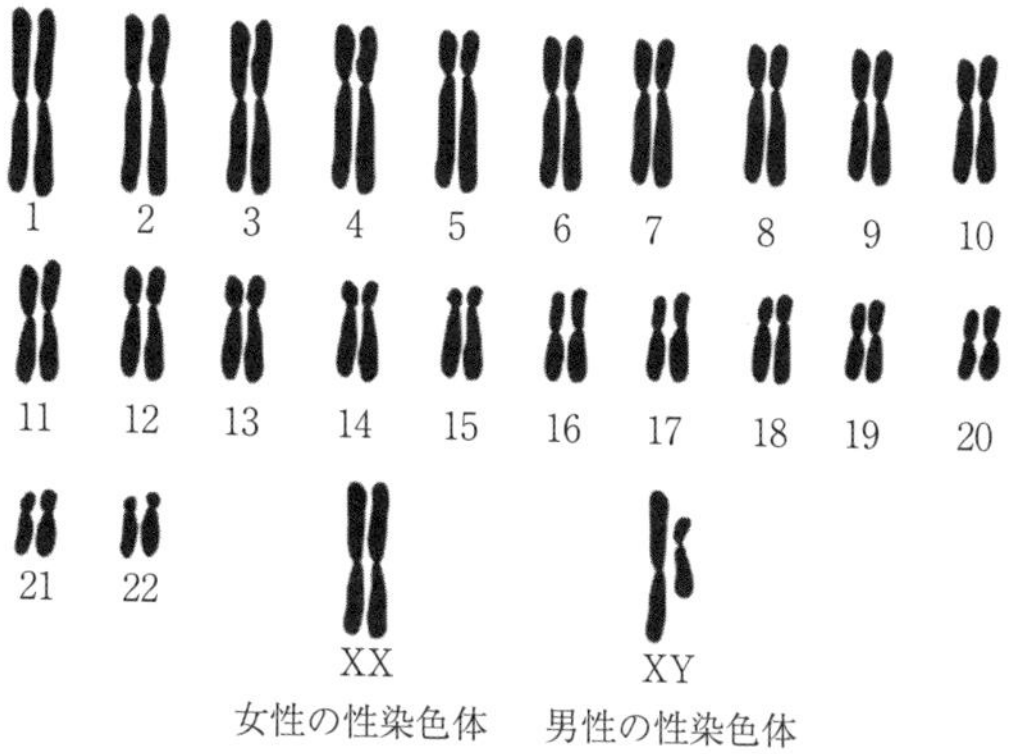

染色体には常染色体（1 番～22 番）と性染色体
（女性なら XX の組み合わせ，男性なら XY の組み合わせがある）

なお、実はこの染色体の外側でも、少ないながら遺伝子を伝えているものがある。それは細胞の中のミトコンドリアにある、ミトコンドリアDNAというものである。ミトコンドリア自体は女性の持つ卵細胞に由来するものであり、男性の精子には含まれない。そのためミトコンドリアDNAというものは母親からだけ受け継ぐ。こうして考えてみると、私たちは父親と母親から、五〇パーセントずつの遺伝子を受け継いでいるのではなく、ミトコンドリアDNA分だけ母親からのほうが多いし、さらに子供が男性の場合はY染色体が短いので、さらにその差が大きくなるのである。ただし、遺伝子砂漠と呼ばれる部分においても、最近の研究では、狭義の遺伝子とは異なる形で、重要な機能を持つ場合があることもわかってきている。そのため、単に遺伝子の数だけの問題とはいいきれない部分も残る。

しかしそれでも、現在わかる範囲で比較するならば、二万数千個とされる遺伝子のうち、男を決めるのはY染色体にあるたった七八個の遺伝子だけであり、〇・五パーセント未満である。性別は、「対立する二つの理想形」ではない、ずっと近いものであるといえる。

人間の男性と女性で特に問題となるのは、男尊女卑の問題で、社会的に男性のほうが優遇される場合であろうが、生物学的には女性のほうが圧倒的に大事というか、男性は不要であるということすらある。

オスはいらない？

そもそも原始的な生物として、大腸菌のような細菌は、細胞一つでできている生物であり、オス・メスの区別はなく、細胞が分裂して、次世代になる。もっと複雑な身体をした生物であるミジンコは、オスとメスがあるが、メスだけで子供を作ることが可能である。このようにメスだけで子供を残すことは無性生殖とか単為生殖ともいわれる。オス＝男性がいらないという根拠である。

さて、それでもオスとメスがあるのは、世代が変わるごとに、適度に遺伝情報を混ぜることで、多様性を生み出すことができ、そうしておくともしも将来環境が変化した時でも、その種の個体が生き残ることに有利であるからといわれる。純粋に無性生殖だけをしていると、母親というか前世代と同じ遺伝情報を持った、いわばクローンのようなものが次に伝わるだけである。そうなるとまずいのは、気候が変わるとか、何らかの伝染病が流行した場合に、それに耐えられるものがいなくて全滅してしまうことになりかねない。これがオス＝男性が必要であるという理由である。

しかしこの理由は十分ではない。例えば細菌は数億年前の誕生以来ずっと同じ遺伝情報をコピーしているようにみえながら、変異を遂げて進化してきており、環境変化に適応できないわけではない。そもそも、環境変化に対応できるために多様性を作るというが、環境変化が起こらない以上は今の身体はある一つの完成形でもあるから、変わらないほうがよいともいえる。そうすると、やっぱりオスはいらないのではないか。

コモドオオトカゲ
（体長が２～３メートル，平均体重約 70 キロの大型肉食爬虫類である）
（出典）ウィキペディア

先に挙げたミジンコは、環境条件が良いと、無性生殖でどんどんメスを作り、そのメスがさらにメスを作るので、個体数が急増する。しかし、環境条件が悪くなると、オスが生まれ、そのオスがメスと交尾をする。そこから生まれる卵は乾燥などにも耐えられる頑丈なものになる。つまり危機的環境の時だけ、いわばオスが便利使いされるのである。単為生殖をする生物には、もっと高等な動物もいる。七面鳥や、一部の爬虫類などである。二〇〇六年にリバプール大学のフィリップ・Ｃ・ワッツ博士らが『ネイチャー』誌に公表した研究では、世界最大のトカゲであるコモドオオトカゲすらも単為生殖したことが明らかになっている（Watts et al. 2006）。コモドオオトカゲはインドネシアの小島コモド島とその周囲の限られた島にしか生息しないが、巨大な肉食のトカゲであり、まるで恐竜のような見た目である。これほどの高等生物が単為生殖できるということは、生物学者にも大きな驚きをもたらした。

オスも必要

オハイオ州立大学のロバート・デントン博士らが、二〇一六年にロンドン動物学会『動物学雑誌』（*Journal of Zoology*）に発表した両生類についての論文も、メディアで取り上げられるなどして話題になった（Saccucci et al. 2016）。両生類の一種であるトラフサンショウウオ *Ambystoma* 属の生き物には、有性生殖の種と、無性生殖の種がある。無性生殖のものは、メスしかいない。しかし、このメスの中には、他の多くの種であれば二セットであるはずの染色体を、三セット以上持つものがいることが明らかになってきた。染色体は人間のように有性生殖ならば、母親から一セットと父親から一セットを受け取り、合計二セットになる。専門用語では二倍体という。無性生殖の生物でも、たいていは親の持つ二セットの染色体を複製して子も二セット、つまり二倍体である。それではこのトラフサンショウウオの場合、親から受け継いだ二セットに加えて、三セット目以降はどうやって手に入れているかというと、有性生殖する別の種のオスが生息地に残していく精子から、勝手に染色体を取り入れて、遺伝情報として加えているらしい。このように染色体を加えるという現象はきわめて珍しく奇妙なことである。このように染色体を加えることが、

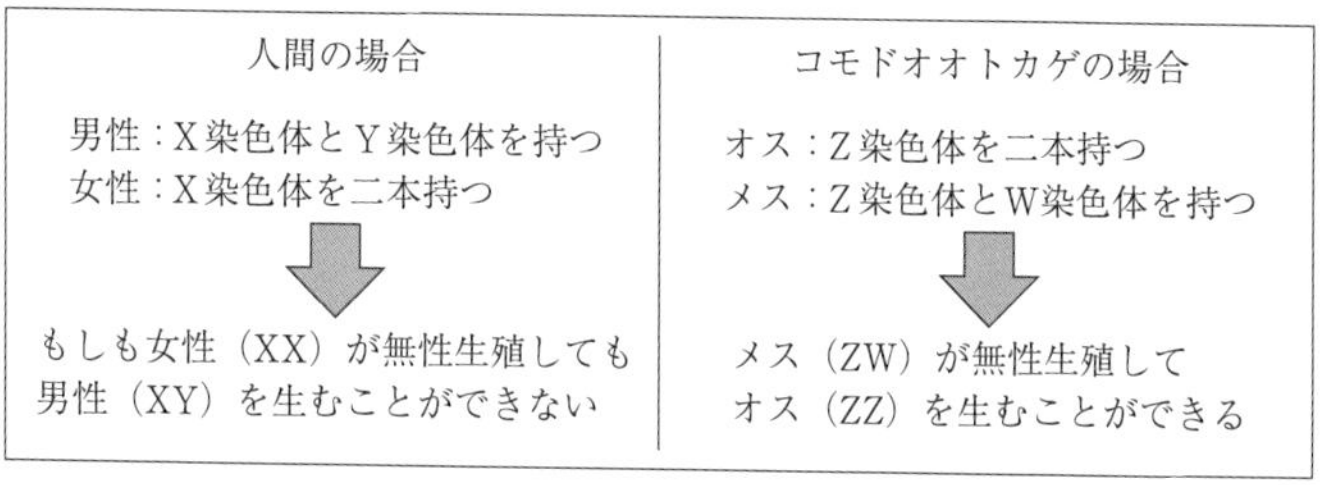

人間の場合	コモドオオトカゲの場合
男性：X染色体とY染色体を持つ 女性：X染色体を二本持つ	オス：Z染色体を二本持つ メス：Z染色体とW染色体を持つ
もしも女性（XX）が無性生殖しても男性（XY）を生むことができない	メス（ZW）が無性生殖してオス（ZZ）を生むことができる

無性生殖した場合の人間とコモドオオトカゲで生まれてくる性別の違い
（出典）筆者作成

何か有利になるのかを調べるために、本研究のデントン博士らは、臓器修復の速度、具体的には尻尾を切断して、それが再生する時間を調べてみた。すると、無性生殖で三倍体以上のトラフサンショウウオのほうが、有性生殖で二倍体の近隣種よりも約二倍も再生が速いことがわかった。このメカニズムはまだ解明されていないが、現象だけをみると、メスだけでも種として成り立つが、オスの遺伝情報があることで、よりいっそう生存に有利になっていたのである。

なお、先ほど書いたコモドオオトカゲの場合、メスだけでずっと世代が受け継がれているかと思いきや、無性生殖で生まれてくるのはすべてオスであることもわかった。これには、人間とコモドオオトカゲで性染色体の作りが大きく異なることも関係している。人間など哺乳類の場合、性染色体はメスがＸＸの組み合わせで、オスがＸＹの組み合わせであり、メスにはＸ染色体情報しかないことを先に述べた。一方コモドオオトカゲのような一部の爬虫類の場合、メスがＺ染色体とＷ染色体の二種類を持つＺＷの組み合わせで、オスはＺ染色体を二つ持つＺＺの組み合わせである。つまり、哺乳類と逆で、メスのほうが

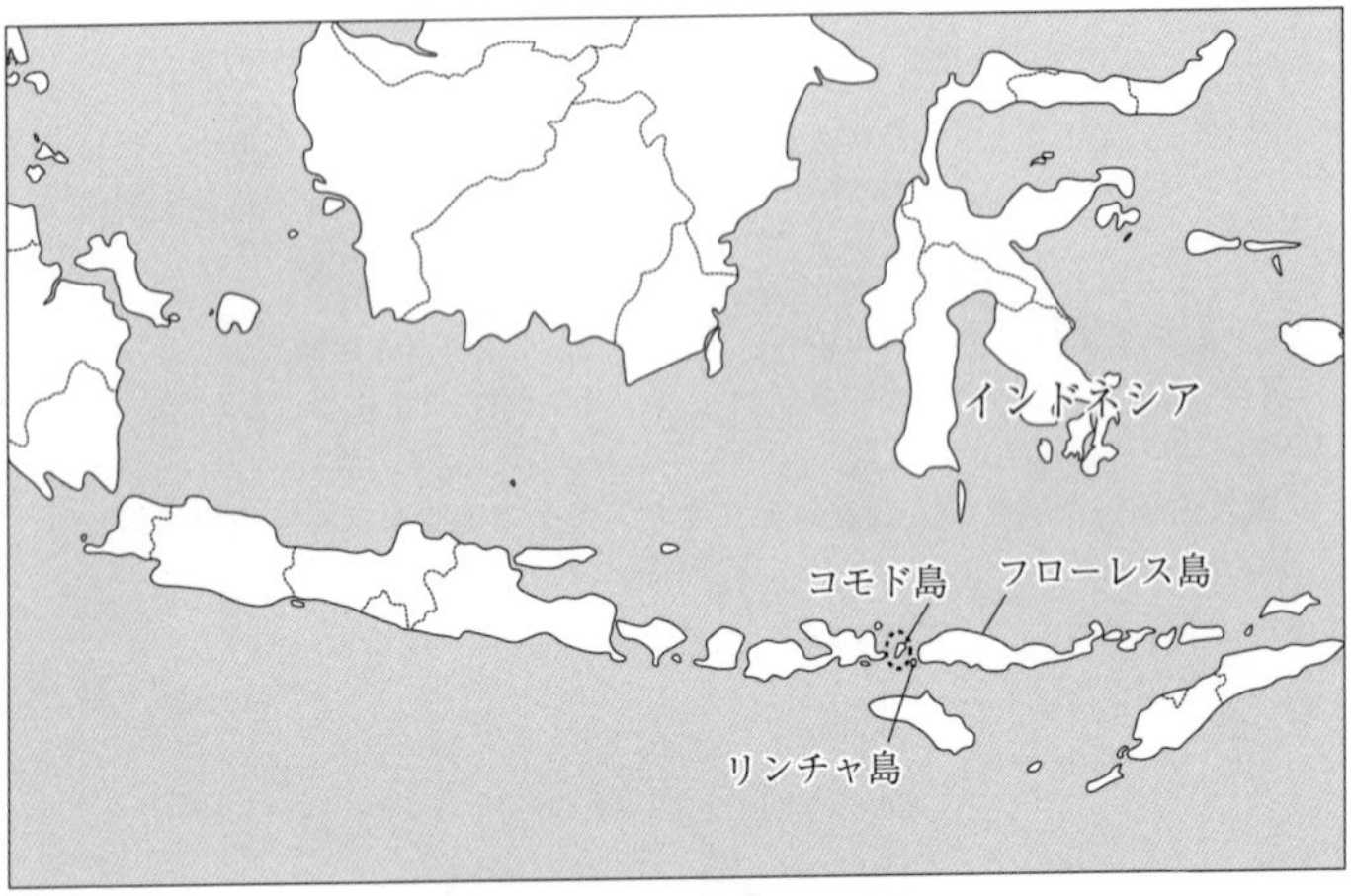

コモドオオトカゲの生息域

(コモド島やリンチャ島などのごく小さな島と隣のフローレス島のごく一部に限られる)

(出典) 筆者作成

二種類の性染色体を持つ。このためメスの単為生殖で、理論上ZWのメスと、ZZのオスの両方を産むことができるが、興味深いことにメスが生まれないメカニズムも備わっていて、結局オスだけが生まれてきていた。ここでオスだけしか生まれないなら、次世代を作れないと思われるかもしれないが、そうではない。自分のクローンであるオスと、それを産んだメスが近親交配すれば、次の世代には再びオスだけでなくメスも生まれる。このようにコモドオオトカゲが単為生殖し、そしてオスしか生まないことの利点として考えられているのは、この生き物が生息しているのは、かつてユーラシア大陸ともオーストラリア大陸ともつながったことのない、隔絶された小島嶼の環境であり、もし同種が一匹で新しい島に漂着した場合でも、そこから個体群を広げていくことができるということである。

人間など哺乳類では単為生殖は起こっていない。ゲノム刷り込みといって、父親からの遺伝情報がないと、いくつかの機能が発現しないようになっているからであるとされる。なぜこのようなメカニズムがあるかは不明である。だが、生物としてのオスというのは、本来存在しなくてもよい、存在したとしても緊急時に少数いればよい程度であったところ、ヒトという種では進化の過程で何かしらオス＝男性の存在価値があり、そのため奇跡的に多数の存在が許されてきたとみることもできる。

ジェンダーのスペクトル

このように人間の場合、遺伝情報での男女差はごく小さいものであり、高等生物においても生きていくうえで、あるいは子孫を残すうえで、性別は必ずしも必要ではないことを挙げてきた。なお、人間には異性愛以外の性的多様性もあるが、これは人間以外の生物にもみられることが知られており、ボノボの例が有名であるが、ほかにも哺乳類に広くみられるとされる。男女という分類を設けて、区別をするというのは、人種による区別などと同様、生物学的に必要なことではなく、社会的な都合上行われてきたことである。

光のスペクトルに話を戻すと、分光スペクトルという言葉があり、それはプリズムを通すと、一つの光が波長の違いに応じて、虹色のようにさまざまな異なる光をみせる現象である。性の違いも、同じヒトが違う輝きを見せるだけの違いなのであると考えると、やはり連続体＝スペクトラムという単語は意味深いのである。

2　フェロモンで異性を惹きつけられるか

モテるフェロモン？

しばらく前までは、週刊少年漫画雑誌などに「これさえあれば女性にモテる」というフェロモン香水の広告が載っていた。お金持ちになれる幸運のブレスレットというのもあったが、この両者はいかにも胡散臭い広告であった。少年時代の私は、一体誰がこんなものに騙されるのだろうかと、白けた目でページをめくっていたものである。しかし今でもこうして記憶に残っていることからすると、実は全く興味がないわけではなかったのであろう。

この広告のフェロモンスプレーを使っても、女性を惹きつける効果は到底ないと子供ながらに思っていた。しかし、その科学的根拠について知らなかった。動物や昆虫については、生物学でもしばしばフェロモンを使って異性を惹きつけるということが当然のように出てくるので、それを聞くたびにいささか混乱し、ひょっとして人間にもフェロモンは効果があるのではないだろうかという気持ちになった。しかし、もしそんな香水に効果があるのであれば、世界の恋愛事情は大幅に変わっているはずであるのに、そんなことは起こっていないから、まだ到底商品化するレベルには達していないことだけは確かであった。

フェロモンは存在するのか

フェロモンは昆虫では欠かせないものである。有名なジャン・アンリ・ファーブルが昆虫記に記した観察からもすでに存在が予想されていたが、学術的にこの名称を付けたのはピーター・カールソン博士とマルチン・ルッシャー博士であり、一九五九年のことであった。フェロモンにもいくつかの種類があるが、フェロモン香水が意味するのは異性を惹きつける性フェロモンのことであろう。性フェロモンの役割は、成熟して交尾が可能なことを他の個体に知らせることであり、一方それを感知した側は、そのフェロモンをたどって異性を探し当てられることである。哺乳類でも、イヌ・ネコなどの食肉目やウマなどの有蹄類がフェロモンを感じて独特の表情をすることがあり、これはフレーメン反応と呼ばれ、生殖可能な異性の尿に含まれる性フェロモンを感じた時などに起こる。

ウマなどには鋤鼻器《じょびき》という器官があり、ここにフェロモンの受容体があり、フェロモンを受信している。実はフェロモンというのは、鼻で感じる臭いのもとよりも、ずっと低分子のものであるため、鼻では感じられないとされており、それを感知するための器官として鋤鼻器が必要なのである。生物には、このようにある種の物質を放出する器官があるだけでは作用せず、それを受信する器官があってはじめて作用する機能が多い。例えば似たような名前でホルモンというものがあり、こちらは人間を含めた動植物の体内でさまざまな機能を果たす、内分泌物質である。ホルモンもやはり

生物種ごとのフェロモン受容体と嗅覚受容体の遺伝子数と偽遺伝子数（カッコ内）の比較

	フェロモン受容体		嗅覚受容体
	V1R関連遺伝子数（偽遺伝子数）	V2R関連遺伝子数（偽遺伝子数）	OR関連遺伝子（偽遺伝子数）
ゼブラフィッシュ	2（0）	44（8）	102（35）
フ　グ	1（0）	18（29）	44（54）
カエル	21（2）	249（448）	410（478）
ニワトリ	0（0）	0（0）	82（476）
ウ　シ	40（45）	0（16）	970（1159）
イ　ヌ	8（33）	0（9）	876（326）
ラット	106（66）	79（142）	1201（292）
マウス	187（121）	121（158）	1037（354）
チンパンジー	0（116）	0（17）	399（414）
ヒ　ト	5（115）	0（20）	388（414）

（出典）Tirindelli et al. 2009, Figure 5

分泌されるだけではほとんど役に立たず、それを受け取る受容体があってはじめて機能する。フェロモンにも、ホルモンにも、それぞれにたくさんの種類があって、それぞれの種類に合わせた受容体が必要である。そして人間には、鋤鼻器という受信器官がそもそも存在しない。鋤鼻器は霊長類全体に無い。人間もフェロモンを分泌している可能性は指摘されているが、どんなに魅力的なフェロモンを出していたとしても、相手は鋤鼻器で感じてくれない。

ロベルト・チリンデッリ博士らがアメリカ生理学会発行の『生理学レビュー』（*Physiological Review*）に二〇〇九年にまとめた結果によると、面白いことがわかっている。鋤鼻器にある代表的なフェロモン受容体には、V1RとV2Rの二つがあり、マウスはV1Rにかかわる遺伝子を一八七個、V2Rにかかわる遺伝子を一二一個持っている（Tirindelli et al.

2009）。偶蹄類のウシは、V2Rは〇個であるが、V1Rが四〇個あり、これらの遺伝子群のどちらかが十分あればフェロモン受容体が機能している。しかしチンパンジーはいずれも〇個である。ヒトはV1Rのための遺伝子が五個あることがわかっているが、数が極端に少なく、V2Rはやはり〇個である。これらのことは、先に述べたように、霊長類には受容体が無いことを反映している。しかし興味深いことには、チンパンジーでもヒトでも、今では機能していないものの、祖先がV1R、V2Rに関する遺伝子を持っていた痕跡がたくさんあることもわかった。これは偽遺伝子と呼ばれるものである。V1Rに関する偽遺伝子だけでも一〇〇個以上あるという。このことは、はるか昔、まだ人間に進化する前の生物であった時にはフェロモン受容体があり、機能していたにもかかわらず、なぜか今ではそれが失われ、機能していないことを示唆している。

フェロモンと「見た目」　表では生き物ごとに、V1RとV2Rの遺伝子数と偽遺伝子数（カッコ内）を示している。参考までに鼻の嗅覚受容体の遺伝子数・偽遺伝子数も示している。この表からは、さまざまな形態の生物の中で、霊長類と鳥類（ニワトリ）だけがV1RとV2Rの遺伝子群を持っていないことがわかる。鳥類のV1RとV2Rに関しては、現在機能していないだけでなく、痕跡すら全くない。

そもそも性フェロモンというものは、通常生物の生殖・繁殖に重要な役割を持っているものである。ところが鳥類や霊長類には性フェロモンの受容体が無いならば、別の手段で異性を惹き、生殖

フウチョウの一種コフウチョウ
（インドネシアの鳥類園にて）
（出典）筆者撮影

をするための機能が必要である。

鳥類は視覚や聴覚で異性にアピールすることが知られている。特に視覚が特徴的である。例えばパプアニューギニアの鳥の中でも、とりわけカラフルで美しいものにフウチョウ、別名極楽鳥がいる。この鳥の仲間は、綺麗な羽をアピールしながらダンスすることで、パートナーとなる異性を惹きつけるのである。フウチョウは私たちが目で見てもとても美しいが、彼らフウチョウ同士ではそれよりももっと色鮮やかで美しく見えている。人間は基本的には三色色覚であるが、鳥類は四色色覚であり、鳥類のほうがはるかに多くの色を見ることができるのである。なかなか理解しにくいかもしれないが、世界には私たちの目に見える色だけではない。私たちは赤外線を見ることができないが、鳥類は赤外線を見ることができる。また二色色覚と三色色覚ではグレースケールとフルカラーのような違いがあるが、それと同じくらいの違いが三色色覚と四色色覚の違いにある。つまり鳥類は他の生物よりも視覚が優れていて、それによって異性も視覚でアピールするのである。

フウチョウは世界でももっとも派手な鳥の種類として知られるが、それが生息しているのはニューギニア島とその周辺に限られる。さて同じパプアニューギニアの高地にはフリという民族がいる。この人々は、自分たちの体をフウチョウの羽根などでカラフルに着飾る風習がある。着飾った人々はやはり美しく、私たちの目を楽しませてくれる。これはやはり私たち人間が三色色覚であり、鳥類ほどではないにせよ、多彩な色を見分けられるおかげでもある。

霊長類は進化の過程で二色色覚から三色色覚になったと考えられている。人類も含む霊長類の祖先は熱帯雨林に生息しており、熱帯雨林では赤い果実を遠くから見つける能力や、密に茂った森林の中で空間を視覚的に把握する能力などが求められ、このため視覚を発達させて森林での暮らしに適応したと考えられている。これは、やはり森林で暮らす鳥類が視覚を発達させたことと同じである。鳥類の場合は、森林の中で飛ぶことや、そこで果実や昆虫などの獲物を見つける必要があることから、よりいっそう高い視覚能力を持っている。

ところで、霊長類と鳥類以外の動物、すなわち鋤鼻器がある動物というのは、いずれも二色色覚である。二色色覚だと、判別できる色の違いが大幅に減る。しかし見える色が少ないと生存上不利になるというわけではなく、むしろ陰影で物を見やすくなるという有利さがある。例えば樹木に昆虫がついている時に、昆虫はしばしば保護色になっているので、三色色覚だと周りの色に紛れて見落としやすいが、二色色覚では逆に色の濃淡や陰に敏感になり、見つけやすいとされる。

こうして考えてみると、鳥類や霊長類は進化の中で色を見分ける視覚を発達させたわけだが、逆に鋤鼻器の役割が失われていったのかもしれない。霊長類は三色色覚のおかげで、性成熟を色のサインで伝えることがある。例えばニホンザルで大人になるとお尻の赤さがはっきりしてくるが、これが性成熟を知らせることにもなっている。このように鳥類だけでなく霊長類にとっても異性探しに視覚が重要なのである。色覚が発達したのは、食料探しや空間認知における適応であったかもしれないが、結果として視覚で交尾する相手を見つけるようになり、フェロモンによる相手探しが不要になったのかもしれない。だとすると、私たち人間がパートナー選びに「見た目」を考慮することも、進化的にやむを得ないことであろう。

「フェロモン」は存在する？

ところでこれまでの説明と矛盾するように思われるかもしれないが、最新の研究からは、フェロモンまたはそれと同じような機能が、人間にもやはり備わっている可能性も指摘されている。先ほど挙げたチリンデッリ博士の論文の主眼もそこにある。古典的には、鼻と鋤鼻器は独立した機能を果たしていて、鋤鼻器が無いとフェロモンを感知できないとされてきた。しかし、嗅覚に関する研究が急速に進んだ結果、人間の嗅覚は他の動物と比べても、きわめて多くの匂いをかぎ分けることがわかってきた。これまでフェロモンを受信するのは鋤鼻器だけだと考えられてきたが、そのような常識を覆し、鼻がフェロモン受容体として機能している可能性が注目されている。例えばマウスの場合には鋤鼻器で発現していたV1Rの遺伝子の一つが、ヒトの場合には鼻の嗅粘膜上で発現していることが明らかになったのである。

人間でもフェロモンが機能している可能性として古くから知られているのは、ルームシェアする女性同士では月経周期が一致してくるということがある。この研究結果の解釈については今でも諸説あるものの、月経周期に合わせて分泌される何らかのフェロモンをお互いに受信しあううちに、周期が同期してしまったといわれている。

また、次のような別の研究もある。ほとんどの動物はＭＨＣ（主要組織適合遺伝子複合体）という遺伝子を持っている。これは自己とそれ以外を識別する役割を果たしていて、例えば感染症など体内に侵入してきた時に、それに目印を付けて、免疫で倒すべき外敵と、免疫の攻撃対象外である自分自身を見分けるために作用する。自己とそれ以外を識別するといっても、当然ながら親兄弟では似てくるため、血縁が近いことの識別にも利用される。さて、ペンシルバニア大学の山崎邦郎博士らがマウスを用いた実験をしたところでは、オスは自分とは異なるＭＨＣのメスと交尾をしたがることがわかった（Yamazaki and Beauchamp 2007）。その解釈としては、自分とはできるだけ異なる異性と交尾することで、多様な遺伝子を次世代にもたらすことができることが挙げられる。こうして多様な次世代を作ることは、多様な感染症への対策能力を持つことになり、次世代の集団が生存していくうえで有利になるということである。

人間にもＭＨＣがあり、この場合は特にＨＬＡ（ヒト白血球型抗原）と呼ばれる。このＨＬＡに関する研究には、スイス・ベルン大学のクロード・ウェデカインド博士が一九九五年に『ロンドン王立協会紀要』(*Proceedings of the Royal Society of London*)に公表した、「Tシャツ研究」というものがある(Wedekind et al. 1995)。男性に二日間おなじTシャツを着続けてもらって、体臭をつけた。続いてそのTシャツを女性に嗅いでもらい、好む臭いと好まない臭いを選ばせた。そして男性参加者と女性参加者のHLAを分析した。すると女性は、自分とはより異なるHLAの男性の体臭を好んだということである。これは先ほどのマウスの実験同様、ヒトでも嗅覚による刺激が、パートナー選びに影響していることを示していた。他にも同様の結果を示した研究がある。ただし、この場合には男性のHLAがどのような形で女性に感知されたのかは、明らかにされていない。というのも、マウスのMHCの場合には、鋤鼻器のV2Rがそれを感知することが知られているが、先に書いた通り人間にはV2Rの遺伝子が全くないからである。まだ科学的に発見されていないものの、同様にフェロモンを受信する機能が、ヒトの鼻のどこかにある可能性が指摘されている。

ただし、やはり複雑なことに、実際に夫婦となった人々のHLAと、無関係の男女のHLAを比べるなどした研究では、夫婦になることとHLAの関係はほぼ全く見つかっていない。夫婦になって子供をつくるまでには、人間は見かけで判断することもあれば、性格で判断することも、そして経済力で判断することもある。したがって、もし仮にフェロモンのようなものが異性の好みに影響していたとしても、その影響は相対的に小さいのである。

大学の授業の余談として、こういった話をしたところ、若い学生の意見として「人間の恋愛は面倒くさい。フェロモンのほうが楽でよかった」という意見があった。そのとおり人間の配偶者探しには苦労が必要なのである。

3　食人習慣とプリオン病と進化

食人習慣は実在したのか？

本書では、世界にはさまざまな人がいて、いろいろな文化があるが、それは連続的に繋がっていて、どこかで区別したり、ましてや差別したりすることはできないということを議論している。そのために、これまでは身近な問題を中心に取り上げてきた。だがこの節では、あえて私たちからとても縁遠いと思われる問題を取り上げたい。食人習慣である。

食人習慣あるいはカニバリズムが存在するなんて、とても信じられないという人も多いであろう。オカルト世界の作り話であると考えられているかもしれない。世界のニュースを見ていると、今でも全く存在しないわけではない。海外のどこかで殺人して食人した事件というものは数年に一回くらいは報道されるように思う。しかしこれは、かなり稀な凶悪犯罪者によるものであって、やはり一般的であるとは言い難い。一方、犯罪ではなくて突発的な事故の結果として、やむを得ず食人したということも起こっている。雪と氷に覆われたアンデス山中に飛行機が墜落し、その生存者たちが死者の肉を食べて生き延びたことは『生存者――アンデス山中の70日』という小説と、それをもとにした映画『生きてこそ』により世界的な反響を引き起こした。

今回取り上げる食人習慣とはこのような犯罪でも突発的な事故でもなく、社会として、あるいは文化として持続的に食人が行われている場合のことである。そもそも食人習慣のようなものはないという説もあり、研究者が食人習慣の存在を否定する根拠としては、そのような習慣は伝聞だけであり、実際に外部の客観的な立場の人がその場を目撃したことはない、ということが挙げられる。たしかに私もそういうものを見たことはない。だが伝聞であれば、たくさん聞いている。例えばソロモン諸島の島では、自分たちの祖先は勇猛な首狩り戦士であり、倒した敵を食べたこともあったと誇らしく語られることもある。島の町には土産物屋があり、食人する時に使った特別なナイフとフォークを再現したものが売られている。老人たちは、その親たち、つまり実際に食人をしていた時代の話として聞いたことを語ってくれる。その内容はとても具体的であったが、あまりにもリアルなので、ここでは書かないことにする。一〇〇年ほど前にキリスト教の布教が行われて以降、こういう風習はなくなった。今の世代はみな、食人なんてとんでもないことだ、という。

このように食人習慣というのは人類学においても議論がある。しかし医学のある分野では、当然あったと考えられている。そしてその食人習慣が、のちにノーベル生理学・医学賞にまで繋がったのである。はたしてそれは、どういうことか。

クールー病とプリオンの発見

パプアニューギニアは国土面積が日本の二倍ほどもあり、そこには数百の異なる言語があり、さまざまな民族が暮らしている。その一つにオカパ地方に暮らすフォレという社会がある。このフォレ社会ではクールーと呼ばれる奇妙な病気があった。この病気を発症すると、患者は筋肉の制御が取りにくくなるかのように体が震え、発音の障害などが生じる。クールーというのは、フォレの言葉で体が震えることを意味するという。やがて歩行が困難になり、震えも激しくなり、精神や神経にも問題が生ずる。そして重度の運動失調をきたすようになり、神経症状も深刻で、潰瘍も発生し、死に至る。この社会だけで起こり、人から人へと伝染しているものであり、奇妙な風土病であるとみられていた。

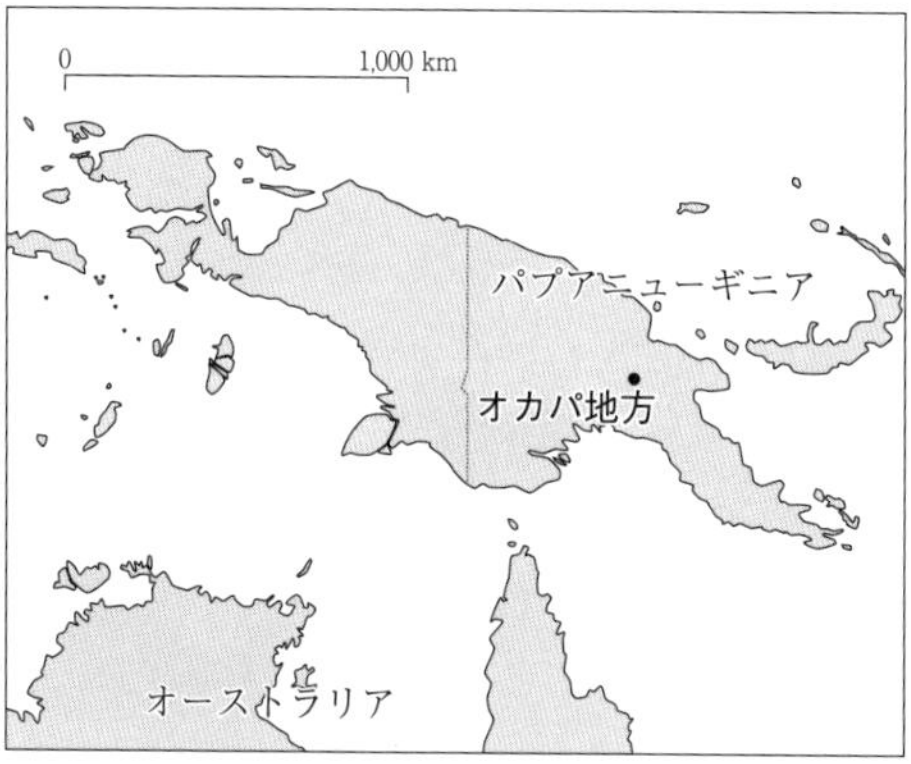

パプアニューギニアにおけるオカパ地方の位置

（出典）筆者作成

当時パプアニューギニアを統治していたオーストラリアの医学研究者マイケル・アルパース博士は、現地に赴任していた医師や、文化人類学者らとも共同してこの奇病の調査に取り組んだ。やがてアルパース博士は、この病気は大半が女性や子供だけであり、成人男性にはほとんどみられないことがわかった。そしてもう一つに、こ

クールー病にかかった少女を抱きかかえる女性

（出典）ノーベル記念財団ホームページに掲載されているガジュセック博士受賞講演の資料（https://www.nobelprize.org/nobel_prizes/medicine/laureates/1976/gajdusek-lecture.pdf）

のフォレ社会には食人の習慣があるということも明らかになった。死者がでると、その家族は死者への敬いを示すために、その死体を食べる。この際に成人男性は肉を食べるが、女性や子供は脳を食べることもわかった。この頃から、脳を食べることで伝染する病気であると考えられるようになってきた。

クールー病死者の脳を医学的に分析するために、アメリカ人のダニエル・カールトン・ガジュセック博士が調査研究に加わった。ガジュセック博士はウィルス学者であり、脳から病気の原因となるウィルスを見つけることを試みたが、結果として彼が病原体ウィルスを見つけ出すことはできなかった。しかし、患者の脳組織をチンパンジーに移植すると、同じく脳がスポンジ状になるクールー病を再現することを確認した。その病状と脳の変形は、以前より欧米で知られていた神経変性疾患であるクロイツフェルトヤコブ病に似ていることも発見した。ガジュセックはこの病原体を潜伏期間が非常に長い未知のウィルスであると考え「遅発性ウィルス（スローウィルス）」と名付け、その功績で後にノーベル生理学・医学賞を受賞した。

しかしその後のさらなる研究により、これはウィルスではなく、タンパク質が伝染性になったものであることが明らかにされた。これは異常プリオンと呼ばれるようになった。そもそもタンパク質は体の構成要素でありどこにでもあるし、ほとんどの食べ物に含まれるものであって、そしてウィルスや細菌のような生物ではない。そのタンパク質の一種がプリオンであり、そのうち異常なプリオンが病気を引き起こすということである。異常プリオンの病気としては、いわゆる狂牛病として問題になった牛海綿状脳症（ＢＳＥ）がある。これは異常プリオンを持った牛肉を食べることで感染するとして恐れられたし、牛肉の貿易が止まるなど、経済的にも問題となったことで多くの人の記憶にあるであろう。さて話を戻すとクールー病というのは、狂牛病と同じメカニズムで起こる病気であって、その感染源は牛肉ではなく人間の脳であったのである。

こういったことが明らかになるよりはるか前、一九六〇年代までにはオーストラリア政府はフォレ社会の食人習慣を取り締まるようになった。そして宣教師によって布教されたキリスト教や西洋の考え方が入るに従い、食人習慣は減っていったのである。しかし、その後も数十年にわたり、毎年わずかとはいえクールー病の新規発症者があった。これは隠れて食人が続けられていたのではなく、幼少期に感染したものが数十年の時を経て発症していたためであった。ところでさきほど書いたように欧米で問題になった狂牛病が広まった時に、この狂牛病についての科学的知見は限られていた。狂牛病に感染してから発症するまでにどれほどの期間がかかるかは重要な問題であり、そのため数十年がかかる可能性が発表されて報道されたが、実はその時点で狂牛病については長期にわたるデータは存在しなかった。そのため、クールー病の異常プリオンが、感染してから発症するまでに数十年かかったという調査結果が参考に用いられていたものである。そうすると、クールー病はごく限られた社会だけで起こった病気であったが、その研究成果が世界の問題に役立てられていたのである。

食人習慣への適応

アルパース博士らが聞き取りをした住民の口承伝承によると、最初のクールー病患者が生まれたのは歴史的には比較的最近のことであり、それは二〇世紀初頭であったという。そこから急拡大し、もっとも深刻な時期には年二パーセントもの人がこれによって命を奪われた。

一方、医学の研究は進み、やがてプリオンに関する遺伝子も発見されて*PRNP*と名付けられた。人間は誰しもこの遺伝子を持っていて、正常なプリオンは神経系で何らかの機能を果たすタンパク質であるらしい。ところで、これまでも紹介してきた他の遺伝子同様、この遺伝子にも多型があることがわかった。一つはコドン番号という遺伝学専門の表現でいうところのコドン一二九番である。この遺伝子がメチオニン（M）というアミノ酸を生成するか、バリン（V）というアミノ酸を生成するかが個人によって違うというものである。欧米におけるクロイツフェルトヤコブ病の発症者は全

フォレ社会におけるクールー病患者と非患者女性のコドン127番とコドン129番の多型割合

（単位：人）

	コドン127			コドン129		
	GG型	GV型	VV型	MM型	MV型	VV型
クール病患者	152	0	0	35	89	28
感染地域で1950年以前生まれの一般女性	119	6	0	16	86	23
感染地域で1950年以降生まれの一般女性	144	6	0	30	80	40
低感染地域で1950年以前生まれの一般女性	77	0	0	17	33	27

（出典）Mead et al. 2009, Table 1を改変

員が両親からメチオニン型を引き継いだ人々（MM型）であったことがわかっている。逆にいえば、食料から異常プリオンが体内に入った場合、どちらかの親からバリン型を受け継いだ人は病気にならなかったのである。だがアルパース博士らを含むチームがクールー病について調べたところ、この場合はコドン一二九番ではなく、コドン一二七番というものが関係することが強く示唆されるようになった。

それはイギリスのユニバーシティ・カレッジ・ロンドンのサイモン・ミード博士がアルパース博士とともに、二〇〇九年に『ニューイングランドジャーナルオブメディシン』(*New England Journal of Medicine*) に発表した論文によって明らかにされた (Mead et al. 2009)。通常 *PRNP* 遺伝子の一二七番目のコドンは、グリシン（G）というアミノ酸を作るが、フォレ社会にはわずかながらここでバリン（V）というアミノ酸を作る人がいた。ミード博

士らが調べたところ、クールー病で亡くなった人の中にコドン一二七番がバリン型の人は含まれていなかったのである。表ではクールー病患者と、一般女性におけるコドン一二七番とコドン一二九番の多型を比べている。コドン一二九番については、MM型、MV型、VV型のいずれからも患者が出ていることが、欧米のクロイツフェルトヤコブ病との違いである。一二七番についてはGG型のみから患者がでており、フォレ社会にのみ少数存在するGV型の患者はゼロである。

なお、この表からわかるとおり、両親からコドン一二七番バリン型を受け継いでいた人（VV型）は存在しなかった。これはバリン型自体が社会の中でもまだ新しい型であったからと考えられた。フォレという狭い地域の中で、どこに一二七番バリン型の人が住んでいるかを調べると、クールー病による死者が多い村に集中して多いことも明らかになった。こうしたことは、二〇世紀初頭に最初の患者が生まれてから、食人習慣が止まるまでの数十年間という短い期間の間に、このような適者生存の進化が起こったのであり、病気への適応としてはきわめて速い現象であったといえる。

食人習慣から人間が学ぶこと

その後、同じユニバーシティ・カレッジ・ロンドンのエマニュエル・アサンテ博士らの新しい研究成果が二〇一五年に『ネイチャー』に公表された（Asante et al. 2015）。アサンテ博士らはコドン一二七番バリン型を持つマウスを人工的に作り、それに異常プリオンを伝染させて、クールー病を予防するかどうかを検証しようとした。結果として、クールー病と同じ異常プリオンは、人工的に作られたコドン一二七番バリン型のマウスには伝染せず、クールー病に抵抗があることが実験でも証明されることとなった。この実験では、ほかにも興味深い結果が得られた。それは人間にはまだ存在しなかった、両親から一二七番バリン型を受けついだVV型のマウスを人工的に作ったところ、これはどの異常プリオン病にもかからなかったのである。このメカニズムはまだ解明されていないが、ここからすべての異常プリオン病への予防法や治療法が見つかることが期待されている。

考古学研究の中には、先史時代の人間の間には、食料や儀礼として広く食人習慣が行われていたとするものが多くある。我々の共通祖先も食人を行っていた可能性、そしてフォレの人々がみせた進化と、その結果がもたらしてくれる異常プリオン病治療の知見を考えると、食人習慣は単に縁遠いことではなくなるのである。

4　オランダ飢餓の冬とエピジェネティクス

オランダ飢餓の冬

第二次世界大戦末期の一九四四年、ナチスドイツ占領下にあったオランダのことである。すでに連合国軍によってパリは解放されており、オランダでも活発なレジスタンス運動が続けられ、ナチスドイツは追い詰められていた。一方、この年は天候不順のために、オランダでは作物が実らず、飢饉の様相を呈していた。そのような中、レジスタンスによって鉄道破壊工作があった報復として、ナチスドイツはオランダへの物資の補充をやめ、陸路での輸送を封鎖し、いわば兵糧攻めをはじめた。やがて冬が到来すると、河川も凍りつき、それまで秘密裏に行われていた水路を通じての食料も届かなくなった。そしてオランダでは食料が枯渇するようになった。

一一月末には成人の摂取できる食料は一日一〇〇〇キロカロリーほどに、そして翌一九四五年四月には四〇〇キロカロリーほどになった。当時のオランダの成人女性が一日に必要とするエネルギーは二五〇〇キロカロリーほどであったといわれており、生きていくには到底エネルギーが足りない状況であった。状況が改善されるには、五月になり連合国軍によって解放されるのを待つしかなかった。これは「オランダ飢餓の冬」と呼ばれる、歴史に残る惨劇である。この期間に約二万人もの人が食料不足のために亡くなったといわれ、生き残った人々の中でも四〇〇万人以上が飢餓に苦しんだといわれる。

解放直後から、オランダをはじめとする国の研究者らは飢餓状態を経験した人々の健康を調査した。それは、その後長期間にわたる追跡調査になり、今でも続いている。このような研究の中から、一つのことが明らかになった。それは飢餓状態が特に酷かった時期に妊娠直前から妊娠初期の母胎内にいた子供は、成人後に肥満、心臓病、糖尿病、統合失調症などになりやすいということであった。これは、飢餓状態の時にすでに妊娠後期であったり、飢餓状態の後に生まれたりした兄弟姉妹と比較して、飢餓状態時に妊娠（着床）した母胎内にいた子供たちにのみみられることであった。なぜ妊娠直前の母の栄養状態が、このような病気と関係してくるのかが科学者たちの関心をひいた。なお、胎児期に飢餓を経験すると、成人後に肥満になりやすいというのは一九六八〜一九七〇年におこったナイジェリアでの飢饉や中国大躍進政策時の飢饉でもみられたという説もある。

エピジェネティクス

オランダ飢餓の冬を胎児で過ごした子供たちに何が起こったのか、その生物学的なメカニズムが示されたのはライデン大学のバスティアン・ハイマンス博士らが『米国科学アカデミー紀要』（*Proceedings of the National Academy of Sciences of USA*）に二〇〇八年に公表した論文においてである（Heijmans et al. 2008）。これを理解するためにはまず、インスリン様成長因子というものがあり、これは生体内で作られ人間の成長に大きな役割をするものであることを知っておいていただく必要がある。特にインスリン様成長因子2と呼ばれるものは、脳、腎臓、膵臓および筋肉から分泌されるものであって、生命の発生の初期段階、つまり胎児期に必要なものである。さて研究者たちは、このインスリン様成長因子2の違いが、オランダで飢餓を経験した時に妊娠をした子供たちのその後の病気と関係していることを突き止めた。ただし、実はインスリン様成長因子2は*IGF2*という遺伝子によって作られているため、兄弟姉妹であれば同じような遺伝子型を持っているはずである。たとえ飢餓が激しくとも、そのような外的な理由によって胎児の遺伝子型つまりＤＮＡの配列が変わってしまうことは、生物学上ありえないのである。そ

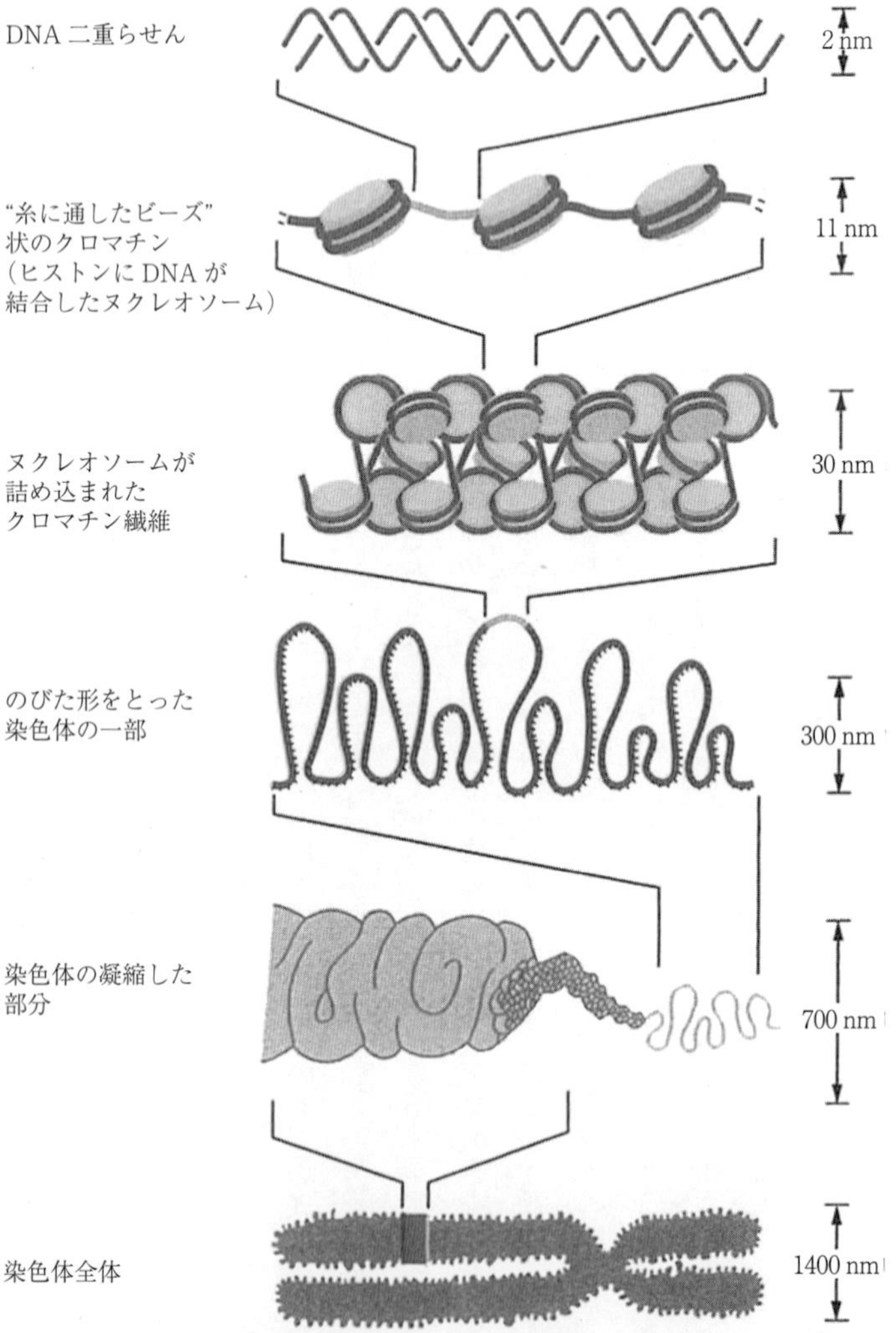

染色体に DNA を格納するためのクロマチン構造の模式図

（出典）Nussbaum et al. 2009 の Figure 4-72 を改変

れでは、なぜ兄弟姉妹の間で病気の発症に違いがあるのかが謎として残されていた。

そこでハイマンス博士らが明らかにしたのは、*IGF2* 遺伝子の型は兄弟姉妹の間で同じでも、オランダで飢餓時に妊娠をした子供たちは遺伝子が機能を発揮する際に起こるＤＮＡメチル化というプロセスが弱く、その機能低下が数十年後も続いていることが病気に繋がったということであった。

ＤＮＡのメチル化とはどういうことであろうか。例えば一卵性の双子は外見も性格もよく似ているわけであるが、それでも違いがある。たしかに双子といえども、ＤＮＡの配列が全く同じであるわけではないが、それよりも成長した環境や生活習慣の違いがかかわって、身体や生理機能に違いは生じてくる。また、たとえ双子がどんなに同じような環境・生活習慣で過ごしてきても、細胞レベルでみれば体内の膨大な数の細胞間で、日々さまざまな情報のやり取りが行われており、その際のちょっとした体内情報伝達の違いが積み重なっていくと、目に見えるほどの違いにもなるであろう。このように、遺伝子型が同じでも、目に見える形すなわち表現型に違いがあることは古くから観察されてきたことである。このようなことは、メカニズムが解明される前から、遺伝子と周辺環境が関係して生物の形を作る現象として、エピジェネティクスという専門用語で呼ばれてきた。

このエピジェネティクスの生物学的なメカニズムが解明されるようになったのは、近年のことであり、その代表的な一つが先ほど書いたＤＮＡメチル化である。研究の成果として、実は同じＤＮＡ配列を持っていても、メチル化という化学的反応が起こるかどうかが環境次第であることが明らかにされるようになってきたのである。ここでもし過剰なメチル化が起こると、それはがんと関係するため生命にとってよくない状態になるが、逆に極端な低メチル化状態でもオランダの例のように別の形でエピジェネティクス的な変化を起こす。またこのメチル化とも関係するが、ヒストン修飾というプロセスもある。DNAは膨大な情報をコンパクトに収納するために、クロマチン構造と呼ばれる形になっているが、それはヒストンというものにDNAが巻き付くように結合しているおかげである。このヒストンにどのような化学的修飾がなされるかでも、DNAの発現が変わってくる。つまりオランダで胎児期に飢餓を経験した子供たちの場合、*IGF2* 遺伝子は同じでも、化学的修飾に違いが起こったのである。

獲得形質の遺伝という進化論

この事件を追跡した研究者は、さらに驚くべきことを見つけた。この後遺症に悩まされつつも成人した女性から生まれた子供、つまり飢餓を経験した母親からすれば孫の世代の子供でも、出生時の身長が低く、肥満が多かったというのである。このことは祖母効果とも呼ばれたが、DNAの低メチル化は、次の世代にも引き継がれた可能性が見つかったのである。繰り返しになるが、遺伝子情報すなわちDNAの配列は同じであるにもかかわらず、親や祖父母世代がどのような環境を経験したかによって、遺伝子の機能発現に違いが生まれ、そして実際の身体や生理機能という表現型に違いが生じたということである。この現象は動物実験でも確かめられている。

このことは生物学の常識を覆したともいうことができる。これまでも述べてきたように、親から子へ、そして孫へと、形質が伝えられることを遺伝といい、その本質はＤＮＡの配列に刻まれているとされてきた。そしてＤＮＡの配列自体は環境によって書き換えられることはない。突然変異によってのみ、配列の変更は可能であると、長らく考えられてきた。しかし、オランダ飢餓の冬のケースはＤＮＡの配列は変わらなくとも、それが発現するかどうかという表現型の違いが起こり、それが遺伝したとみることができる。これが生物学の常識に反した理由の一つは、それまで一般的に考えられてきた「遺伝の本質はＤＮＡにある」ということだけではない遺伝があるということであった。そしてもう一つの理由は、長らく生物学の基本となってきた「ダーウィン進化論」を、一部否定するものであることであった。

進化論といえば、第一章でも挙げたようにダーウィン進化論が有名であり、たくさんの追加・修正が提案されてきているものの、今でもこの進化論にのっとって、多くのことが理解されている。ダーウィン進化論は単純であって、突然変異と自然淘汰の二つが原理である。つまり偶然にＤＮＡの配列が変わり、それまでとは少し変わった特徴を持ったものが誕生するのが突然変異である。そういう変異個体は、環境に合わないので、自然淘汰されてしまうことが多いが、より優れたものが誕生することもある。そうすると、それがどんどんと子孫を残していき、逆に旧来のタイプを淘汰してしまう。繰り返しになるがこの進化論では、獲得形質は遺伝しない、ということが重要である。

キリンは首が長いが、高いところにある葉っぱを食べようと、一生懸命首をのばしていたら、徐々に伸びてきた、というわけではない。たまたま突然変異で少し首が長い生き物が生まれて、その中から突然変異でもう少し首が長い生き物が生まれて、その中から突然変異で……という繰り返しの結果だったということになる。途中首が短くなったものも誕生しただろうけど、そういうものは自然淘汰でのちに消えてしまった。進化に方向性は無くて、あくまで突然変異と自然淘汰の賜物とされてきたのである。

しかし実は、キリンのような場合、化石を探すと長くなったり短くなったり、いろいろな首の長さのキリンの化石が出てくるかというと、そうではなくて、一貫して首は長くなってきたという説がある。一回の突然変異で少しだけ首が長くなっても、それが他の個体を圧倒するほど優位であるとは思えず、集団を丸ごと置き換えるのには大変な時間がかかったはずであるから、さまざまな化石がでてきそうなものである。しかし、少し首の長い個体が集団から抜け出して、自分だけの小さくて新しい集団を作ったら、少し首の長いもの同士が交配する確率が高くなるので、その小集団の中でならば首の長い体質を広めるのは比較的短時間で済む。そうすると、そこから突然変異でさらに首の長い個体が誕生するし、それがさらに新しい小集団を作っていくと速度は速くなると考えられる。このように首の長い生き物が誕生するというような、大きな進化であっても、比較的短い時間で起こりうるのである。ダーウィン進化論によっても、同じ方向に進化を続ける現象を説明できるとされてきた。

ところでダーウィン進化論が世に出されるよりも少し前の進化論として、ジャン＝バティスト・ラマルクによるラマルク進化論というものがある。その原理は「用不用説」と呼ばれるものである。それによると、生物には生まれながらにさまざまな機能が備わっているが、その環境・その生活の中で必要な器官は次第に発達するということである。逆に、あまり使わない器官は次第に衰退するとされた。そして、もしも親が生活で使う器官を発達させた場合、そこから生まれる子供も、やはり器官を発達させた状態で生まれてくるとされ、つまり「獲得形質」が遺伝するともされた。この古いラマルク進化論では、ダーウィン進化論と異なり、理論上はキリンが首をのばしていれば、子供は首が長くなるということが起こりうる。この進化論は、そもそもラマルクが考案したというよりも、一九世紀初頭当時まだキリスト教の影響もある中で発達した生物学において、一般的だった考え方だともいわれる。やがて、一八五九年の『種の起源』においてダーウィンの進化論が提示されると、その後はダーウィン進化論こそが科学的・生物学的な進化論であるとされるようになり、ラマルクの進化論は胡散臭い過去の学説に追いやられた……はずだった。

ジャン＝バティスト・ラマルク

ところが現代、最先端科学の成果として研究されるエピジェネティクスでは、DNA配列が同じであっても、環境によってはそのDNAがどう作用するかが変わるということを示すようになってきた。それがこの節で説明してきた現象である。このことは、ダーウィン進化論で否定されたラマルク進化論の原理となった、用不用説と獲得形質の遺伝が起こりうることを、ある程度は指し示すことなのである。

エピジェネティクスの影響はどこまで?

オランダ飢餓の冬を生き残った中には、『ローマの休日』で一躍人気を得た大女優オードリー・ヘプバーンもいた。まだ一〇代のバレリーナとしてオランダに暮らしており、飢えを生き延びた一人である。彼女がのちに慈善活動に力を入れたのは、この飢えの経験と、ナチスによるホロコーストを目の当たりにしたからともいわれている。同じ時、同じ場所にいても、ヘプバーンのように美貌と知性を得たものもいれば、飢餓の後遺症に苦しんだ人々もいた。エピジェネティクスについては、まだ技術的にも検出が難しいところもあるため、わからないことも多い。遺伝的な差異に基づいて人間を区別・差別することにより生じてきた問題が、DNA配列だけでなくエピジェネティクスな変異でも生じてはならないことにも十分注意したい。

第三章　文化の基底

1　生業と食べ物による適応

文化による適応

人間は赤道直下にあって暑くてむしむしするような熱帯から、シベリアやアラスカのように一年の多くを氷に閉ざされた寒冷の地域までに分布し、また海抜ゼロメートルの汀線部からチベットやアンデスのように大気の薄い高山地域まで、さまざまな環境で生きている。これは生物種としては非常に珍しいものである。これまでに書いてきたとおり、このように多彩な環境の中で暮らしていくためには身体や生理機能も変化する必要があり、そして実際に何万年もかけてこのような世界の各地へと広まる間に進化・適応してきたのである。このように環境に適した形質になっていくことは、生物学でいうところの適応である。

ただし、人間の場合は、裸一貫であらゆる環境に広まってきたわけではない。火をおこし、食料を得る手段を持ち、家を建て、温かい衣服を身に着けるなど、文化的な方法も持っていた。このように文化を持つことで、環境での生存と繁殖を高めてきたことは「文化による適応（文化的適応）」と呼ばれる。

適応としての生業

今でも世界にはさまざまな暮らし方が存在している。特に食料を得る手段としての生業様式というものは、例えば狩猟、漁撈、採集といったことを指すが、地域や民族により異なる。グローバル化の進展や各国の経済発展と工業化により、だんだんと世界の人々の暮らしは同じようなものになりつつあるが、これは人類史においてはごく最近の現象にすぎず、私たち人間は長い間、各地の気候風土に合わせた生業様式に依存してきたのである。

弓矢などで動物を狩ったり、森林の果実など可食植物を集めたりして暮らしている人々は、狩猟採集民と呼ばれる。ただし、たとえ狩猟採集民と呼ばれる民族であったとしても、もしそこに川があって魚がいれば銛《もり》でとることもあるため、生業様式というものは単純に分類できるものではなく、むしろもっと総合的なものである。また、狩猟よりも日々野生の植物を集めてくるほうが、労働時間も長いし、食物エネルギー源の中心になっている社会もある。これらの生業は、動物を狩猟する場合でも、植物を採集する場合でも、魚を漁撈する場合でも、いずれも「野生のものを人間がとってくる」、という共通点がある。これらは一括して「採食する（forage）」生業と呼ばれることもある。

対象となる生物の違いと生業の名称

対象生物	野生の生物をあつかう生業（採食）		栽培化・家畜化した生物をあつかう生業（ドメスティケーション）	
	生業名称	あつかう生物	生業名称	あつかう生物
植　物	採　集	野生の植物	農耕・農業	栽培化した植物
動　物	狩　猟	野生の動物	家畜飼育・牧畜	家畜化した動物
魚　類	漁　撈	野生の魚類	養　殖	養殖化した魚類

（出典）筆者作成

野生のものを食料にするというのは、人間以外の動物でも同じく行われていることであるが、人間の場合は食料調達に道具を用いる点と、調理・加工して食する点で、他の動物とは異なる特徴がある。

世界には「野生ではないもの」に依存する生業様式もある。それは農耕・農業、家畜飼育・牧畜、水産養殖などであり、現代の日本社会ではこちらのほうが身近であろう。農耕や農業というのは、人間にとって都合のよい植物を選りすぐり、何代もかけて「栽培化」した植物をめぐる生業である。ここで農耕と農業を分けたのは、農耕という用語は「焼き畑農耕」や「水田稲作農耕」など、伝統的な社会が主に自給自足目的で行うものであり、規模は小さく、在来の知恵と手法に基づいている。一方、農業というのは職業として行うものであり、大規模であり、農学という学問や化学的肥料や改良品種などを取り入れて行われる。それから、家畜飼育・牧畜というのは、野生だった動物を家畜化し、人間のコントロール下に置けるようにしたものといえる。牧畜の中には、定住地を定めず、季節に応じて動物たちの餌に恵まれた地域を移動する遊牧や移牧という生業も含まれる。最後に水産養殖は、都合のよい魚などの水産資源を人間のコントロール下に置くものということになるが、植物や動物に比べると技術的に難しい。魚を養殖するとなると、たくさんの水を確保し、その水質管理も必要である。それに生物としての性質でも難しく、鮭を養殖しようとしても、川を下って太洋を巡ってきて初めて大きな個体になるのである。すでに養殖が成功したものも多くあるが、その技術が確立したのは比較的最近になってからである。栽培化や家畜化は、英語では一括してドメスティケーション（domestication）と呼ばれることもある。

かつてある学説では、人間社会は狩猟採集社会から農業社会へと一方向に進歩していくのであり、狩猟採集が原始的で、農耕が発展的であるといわれていたが、今の考え方ではそうではなく、それぞれが暮らす環境に適した生業を営んでいると考えられている。そもそも狩猟採集が農耕より劣っているとはいえない。いま狩猟採集民といわれる集団は、野生動物が豊富な熱帯雨林がある熱帯アフリカ、ラテンアメリカに多い。狩猟採集民というと、さぞかし労働が大変な暮らしを送っていることであろうと思われがちであるが、実は狩猟は数日から数週間に一回行う程度で、採集を含めても男性一日平均だと三〜六時間程度しか労働しないことがわかっている。農耕は、人間の管理下で行うので、野生の動植物に恵まれない環境でも安定した生産が可能であるが、農地づくりから、植物を植え、収穫し、保管するなど、作業がたくさんあり、労働時間は一日平均七〜一一時間と長く、そして重労働が多い。決して農耕のほうが狩猟採集よりも優れているわけではなくて、長時間重労

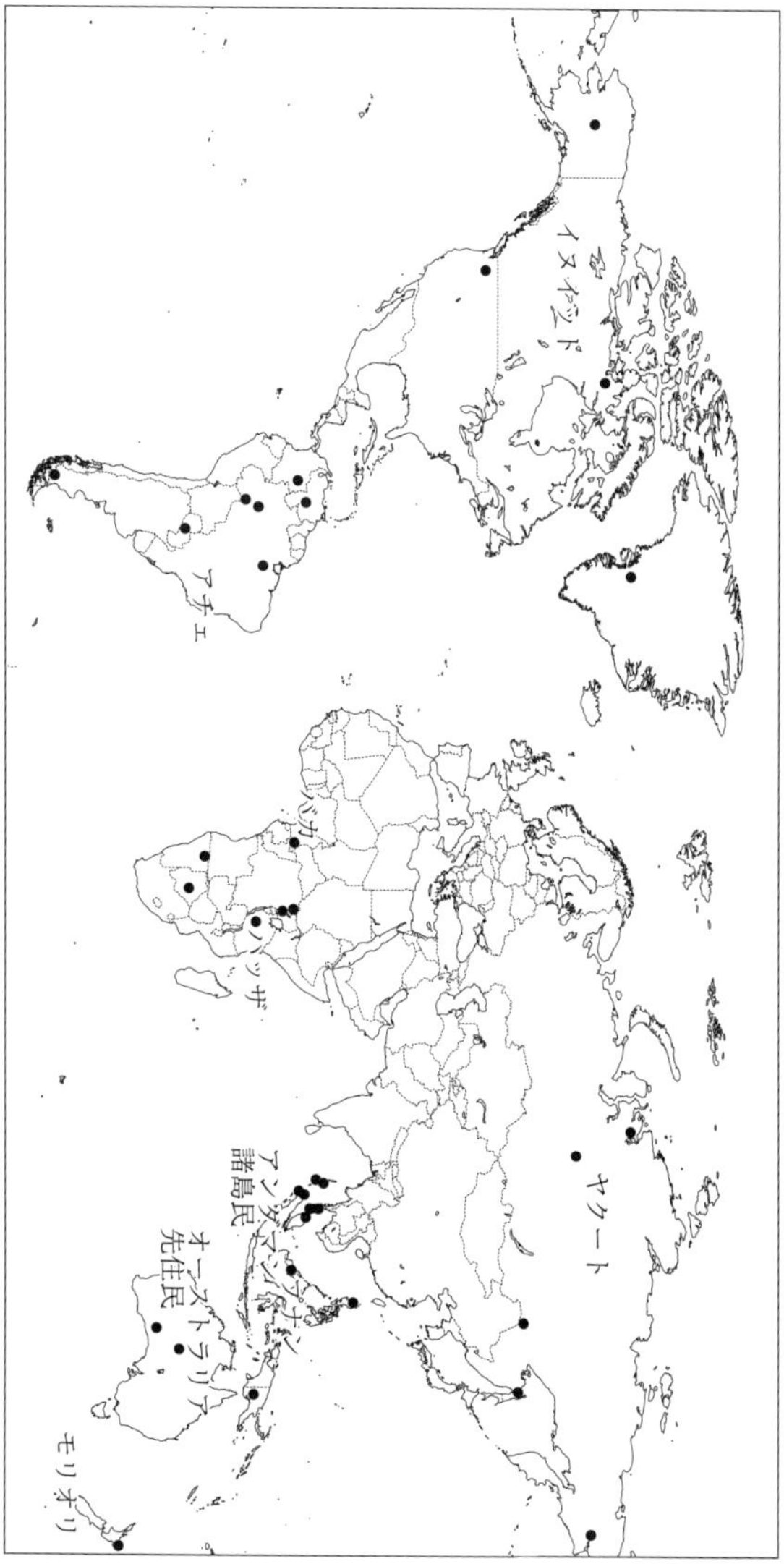

世界の主な狩猟採集民の分布

（出典）筆者作成

働の農耕よりも短時間労働の狩猟採集のほうが良いという人もいるであろう。

異なる環境で同じような生業が営まれることもある。狩猟採集は熱帯雨林だけではなく、アフリカのサバンナにもあるし、日本人も縄文時代までは狩猟採集民であったとされている。また北極に近いアラスカにいるイヌイットの人々も、アザラシなどを狩る狩猟採集民である。逆に熱帯雨林の環境であっても、狩猟をほとんどせずに、伝統的に焼き畑農耕を行ってきた社会というものもある。このような場合も、周囲に生息する動物の種類や地形・土壌などの環境条件によって、適した生業が選ばれていると考えられている。ただし、農耕については、文化による適応として、広域に伝播したため、集団の歴史的な交流を反映しているという側面もある。

生業による適応と身体による適応の関係

生物学における適応という用語に関連して、その環境での生存と繁殖により優れていることを「適応度が高い」ということがあるが、文化による適応でも適応度を高めることができる。身体で不利なところがあれば、それを文化で補うように、身体と文化は不可分のものである。また人間の場合には、自分の文化に応じて、身体にも変化が生じてきた可能性も指摘されている。身体の特徴は遺伝情報に刻まれているので、このようなことを「文化・遺伝子共進化仮説」という。文化というのは、非常に広い概念なので、ここでは「生業・遺伝子共進化」と呼ぶことにして、話を進める。

有名な例を挙げると、牧畜社会に特有な遺伝的特徴のことがある。私たちが飲んだ乳汁に含まれる乳糖（ラクトース）を分解するためにはいくつかの酵素が必要であり、その一つが乳糖分解酵素（ラクターゼ）である。この酵素が足りないと、牛乳を飲んでも小腸でうまく分解することができず、これは乳糖不耐症（ラクトース不耐症）といい、消化不良や下痢の原因となる。日本では、ほとんどの成人にはこの酵素が不十分であり、そのため牛乳を飲みすぎると、お腹がゴロゴロする、ということが起こる。

ただし一方で、哺乳類とは文字通り乳を哺する（食料として口に入れる）生き物であるので、人間でも子供が生まれると授乳をするし、赤ん坊にとって母乳は最適の栄養源である。そのため、赤ん坊の時は、さきほどの乳糖分解酵素がとても活発な状態にある。それが離乳とともに、この酵素の遺伝子発現が抑制されるようになり、成人する頃には不十分になっていて、不耐症が起こるようになる。今では不耐症が起こることを不便に感じるであろうが、近所のお店で牛乳が買える現代社会より前の時代であれば、離乳後に乳汁を飲む機会は稀であったのであるから、病気に悩まされることはなかったはずである。全哺乳類にとって、乳糖分解酵素は赤ん坊の時だけあればよいことを考えると、成長後も乳汁を飲むという文化をもった人間だけが、このような不耐症を経験することになったといえる。

ところが、人間の中でも伝統的に牧畜を生業として、動物の乳を成人後も飲む社会ではこの不耐症が起こりにくいことが知られている。そしてそのような人の遺伝子型を調べていくと、ある遺伝

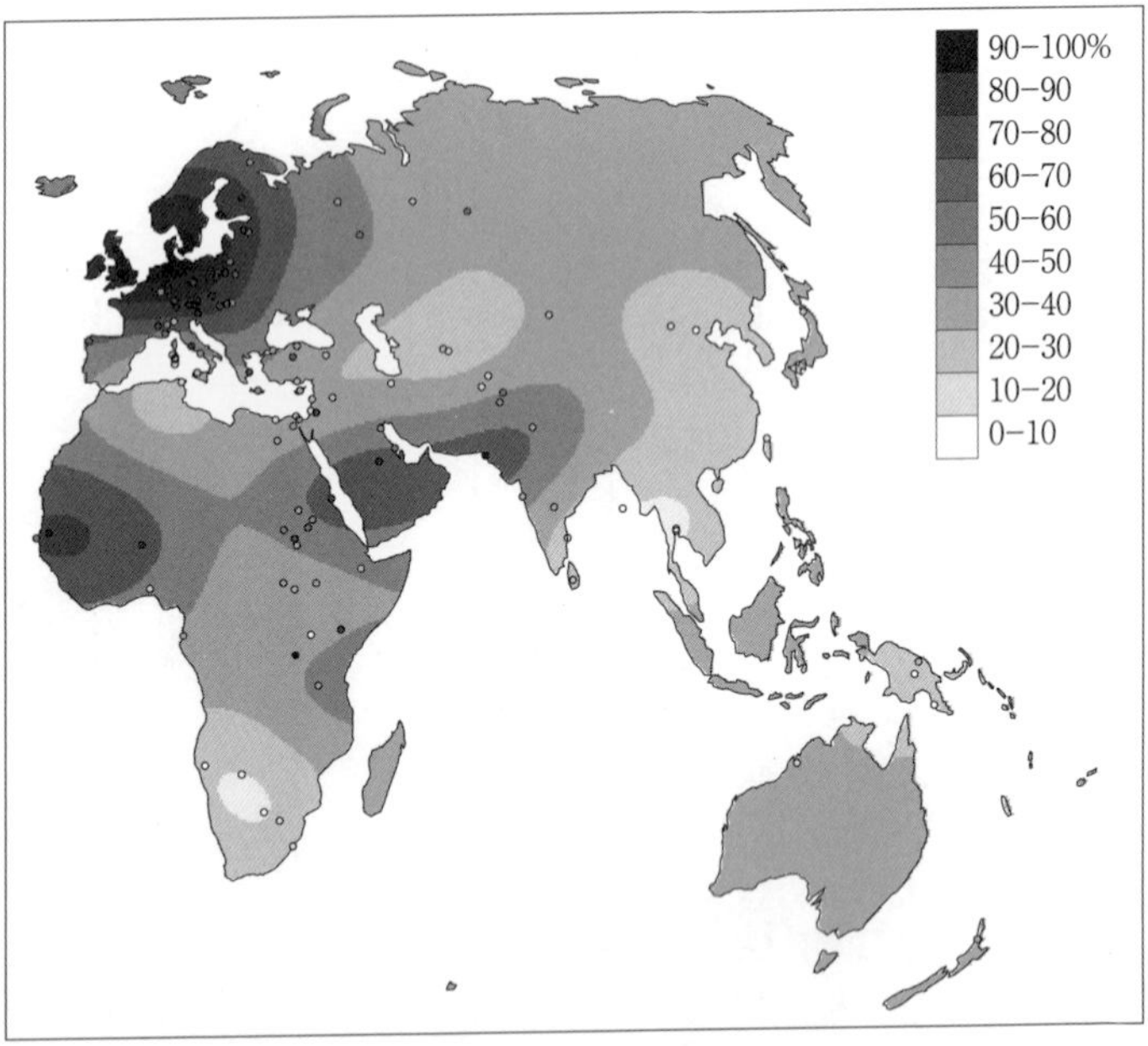

世界各地の乳糖分解酵素持続者の割合

（出典）Global Lactase Persistence Association Database をもとに Joe Roe 氏が作成した地図（http://www.joeroe.eu/blog/lactose-intorelance-around-the-world/）

子型の人は成長後も酵素が活性化されていることがわかってきた。ここで二〇〇三年に『遺伝学年次レビュー』（*Annual Review of Genetics*）に掲載されたユニバーシティ・カレッジ・ロンドンのダラス・スワロー博士による論文の内容を引用したい（Swallow 2003）。ヨーロッパの諸集団を調べたところ、スウェーデンでは約九〇パーセントもの人が成人後も酵素が機能している酵素持続者であり、次いでデンマークでは約八〇パーセント、アイルランドやブリテンでは七〇パーセント強がそうであ

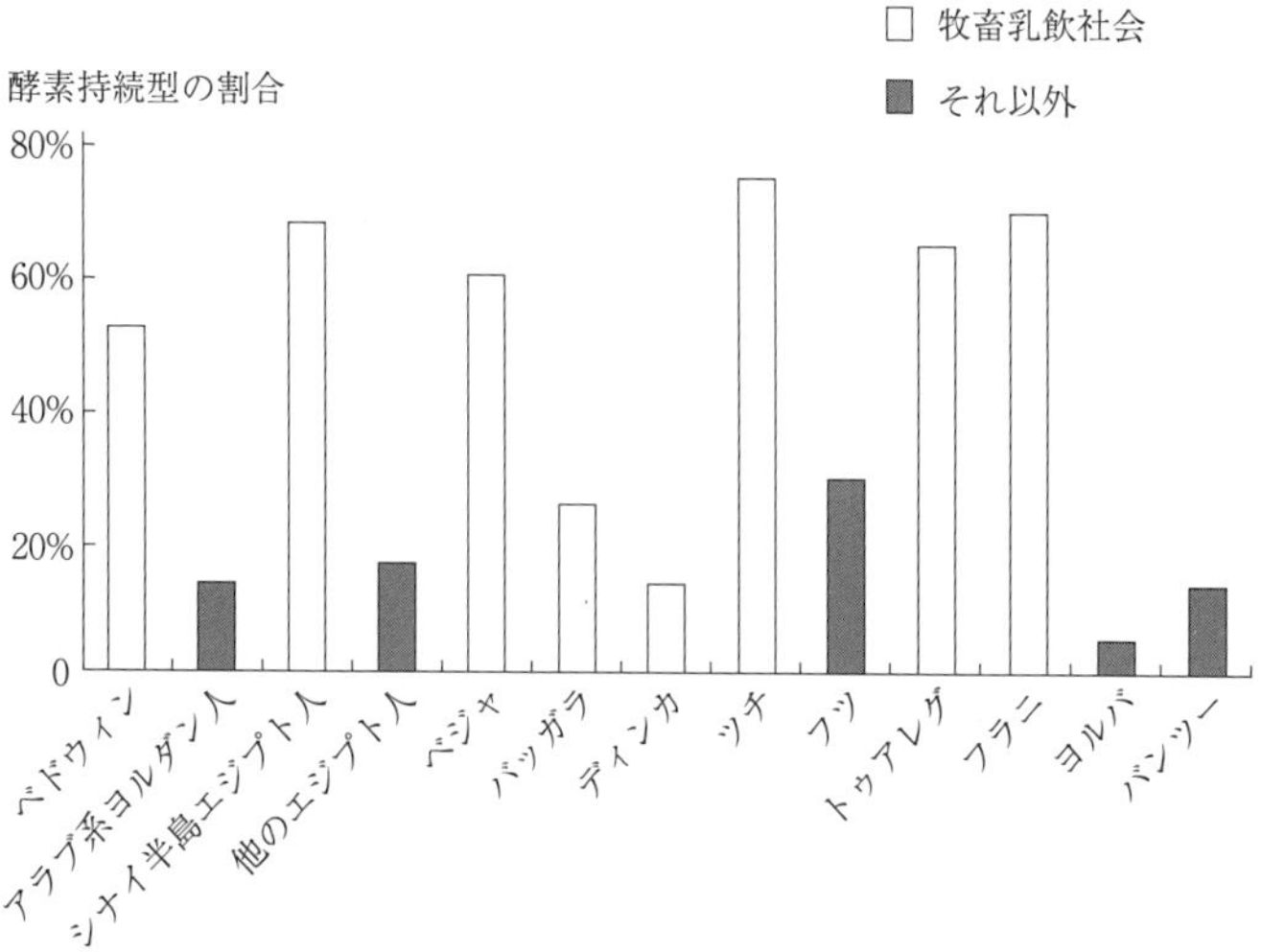

中東からアフリカにかけての牧畜系民族とそれ以外の民族における乳糖分解酵素持続型の割合

（出典）Swallow 2003, Figure 1

った。一方、トルコ、シシリー島、イタリア南部といったヨーロッパ南東部では、酵素持続者の割合は一〇パーセント前後、またロシア人でも二〇パーセント以下であった。これは、北欧は酪農国家であるのに対し、南欧やロシアはそうではないこととよく一致している。

中東やアフリカでは、同じ国内であっても、遊牧民など伝統的に乳を飲む民族（ヨルダンのベドウィン、スーダンのベジャ、ウガンダのツチなど）では成人後の酵素持続者が五〇～七〇パーセント台に達するが、それ以外の民族では酵素保持者はおおむね二〇パーセント以下であることもわかった。つまり、ヨーロッパとアフリカの両方で乳食習慣のある集団には酵素持続者が多くあるが、隣接地域内においても乳食習慣が無いと酵素持続者がほとんどいなくなる。これは乳汁を食料にするという文化による適応があり、さらにその文化に適した身体・生理機能での適応も起こった例なのである。なお、牧畜民の中でも東アジアのモンゴル人では酵素持続者が少ないという例外も見つかっている。これはモンゴルでは馬乳酒のように、乳汁を発酵して利用しているためで、発酵すると乳糖が少なくなり不耐症の影響が軽減されてきた可能性が指摘されている。

乳糖分解酵素にかかわる遺伝子には*LCT*という名前のものがあり、ヨーロッパ人における研究ではこの遺伝子のC/T-13910という部分のタイプが変わることで、酵素持続の体質ができたと考えられてきた。ところがその後、メリーランド大学のサラ・ティシュコフ博士らが二〇〇七年に『ネイチャー・ジェネティクス』（*Nature Genetics*）に発表した論文によると、アフリカの諸集団ではG/C-14010など、ヨーロッパ人とは異なる部分のタイプが関係していたという（Tishkoff et al. 2007）。つまりヨーロッパ人とアフリカ人で、いずれも酵素が持続するようになっていたが、酵素が持続するための遺伝的なメカニズムは両者で異なっていたのである、これはおそらく、アフリカの牧畜とヨーロッパの牧畜は、それぞれ独立的に始まったものであり、その後に起こった酵素活性にかかわる生理機能の変化も独立に起こり進化したとみられるのである。生物学では別々の経路をたどって、同じ結果に至る進化を「収斂進化」と呼ぶが、生業・遺伝子共進化にもそれが起こりうることを示唆していた。

他の例としては、日本人のように主食として炭水化物を多く摂取する高デンプン食の生活をしている集団と、狩猟民で肉や種実類などに依存し低デンプン食の集団では、デンプンを消化する酵素であるアミラーゼに関する遺伝子の多型に違いがあることも報告されている。

さまざまな生業・遺伝子共進化

さらには、ここ最近ではゲノムワイド関連解析（GWAS）という網羅的な研究が広く行われるようになってきた。個々の遺伝子について調べるのではなく、ほぼすべての遺伝子の型について調べるものである。シカゴ大学のアンジェラ・ハンコック博士らは、生業にかかわるゲノムワイド解析を行い、二〇一〇年に『米国科学アカデミー紀要』に発表した（Hancock et al. 2010）。ハンコック博士は、それまで知られていた他にも生業・遺伝子共進化がありうるとした。例えば、葉酸の代謝に関係する遺伝子型が、葉酸の含有が少ないイモ類を主食とする社会では異なることなどである。このような例は、今後も明らかになっていくものと考えられる。文化が遺伝子を形作り、遺伝子もまた文化を形作るのである。

こういったことからすると、生業や食べ物といった文化的要因によって集団の体質は違うが、それぞれの集団が生業に合った体質になってきた。鶏と卵のようなもので、まず先に新しい体質の人がいて、そういう人が新しい生業を発達させてきたのかもしれない。いずれにしても人間は、こうして生物学的な適応と、文化による適応を組み合わせることで、世界中に広まることができたのである。

2　個人主義化した社会のうつ病

南の島のプライバシーのない集団的生活

南太平洋ソロモン諸島の村で調査していた時、ヤシの葉でできた家でそこの家族に囲まれて暮らしていた。一人になったら集めた情報をノートに整理しようと思ったが、その機会はめったにおとずれなかった。というのも家族の誰かがひっきりなしに私に構ってきてくれるのだ。家の人が畑に行き、料理するために別小屋に行き、やっと一人になるかと思うと、隣の老人が訪ねてきてくれたりする。ある時、珍しく一人になったと思っていたのに、またも通りがかった人が家に入ってきて世間話を始めて、私はやや面倒に感じながらも、そのおしゃべりに付き合っていた。しばらくすると、その人は別人が通りがかるのをみて、こっちに来いと誘った。「タクロウが家で一人ぼっちだから、話し相手になっていたんだよ。俺は畑にいかなきゃいけないから、次はお前が話し相手になりなよ」。こういうおせっかいは私だけに起こることではない。風通しがよくできたヤシの家は、あまりプライバシーがなく、寝ている時以外は、どこで何をしているかは外から見えてしまい、独りになっている人がいると、見かけた人が用もなく訪れたり、遠くから話しかけたりする。独りになる、あるいは独りにさせることが許されるのは、その人が寝ている時だけである。だから、おしゃべりしている時に「お昼寝したら」と勧めてくる時は断らない。私がタコノキの葉を編んで作られたマットに寝っ転がると、その人は農作業やらのために出かけていくのである。プライバシーの無い生活は一見息苦しいが、慣れると楽しい。調査で外を歩き回る時以外は、おしゃべりかお昼寝をして過ごすことになり、そうしているとおかげで心身ともに休まった。日本も昔はこのようにプライバシーがなく、人間関係が密だったのではないか、ということも考えた。

新しい土地にほぼ自力で作った仮の集落で集団生活を送る人々（2007年ソロモン諸島沖地震で集落が壊滅した後）（ラノンガ島にて）
（出典）筆者撮影

現代日本の生活は、物質的には豊かであるが、何かとストレスを感じるものである。経済格差が拡大し、都市化や少子高齢化などにより地域社会の人間関係の繋がりが薄れ、社会的弱者が孤立しているといった話題もある。このようなストレスが過剰に、そして繰り返しかかることはうつ病の原因にもなる。うつ病自体は、災害・暴力・虐待などのトラウマや離婚・死別などの喪失体験、個人の性格や生育環境などが直接的な原因になることもあるが、会社・家庭・友人関係などの社会から受ける慢性的なストレスが積み重なってもなる。

うつ病と人間の進化

うつ病には生物としての進化が背景にあったことが指摘されている。NHKが二〇一三年一〇月二〇日に放送した『病の起源　第3集　うつ病』という番組とその書籍はさまざまな視点からこのことに迫った。番組においては、脳にある偏桃体という部分が、ストレスに対して反応しやすくなることが、うつ病を発症する主要メカニズムであるとした。そして、実験的に外敵の恐怖などのストレスを受け続けたゼブラフィッシュが、うつ病のような症状を引き起こしたことを紹介して、うつ病の存在は生物進化のかなり初期に遡ることも指摘した。また長期間仲間から隔離されたチンパンジーにも、うつ病のような症状がみられた例も出された。

そのうえで、同番組では東アフリカのタンザニアに暮らす狩猟採集民ハッザにはうつ病が無いことに着目した。ハッザも恐怖やストレスがないわけではないが、うつ病にならないのは平等社会であることが鍵であるという。欧米や東アジアのルーツである農業文明では、社会が発展するとともに支配者の下で大きな共同事業を行うようになり、そこで支配するものとされるものとの格差が生み出され、そして階層が低い人々はストレスを受け続けることになり、うつ病になりやすくなったという。ただし、たとえ社会階層が高くても、今度は地位を守るためにストレスを受け続けることになる。そしてもし、こういった社会階層の存在が現代のうつ病に繋がっているとすると、うつ病を治療するという時には高度な医学的処置を施すという選択肢だけでなく、平等社会に暮らすことが何よりの治療になるのではないか、という。そこで番組では、平等な社会関係で生活し、狩猟採集社会のように適度な運動・食生活・思考法・睡眠によって暮らすことが、大きな治療効果を発揮した例も紹介した。私の調査していたソロモン諸島の村は、狩猟採集民ではなく漁撈採集と小規模農耕の社会であるが、そこではうつ病の人は稀であり、私自身心身ともに癒されたように感じて暮らしていた経験からすると、こういった説には同意するところがある。

個人主義社会と集団主義社会

ただソロモン諸島の暮らしで感じたのは、単に平等であるよりも、集団で人と人の付き合いが濃いということである。このような社会は、「集団主義的」な社会と呼ばれることがある。この反対は個人の利益を優先して、協調性に欠ける「個人主義的」な社会である。世界的にみれば、ヨーロッパやアメリカの社会は個人主義の強い社会であるとされるのに対し、アジアの社会は本来、集団主義であったとされる。社会心理学者でオランダのマーストリヒト大学のヘールト・ホフステード教授らは、IBM研究所において世界五〇カ国にまたがる調査を行い、文化の違いを指標で表す試みを行い、そこから「個人主義―集団主義」の指標を算出した。結果の最新版は『多文化世界――違いを学び未来への道を探る』としてまとめられている（G・ホフステード、G・J・ホフステード、M・ミンコフ〔岩井八郎・岩井紀子訳〕2013）。この研究における個人主義社会の定義とは、「個人と個人の結びつきはゆるやかである。人はそれぞれ、自分自身と肉親の面倒をみればよい」というものであり、一方、集団主義社会とは「人は生まれた時から、メンバー同士の結びつきの強い内集団に統合される。内集団に忠誠を誓うかぎり、人はその集団から生涯にわたって保護される」ということである。ホフステード教授らは、集団主義の程度を指標化するために、個人が集団の中で成長することや、集団への帰属意識の強さ、言語として一人称単数「私（I）」を省略可能かなど、さまざまな項目を計算に用いた。その計算結果によるとやはり東アジアは集団主義的で、ヨーロッパは個人主義的であるということが示された。ただし日本は工業化・都市化・欧米化の影響により、他の東アジアの国よりは集団主義の度合いが低いことになった。なおソロモン諸島は調査対象外であって、この調査から私の印象を裏付けることはできなかった。

集団主義はうつ病をふせぐ

ところで最近の科学的研究によると、このような個人主義と集団主義という社会のあり方の違いが、遺伝的な違い、そしてうつ病と関係している可能性が示されている。

うつ病に深くかかわる脳機能として先ほど偏桃体というものを挙げたが、偏桃体を中心とする脳の情報伝達を担う神経伝達物質にセロトニンというものがある。そしてセロトニン・トランスポーターというものが、セロトニンを脳内の各所に運ぶことで、思考や運動など生存と生活に欠かせない脳内での情報伝達が完了するのである。この情報の運び屋であるセロトニン・トランスポーターにかかわる遺伝子に*SLC6A4*というものがあるが、この遺伝子の5-HTTLPRと呼ばれる部分の一部は人によって型が異なり、ＳＳ型、ＳＬ型、ＬＬ型という多型がある。親の両親からＳ型を受け継ぐとＳＳ型、両親からＬ型ならＬＬ型、別々の型を受け継ぐとＳＬ型になる。一九九六年にドイツのユリウス・マクシミリアン大学ヴュルツブルクのペーター・レッシュ博士らが『サイエンス』誌にて発表したところでは、ＳＳ型の人はセロトニン・トランスポーターが少なく、そのためたくさんのセロトニンが運ばれずに、脳内に残される状態になっているという（Lesch et al. 1996）。その後のさまざまな研究も含めて明らかになったのは、欧米人においてＳＳ型の人は人間関係で対立が起こった場面や、大切な人を喪失したもしくは喪失する恐れがある場面に遭遇すると、うつ病を発症しやすいということであった。つまりＳＳ型の人は、うつ病のリスクが高いと考えられたのである。しかしその後別の研究で、アメリカのハリケーン被災者を調べたところでは、災害に直面した時でも周囲から手厚いサポートが得られると遺伝子型による違いはなかった。つまり社会的な関係によっては、遺伝的なリスクを抑えられるというのである。

さらに二〇一〇年にノースウェスタン大学のホアン・チャオ博士とキャサリン・ブリジンスキ博士がイギリスの『王立協会紀要Ｂ』（*Proceedings of the Royal Society B*）誌に興味深い論文を発表した（Chiao and Blizinsky 2010）。両博士が注目したのは、セロトニン・トランスポーター遺伝子 *SLC6A4* のＳ型を持っている人はアジア諸国のほうがヨーロッパ諸国よりも多いが、それにもかかわらず不安障害や情緒障害といったうつ病関連疾患はむしろヨーロッパで多いということであった。そこで

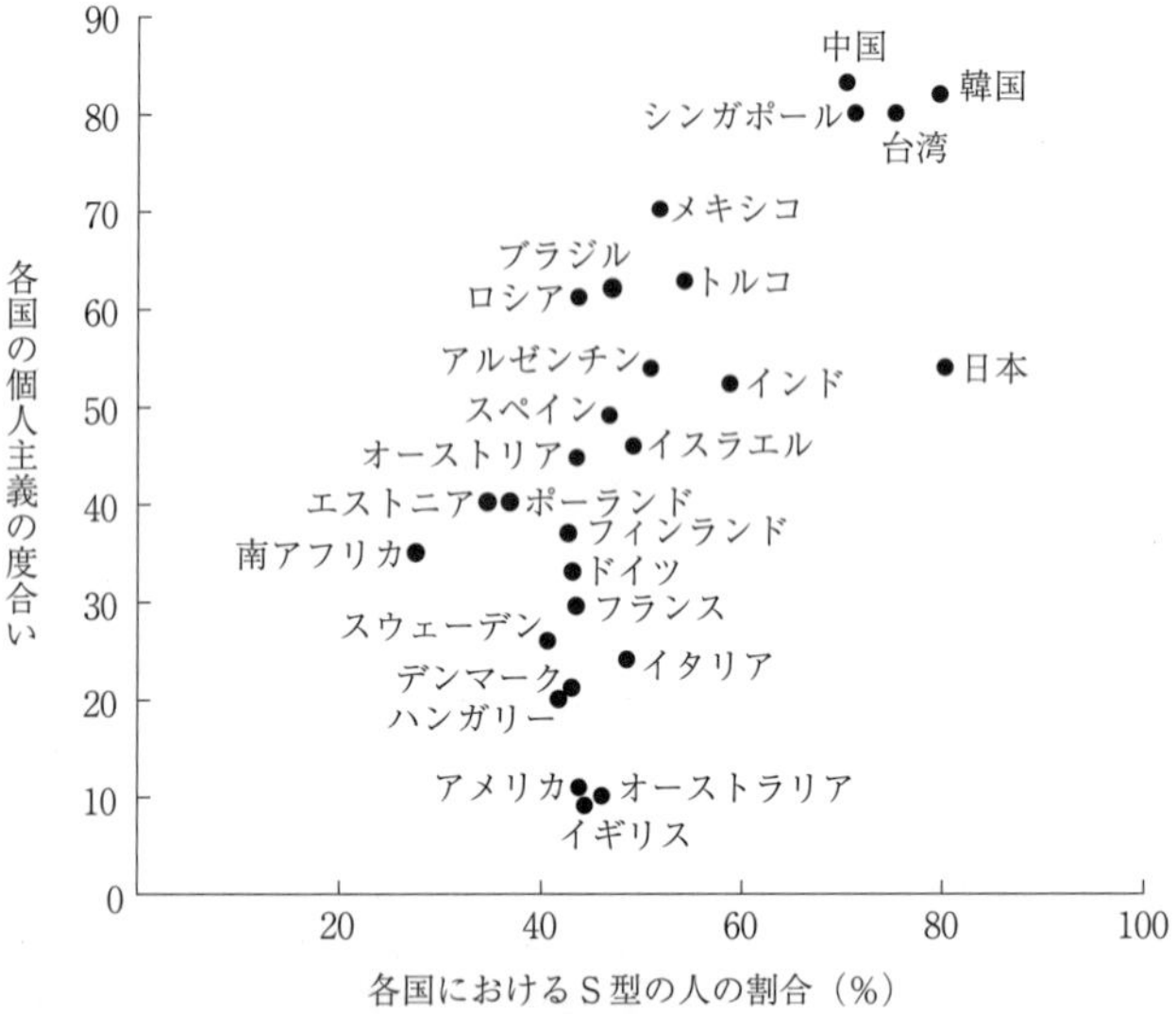

ホフステードの集団主義・個人主義指標と各国における*SLC6A4*遺伝子 5-HTTLPR のS型の人の割合の相関関係

（出典）Chiao and Blizinsky 2010, Figure 2 を改変

両博士は遺伝子型、うつ病有病者割合、そして先に挙げたホフステード教授の個人主義―集団主義指標の尺度を重ねて分析した。結果として日本、韓国、台湾、中国、シンガポールではうつ病ハイリスクのS型の割合が七〇～八〇パーセントと高く、一方ヨーロッパの国々でS型の割合は四〇～四五パーセントにとどまった。集団主義の度合いはアジア諸国で一〇〇点中の八〇点くらいと高スコアであり、例外的に欧米化が進んだ日本は五五点くらいあったが、ヨーロッパ諸国はほとんどが五〇点未満で米・英・豪の三カ国は一〇点以下であった。したがって全体として遺伝子型と個人主義は強く相関してい

たのである。より詳細な統計解析をしてみても、各国の経済格差などの社会経済指標よりも、集団主義指標とS型の相関のほうが強く、そして個人主義社会とS型が各国の不安障害や情緒障害の発症に関係しているとされた。

実はその他の遺伝子でも似たような結果が報告されている。μオピオイド受容体という受容体の遺伝子では、G型の人はもう一つのA型に比べて、社会的に拒絶された時にさまざまな脳機能を通して神経が敏感に反応することが知られていた。そしてホフステード教授の指標に沿って民族レベルでみてみると、このG型の人はアジアの集団主義社会に多く、ヨーロッパに少ないという結果が出た。またやはり社会的な拒絶に反応するモノアミンオキシダーゼA遺伝子のVNTR多型というものがあり、これも同様に集団主義と個人主義で民族レベルでの数の多さに違いがあることがわかった。ミシガン大学の北山忍教授らのグループが、二〇一四年に『サイコロジカルサイエンス』(*Psychological Science*)誌に公表した結果で、ドーパミン受容体D4遺伝子の多型が複雑に社会の個人主義や集団主義と複雑な形で相互に影響しつつ、個人の協調性と関係することを示したものもある(Kitayama et al. 2014)。

アジアの個人主義化を考える

これらの報告からすると、集団主義の社会に暮らす人々は、遺伝子的にみても集団主義になりやすい気質を備えているということができる。逆に、そのような気質を持つ人々が集まっているからこそ、集団主義的な社会が形成されてきたともいえる。一方、個人主義の社会でも、そのような社会になるような遺伝的な気質があることになる。これはアジアとヨーロッパで方向は逆であったが、いずれの場合にも遺伝子と社会のあり方としての文化が共進化してきたという仮説を導き出す。

日本の社会でも近年欧米流の競争的な業績主義が広まってきている。競争させることで個人の業績が向上し、組織の業績も上がることはたしかにあるのかもしれないが、その一方でストレスに苦しむ人もいるし、日本での過剰な業績主義はハラスメントや過労死などを招き、企業の効率を損ねているようにも思われる。他人を出し抜くのではなく、皆で協調しているほうが日本やアジアには向いているのではないだろうか。日本に個人主義的評価基準を導入させられた時点で、欧米との競争には不利になっているとすら思えるのである。

3　東アジアの人は酒に弱いのか

日本人は酒に弱い？

日本人は酒に弱いといわれることがある。酒を飲むと、それほど大量でなくとも酔っぱらうし、酔うと人に迷惑をかけるし、次の日に二日酔いになりやすいという。逆に欧米人は酒に強い、どんなに飲んでも平気だという話を聞いたこともある。例えばドイツにはオクトーバー・フェストというものがあって、がんがんビールを飲むが、全く平気であるという。酒の強さについて、東アジア人は遺伝的に下戸であるという話を聞いたことがある人もいるだろう。

しかしある時、ドイツ人と一緒に大酒を飲み、私は家に帰って寝た。ところが翌日そのドイツ人に会ってみたところ、家に帰りつく前に道で寝てしまったのだと頭を掻いていた。彼に聞いてみたところ、オクトーバー・フェストでも飲んだ分だけ、酔っぱらうのだという。また、イギリスでも酩酊状態になったサッカーのサポーターが暴徒化してフーリガンと呼ばれたりしている。アメリカ映画『The Hungover』というものがあり、邦題は『ハングオーバー！　消えた花ムコと史上最悪の二日酔い』である。主人公たちは猛烈な二日酔いになっており、飲んだ時の記憶がさっぱりない。二日酔い＝hungoverという英単語があることからしても、ヨーロッパ人も酔っぱらうことは間違いない。

それでは日本人が酒に弱いという話は、どこからきたのであろうか。

Ⅱ型アルデヒド
脱水素酵素遺伝子

日本人が遺伝的に酒に弱いというのは、アルデヒド脱水素酵素の話である。これは飲んだ酒が分解されて解毒される生理的能力の強さにかかわっている。飲んだ酒のアルコールの大半は、まず消化管から吸収されて肝臓にいくが、そこでアルコール脱水素酵素などの作用で分解されてアセトアルデヒドというものに変わり、このアセトアルデヒドはさらにアルデヒド脱水素酵素という酵素で分解されて酢酸になる。アルコールには毒性があり、アセトアルデヒドにも毒性があるが、酢酸は無毒であり、そして酢酸は最終的には二酸化炭素と水に分解される。ここで、最初に作用するアルコール脱水素酵素は基本的にはすべての人で同じように働いている。しかし、後から作用するアルデヒド脱水素酵素のほうは、活性の程度に個人差がある。アルデヒド脱水素酵素はいくつかの種類に分かれており、そのうちⅡ型アルデヒド脱水素酵素には活性型と不活性型がある。両親から活性型を受け継げば分解するための活性が強く、片方からは活性型でもう片方から不活性型を受け継ぐとかなり分解力がおち、両親から不活性型を受け継ぐとほとんど分解力がない。

　このⅡ型アルデヒド脱水素酵素について民族による違いをみてみると、ヨーロッパ人やアフリカ人ではほぼ一〇〇パーセントが「酒に強い」とされる活性型である。しかし日本人では「酒に弱い」不活性型の人が四〇パーセント以上もいる。中国人でも同様に多い。東南アジアでは国によって、「弱い」タイプが一〇パーセント程度みられる場合もあるが、東アジアよりはずっと少ない。

　なおアルデヒド脱水素酵素にはⅠ型もあり、こちらは基本的にはすべての人が持っているので、Ⅱ型酵素で酒に弱い人が誤って少量の酒を飲んでもすぐに死ぬわけではない。しかし、強制的にある程度飲まされると致命的である。他にも酒の強さに関係するとされる遺伝子があるが、アルデヒド脱水素酵素のⅡ型ほど大きな差は出ないし、民族間差も無いようである。したがって集団としてみればたしかに日本人は弱いといえる。しかし約半数を占める「強い」タイプは、ヨーロッパ人と

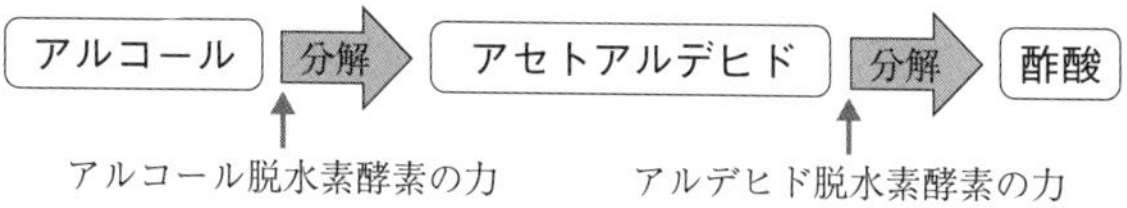

アルコールが分解される過程

（出典）筆者作成

も匹敵するというか、同じくらい飲めるのである。

お酒の始まりと遺伝子の始まり

お酒の起源はかなり古いとされている。日本では文献資料上では『古事記』で酒のことが登場するが、考古学的には弥生時代には米による酒があり、縄文時代の遺跡からも酒を造っていた痕跡があるという。ヨーロッパでは、ギリシャ神話・ローマ神話に酒の神がいるが、古代オリエントやエジプトでは紀元前五〇〇〇年以上前まで遡るという。中国では紀元前七〇〇〇年ほどの遺跡においても、すでに酒を造っていた可能性があるという。ただし、このように遺跡に残るような高度な技術を用いなくても、酒を造ることはできる。東南アジアでは今でもそのような素朴な酒をみることができる。

例えば、オウギヤシの花序液など、ヤシ植物の液汁を集めると、いつの間にか自然界にいる発酵菌がその液の中に入っていて、ほんの数時間後には甘いビールのような味の酒になっている。発酵菌はもともとヤシの糖分を食料にして、ヤシに住み着いているとも考えられ、自然状態で発酵が起こっている。ブドウについても同じようなことが起こり、それがワインの起源になったともいわれている。こういう自然の発酵酒は植物と発酵菌がいればできるので、おそらく人間が誕生するよりも前から自然界に存在したと考えられ、そうすると人間は誕生した時から

インドネシア・サブ島でオウギヤシの花序液を集める男性
（花序液は放っておくと発酵して，あっという間に酒になる）
（出典）筆者撮影

酒の味を知っていたのかもしれない。

このため人間が誕生した時からアルコールを分解する遺伝子を持っていて、酒を愛してきたことにもうなずける。アフリカで誕生して、酒を飲みながらヨーロッパへ、南アジアへ、東南アジアへ、そして東アジアへと人間が移動していったのである。しかし、こうした大移動の果てに、東アジアには突然変異で酒に弱いタイプの人が誕生し、子孫を拡大してきた。

ところで実は、アルデヒド脱水素酵素の遺伝子は人間だけでなく他の霊長類にもある。霊長類どころか、犬やマウス、線虫、さらには細菌にもある。つまり、哺乳類などのいわゆる高等生物だけでなく、単細胞生物にすらもあるのである。したがって、この遺伝子は地球上に生命体として細胞が生まれた時代近くにまで遡る。ただし通常、犬にアルコールは禁物といわれているとおり、アルデヒド脱水素酵素以外にもアルコールの分解にはさまざまな身体機能が必要であるから、遺伝子があったとしても酒が飲めるわけではない。ましてや線虫や細菌が酒を飲むはずはないし、むしろ実験室や病院で高濃度アルコールは滅菌・消毒に使われる。アルデヒド脱水素酵素の遺伝子がほとんどの生物に存在するのは、酒用というよりもむしろ、広範な解毒作用の一部として、生命体に備わってきたのではないかと考えられる。時系列的にみると、原初地球の大気や海にはさまざまな毒があふれた世界であり、そこでも生きられるように生まれた遺伝子が、人間ではお酒という喜びをもたらすようになり、やがて東アジアではさらに進化して、アルデヒド脱水素酵素すら必要ない生命体が生まれた。

弱いが勝ち

なぜ東アジアでは「弱い」タイプが誕生し、これほど広まったのかについては定説をみない。しかし、飲酒という視点からは両極端な二つの可能性が浮かぶ。まずは酒が無くても生きられる環境と社会になったということである。つまりⅡ型アルデヒド脱水素酵素が不活性というのは解毒作用の一つを失ったともいえるが、それを失ってもよいほど良好な環境であったということである。また、社会でも酒を飲めない人に無理矢理飲ませるようなこともなく、酒を飲む人も飲まない人も楽しく暮らすことができたということである。

もう一つの可能性は、あまりにも酒を飲みすぎるために、酒に強いタイプが早死にしてしまい、逆にそもそも酒を飲めない、飲まない人が生き残ったということである。酒の健康リスクとしては急性のアルコール中毒による死亡や、慢性的な影響を受けた場合の肝臓障害がよく知られているが、癌、心臓疾患、糖尿病、精神疾患、低体重児の出産などさまざまな疾患がある。これに加えて、交通事故や、転落、凍死のリスクもある。さらにいうならば、依存症により社会関係を失ったり、仕事を失ったり、家庭が崩壊したりということもある。世界保健機関（ＷＨＯ）によると、アルコールが引き起こす可能性がある疾患や事故は二〇〇種類以上に上り、年間三三〇万人がアルコール関連で亡くなっている。これは全死亡の五・九パーセントに相当する。二〇代・三〇代は本来身体が強く、感染症などでの死亡が少ないのであるが、相対的にアルコールによる死亡は多く、この年代ではなんと死亡の約二五パーセントがアルコール関連とされる。つまり酒を飲むことが、人類進化においても人を淘汰するほどの影響を持った可能性はある。

現在のＷＨＯの統計（http://www.who.int/gho/alcohol/en/）でみると、アルコール関連死は日本では二パーセント以上五パーセント未満であり、イギリスやスペインなどと同程度である。中国や韓国は五パーセント以上一〇パーセント未満で日本より高くなり、フランスなどと同程度である。日本よりも低いレベルなのは、中東や北アフリカなどのイスラム教徒が多い地域であり、一方アルコール関連死が一〇パーセントを超えるのはロシアと東欧諸国である。したがって今の疫学状況からすると、東アジアでのアルコールによる淘汰はみえない。しかし、「弱い」遺伝子タイプが生まれた数万年から数千年前の状況は違ったかもしれない。紳士的な飲み方をしていたヨーロッパ人に対して、無茶飲みをしていた東アジア人がいたのかもしれない。

禁酒なるかな

一九〇六（明治三九）年出版で、堤友久という方が書かれた『酒の研究』（湯浅鉉吉発行）という本がある。歴史から科学的・医学的見解まで、おそらく近代日本で最初の包括的な酒の本である。ここには衝撃的なデータが示されている。当時の貯金額に対する飲酒に費やす金額の各国比である。その金額はアメリカなどは貯金額の五パーセント以下、フランス、イタリアなどほかのヨーロッパ諸国も一〇パーセント未満、イギリスは高くて一四パーセントに迫り、ロシアは特に高くて三一パーセント程度である。これに対して、日本ではなんと五一パーセントとなっており、貯金額の半分以上に匹敵する金額を毎年酒に使っていたという。統計の解釈には疑わしき面もあるが、まさに身を亡ぼす勢いである。

お酒を飲むと、心地よくなる、ストレスが解消される、などというが、これはアルコールの作用により大脳前頭葉皮質の機能が低下し、中枢神経の抑制メカニズムが解除された状態ともいえる。堤氏は執筆時点で「一杯の酒により既に麻痺」していることを認めつつ、「嗚呼禁酒なる哉、禁酒なる哉」と唱えて結論としている。この結論は時を超えて現代に至り、本節の結論としてそのまま使えるのである。

4　自然をみて季節を知る暦

人間はさまざまな気候風土の地域に暮らしているが、地域によってはその中で季節の変化があるところがある。日本には四季があり、季節ごとの花の違いや、夏は海水浴、秋は紅葉、冬はスキー、春は花見などの愉しみをもたらしてくれる。しかし、稲作は暖かい時期にしかできず、夏には台風があるなど、季節変化に苦しめられることもある。日本と同じく四季変化のあるヨーロッパでは、イソップ寓話「アリとキリギリス」にみられるように、夏に遊びすぎて冬に備えていないと、食べるものも無くなり、悲惨な目にあうことになる。そこで各地の人々は、季節の変化を把握しておく必要があった。このための文化による適応は、伝統的なカレンダーの中にみることができる。今ではヨーロッパ由来のグレゴリオ暦が世界共通のカレンダーとなっているが、東アジアでは農業や漁業には旧暦のほうが適していて用いられることもあるし、世界にはさまざまな伝統暦が残っているところがある。

旧暦とのずれ

中国などアジアの一部では、グレゴリオ暦の正月に加えて、いわゆる旧正月も盛大にお祝いする。ありがたいことに訪日外国人観光客が増えた昨今であるが、旧正月にはとりわけたくさんの人々が日本を訪れることから、この頃では私たちの生活の中でも旧正月を感じることがある。これは旧暦での正月ということだが、ある年には一月の半ば頃にやっているな、と思っていたら、別の年には二月の後半になってやっていたりする。西暦のカレンダーばかりみて暮らしていると、その規則性が全くつかめない。

イスラム教の人たちは、全く別の時に自分たちの新年を祝っていたりする。イスラム教といえば、ラマダンつまり断食をする月がある。私のように大学に勤めていると周囲にイスラム教徒の研究者や学生もいるので、その時期にはこちらも気配りをするのだが、たしかあれは秋頃だったな、と遠い昔の記憶をたどっていると、実は今年は初夏頃にあったりする。

世界にはさまざまな暦があるが、それぞれには成立した背景と意味がある。ここでは暦を、その環境の中で生きていくための文化による適応という観点からみていきたい。

暦における太陽と月

暦、つまりカレンダーがあるおかげで、さまざまな約束事ができるようになり、社会や経済活動が円滑になっている。かつては吉凶を占い、祭祀を行うためにも欠かせなかった。そして暦を管理することは「まつりごと」を支配することとなり、権力とも結びついてきた。

世界の伝統的社会を訪れてみると、暦はもっと素朴なもので、自然の変化を把握し、いつ雨季になるか、いつ魚の群れが来るかなどを予測し、農耕・漁撈・狩猟・採集といった生業を行うために用いられている。ヨーロッパや東アジアのように、四季変化があり、そのほか梅雨や台風の季節があるようになると、暦があると便利である。雨季と乾季に分かれるモンスーン気候地帯も同様である。サバンナ気候と呼ばれる地域は、年間降水量が極端に少なく、しかもまとまった雨が降るのは短い雨季に限られているため、限られた雨で食料を得るために特に暦は欠かせない。熱帯雨林気候のように、一年を通して季節変化が乏しいところでは、暦は生存に必須ではなさそうに思われるが実はそうではなく、サイクロンの季節を知ることや、漁期・猟期を知るためになどに、やはり時を知る必要がある。このようにして、世界各地の生態環境に合わせて暦が発達してきた。

私たちが普段使うグレゴリオ暦という太陽暦では一年は三六五日だが、四年に一回閏年があるから、平均すると一年三六五・二五日である。グレゴリオ暦にはさらに一〇〇年で割り切れる年は閏年にしない、でも四〇〇で割り切れる年はやっぱり閏年にする、という細かなルールがあり、これで平均三六五・二四五日になっている。さて、一年の長さの基になっているのは、地球が太陽を一回周る時間の長さであって、観測と計算に基づくとこれは約三六五・二四二二日である。グレゴリオ暦でも、まだ太陽とは誤差があるが、あまりに複雑すぎると実用的ではないので、このルールが普及している。

ところで、今の日本では壁掛けや卓上のカレンダー、あるいはスマートフォンのアプリなどでその日の日付を知ることができるが、遥か昔に立ち返ってカレンダーなしに日付を知ることを想像してほしい。まず太陽が一周するのを自力で観測して日付を知ることを考えると、これは大変だ。例えばある場所に棒を立てて、毎日太陽の影の長さを測り続けていれば、夏至・冬至がわかるかもしれない。しかし、夏至・冬至等のパターンの存在を理解するまでは何年もかかる地道な作業である。そして現実的な問題としては、観測中に棒が倒れたり、無くなったり、その日が曇りだったりしたら困る。こういったことを記録するためには紙とペンも必要だし、それを長期間保管しなければならない。

一方、月をみるのは比較的簡単である。いつでも空を見上げると月の形がみえるからである。月は新月から始まり、上弦の月として三日月、半月と進み、満月を超えると下弦の月になり、半月、三日月を経て、新月に戻る。新月から新月までを「一カ月」にすれば、月の大きさと向きで、新月から数えて今日が何日目くらいか予測がつく。このように月をみる暦、太陰暦のほうが簡便であるからか、多くの伝統的な暦で太陰周期が基になった。ただしこれには欠点がある。新月から新月への周期は、平均すると二九・五三日である（時期により若干長短がある）。多くの太陰暦がそうであるとおり、二九日の月と三〇日の月を交互に繰り返すと、平均二九・五日なので、月の周期に近い。しかし、これを一二回繰り返しても一年は三五四日にしかならない。つまり、太陽の動きとは毎年約一一日もずれていく。太陽の動きとずれていくと、暦の月と実際の季節がずれていってしまう。そこで、多くの暦は太陰暦をもとにしながら、何らかの方法で太陽の運行と一致させる「太陰太陽暦」になった。

実は太陽周期との誤差を修正しない、純粋な太陰暦というものもある。それがイスラム教の暦である。冒頭にも書いたが、我々のカレンダーでみていると、ラマダンの始まりと終わりは毎年一一日前後ずつずれていくのである。

アジアの暦

さて、多くの太陰太陽暦では、普段の一年は一二カ月だが、時々「閏月」として一カ月を追加して一年を一三カ月にすることで太陽と合わせる、という特徴がある。ここで閏月を入れる頻度は地域によって異なるが、一九年に七回入れる一九年七閏法にすると合う。

中国や日本の旧暦も一九年七閏法を採用した一つである。旧暦では太陰暦で毎月を数える一方で、二十四節気という太陽周期を二十四等分した太陽暦も数えるため、二層構造でできている。二十四節気の中には、一二個の「中気」というものがあり、もし太陰暦で数える一カ月のうちに、特定の中気が入らない月があれば、太陰周期と太陽周期のずれが大きいということで、その月をもう一度繰り返すことで閏月が挿入される（例えば五月のあとが閏五月と呼ばれる月になり、さらにその後にやっと六月を迎える）。高度な暦であるが、歴史的にみれば太陽周期を観測し、それを暦にする技術は徐々に向上してきたのであり、それに応じて暦は改良されてきた。映画にもなりヒットした冲方丁氏の小説『天地明察』にも描かれたが、暦には権力もかかわり、暦が実際とずれてきても、改暦は容易ではなかったともいう。

タイ暦など、東南アジア各地にもこういった暦がある。観光地として有名なインドネシア・バリ島にあるバリ・サカ暦は、インドの独自太陽暦サカ暦などの影響を受けた、複雑な暦である。閏月の置き方にはいくつかの方式があるが、スカルサ方式と呼ばれるものの場合、サカ暦の始まり年（西暦七八年）を起点にして、その年を一九で割ってその余りが二、一〇なら第一一月を、四なら第三月を、七なら第一月を、一三なら第一〇月を、一五なら第二月を、一八なら第一二月を閏月として繰り返す。さらに細かなルールがあるが、とても暗記できるものではない。詳しくは五十嵐忠孝氏が二〇〇八年に『東南アジア研究』に書かれた論文を参照されたい（五十嵐忠孝 2008）。

バリ島で売られている伝統暦法のカレンダー（2016年版）
（出典）筆者撮影

バリ・サカ暦は今でも地元の人々の祭祀行事や日常生活で用いられるが、そのバリ正月とも呼ばれる祭日「ニュピ（*nyepi*）」は、バリ島の公的サービスも一切お休みになる。つまり、

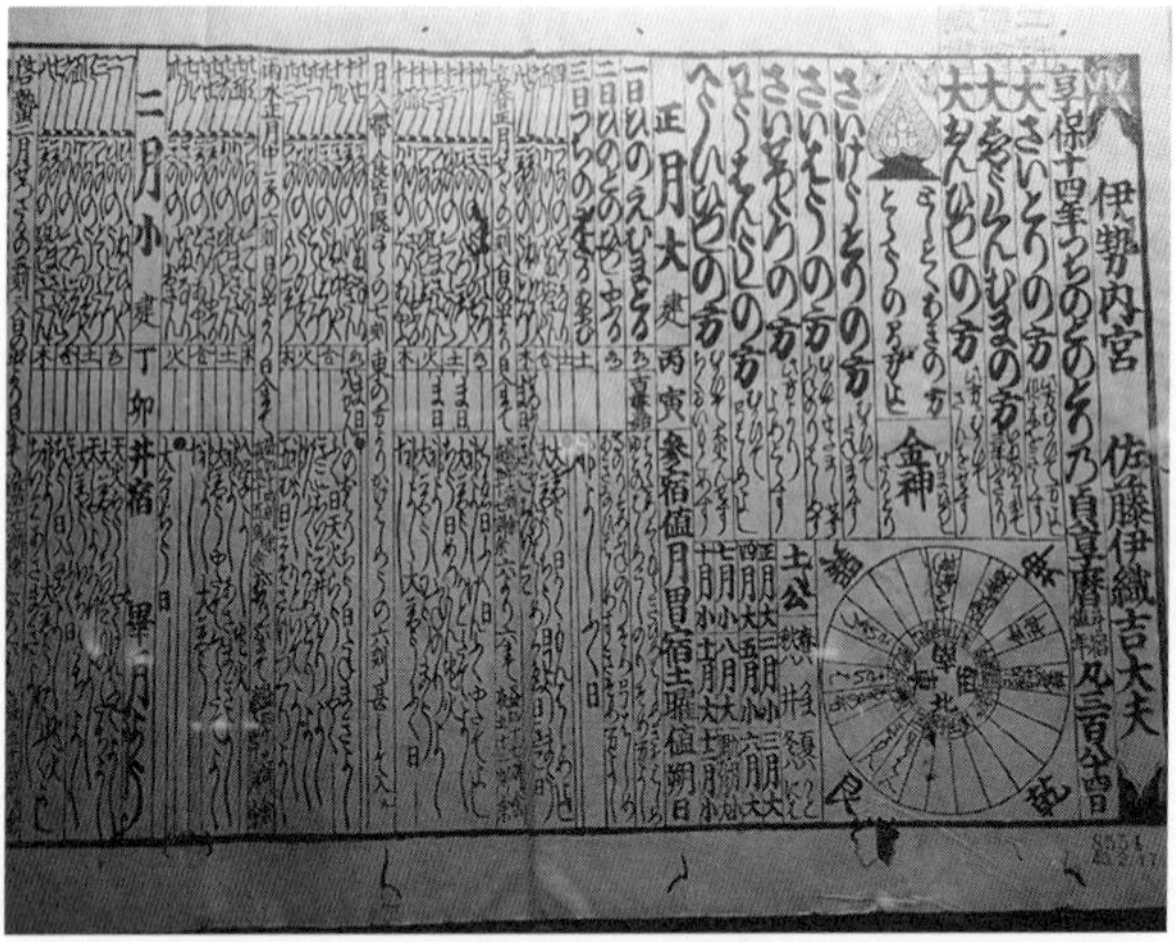

江戸時代の伊勢暦（1729年版，国立科学博物館の展示）
（出典）筆者撮影

いまでも公的な役目も担っているのである。

星をみる

上述の五十嵐氏は、生前東南アジア特にインドネシアの暦について、膨大な資料を収集して研究をされた。同氏によると、上述のバリ・サカ暦は現代的な太陽周期の知識に基づいて計算されたものであり、バリ島の地方部にはそういった現代的な知識に頼らない、もっと伝統的な暦があるという。では、伝統的なバリ暦はどういうものかというと、それは星をみて太陽周期を知るものであったという。

例えばプレアデス星団、通称すばる、である。バリ島で夜明け前の星空をみると、多くの季節にはすばるをみることができるが、一年のある時期には地平線より下になってしまい、空に上がってこない。夏の星座、冬の星座などというように、どの星がみえるかは、地球が太陽の周りのどこにいるかによって異なるので、星の周期は太陽周期と同じ周期になる。さて、しばらくみえなかったすばるが、ある日再びみえるようになる。再びすばるがみえるようになってから、最初の新月を新しい年の始まりとすると、毎年、ほぼ同じ頃に一年を始めることができる。インドネシア東部では、すばる以外にさそり座でもっとも明るい星アンタレスを使うところもある。そろそろ一年が終わるはずだぞ、でもまだ星が出てこないからもう一カ月繰り返すことにしようとか、もう星が出たから新年だ、ということをしていると、あまり月の回数を自覚することなく一二カ月の年になったり、一三カ月の年になったりして、新年の始まりを太陽周期と合わせることができている。旧暦やバリ・サカ暦と比べると素朴であるが、季節変化を知るためにはこのような伝統暦でも支障がない。

海のゴカイをみる

各地の暦には、自然や農事が反映されてきた。旧暦の二十四節気にも、穀物を育てる雨が降る「穀雨」、雑穀の種をまく時期の「芒種」などがある。こうすることで、今の時期に何をするべきか、次の時期はどういう季節かを知ることができたのであろう。旧暦にはさらに細かく季節を分けた七十二候（物候）もあり、気候や動植物の変化を伝える。グレゴリオ暦四月、旧暦清明の頃には「玄鳥至（つばめきたる）」とあり、ツバメが南からやってくる時期と思われる。ただし現実には無さそうな現象もある。有名となった日本酒「獺祭」の語源となった、「獺祭魚（だつうおをまつる）」も中国版物候の一つであり、カワウソが獲物の魚を神様に捧げるようなる行動をするというのであるが、これらは生物学的に正確でなくとも、人々の季節観や時間経過の感覚を反映していると考えられる。

インドネシアや南太平洋の一部の暦では、正確な季節変化を把握するために、いささか奇妙な自然現象が用いられている。それはゴカイ類の生殖群泳である（古澤拓郎 2017）。ゴカイ類といえば釣り餌になる、ゴカイやイソメの仲間であるが、これらの生き物は種ごとに毎年同じ時期に生殖のために海面に大量に発生して群泳を行うという特徴がある。普段は岩の中や砂の下にいるゴカイ類が、交尾のために群れるのである。この群泳が起こる時期は、生物学的にもわかっていない部分が多いが、太陽周期に基づいて毎年同じ季節に起こり、しかもその季節の中では大潮の日とか、満月から四日後とか七日後などと決まっている。そのため、ゴカイ類の生殖群泳は太陰太陽暦と親和性が高いものである。

住民が早朝に集めたゴカイ類
（インドネシア・ロンボク島にて）
（出典）筆者撮影

このゴカイ類は食べると美味であり、地域によっては住民が総出でとって食するが、同時にとても神聖なものだとされている。南太平洋のサモアでは、今では政府機関がこの出現日の予測を行う

「パロロ予報」を出しているが、伝統的な暦で新年の印となっている。また、文化人類学者ブロニスワフ・マリノフスキによる民族誌『西太平洋の遠洋航海者』で有名なトロブリアンド諸島でも、この出現で太陽周期と合わせていたといわれている。つまり太陽や星をみるのではなく、ゴカイ類の群泳をみることで、太陽周期と合わせるのである。インドネシアのロンボク島などでは星をみて新年を始めるが、ゴカイ類の群泳が毎年同じ月に起こるかを、チェックしている。これは、新年を決める時にたまたま星を見落としたり、曇っていて星がみえなかったりすると、それが一カ月もの誤差を生み出しかねないため、自然の動きも同時に観察して補助的に使ってきたためともいわれる。ロンボク島ではゴカイ類は、神話上の美しい姫の変わり果てた姿であるとされ、毎年大きなお祭りも催されるが、このお祭りは現代化し、「ミス・ゴカイ」コンテストすら行われるという。

このように必ずしも高度な天文学がなくとも、月、太陽、星、潮、風、自然現象の動きについての経験と知識があれば、必要な精度の暦を持つことができる。しかし、西暦グレゴリオ暦のカレンダーが浸透したため、世界各地で知識と暦は急速に失われることとなった。グレゴリオ暦に合わせることは、流通や国際交流といった面で多くのメリットをもたらしてきたが、伝統祭祀の時期が変わったり、自然変化との同期がずれたり、などのデメリットもあった。グレゴリオ暦は高度な科学の産物であり、便利であるが、暦はそのような科学と便利さが文化多様性を消滅させてしまう象徴なのである。

知識が失われる中で

乾季終わりを告げる儀礼で獲物の豚を取り巻き剣を抜き踊る男性たち（インドネシア・スンバ島にて）
（出典）筆者撮影

本章では、文化の違いには、人間の進化と適応という背景があることを述べてきた。各地の文化は、各地の地理的条件や歴史的経緯の産物であり、各地に適した文化なのであった。しかし現代では、グローバル化の名のもとに、各地の文化は失われつつあり、代わりにその地には無かった文化や知識に置き換えられつつあるのである。

第四章　行動の進化

1　なぜ男は狩りをするのか

狩猟採集民は平等に肉を分配する

狩猟採集民は、獲物を仲間で分配するという話を聞いたことがあるだろうか。狩猟というと、野生の動物を探し、捕えなければならない。大変な労力であるにもかかわらず、いつでも動物が見つかるとは限らないし、それを捕まえることができるとも限らないため、不安定な生業だ。たくさん歩き続けても、たいした獲物が手に入らないことも多々ある。それなのに、狩猟採集民はそうして苦労して手に入れたものを、自分だけのものにせずに、肉を切り分けて、配るというのである。これは狩猟採集民がお互いに助け合う平等な社会であるという美談として紹介されることもある。

狩猟は、単独で行うばかりではなく、グループで行うこともある。むしろグループで大掛かりな狩猟を行ったほうが、獲物を得られる確率は高くなる。しかし、グループで探しても、やはり十分な獲物が手に入るとは限らない。そこで複数のグループがあって、別々の時・別々の場所で、それぞれ大掛かりな狩猟を行うと、どこかで誰かが、何かしらの獲物を捕る確率は高くなる。そのようにして得られた獲物を、捕れたグループだけでなく、捕れなかったグループにも分配すると、その時に一人当たりがもらえる肉の量は少なくなるが、常にどこかのグループから分け前をもらえるので、食料確保が安定してくる。狩猟採集民が、仲間のために肉を分配するというのは、互助的な精神だけでなく、経済的にも効率的であると思えば納得できる。

しかし、狩猟採集民をずっと調査していた研究者は、やがて経済性では説明できないことに気がついた。というのもどのグループにも属さない、狩猟には全く参加しない人にも肉は均等に分配されていたのである。それは障害がある人や高齢者を助けるということだけではなく、単に怠惰で狩猟をしない人にも分配していたというのである。もちろん怠惰な人だからといって飢え死にさせるわけにはいかない。だがそれでも、さぼっていても、働いていても同じだけの肉が得られるというのは、現代社会に暮らす私たちからするといささか不公平に思われるし、それならなぜ働く人がいるのか、という疑問が沸き起こるのである。

行動が進化する

なぜこういう行動をするのかを考えるにあたり、まず行動が進化するという考え方を紹介したい。進化というものには、身体が変化してきた生物学的な適応と、衣服や生業などの文化による適応があるが、行動の進化というのは生物学的でもあり、文化的でもある、そういう位置づけである。というのも例えばライオンでも、獲物の首にかみつくとか、群れで狩りをするとか、そういう生きていくのに適した行動というものがあり、これは生物学的な行動の進化の産物と考えられる。一方、人間の場合にはそういう本能的に狩りをするだけでなく、狩りの知恵について先祖代々受け継がれてきた知識や行動規範があって、仲間で連絡を取り合って狩りをするなどしており、こういったものに従う行動は文化的な側面である。いずれにしても、行動が進化してきた結果、その環境で生存していくのに適切な行動をとることができるようになる。動物の行動がいかに進化してきたかを研究する分野に行動生態学というものがあるが、人間の場合には文化的要素も加味することになり、あえて人間行動生態学と呼ばれることもある。

この行動生態学では、生物の行動は大きく分けて二つの要因で説明される。一つは自分の生命を守ること、もう一つは自分の遺伝子を後世に残すことである。非常にシンプルであるが、このどちらに重きをおくか、どういう手段でそれぞれの要因を達成するかで、生き様は大きく変わってくる。これは現代社会の人間の行動原理を振り返っても、ある程度は納得できる内容ではないだろうか。とはいえ、二つの要因と矛盾してみえることも起こりうる。

利他的行動と利己的遺伝子

それは利他的行動、つまり他人の利益のために行動することである。例えば自らの生命を捨ててでも、他の生命を救おうとすることは、先ほど挙げた行動の要因に反するのではないか、ということである。利他的行動といっても、親が身を捨てて子を守るというのは、自己の生命を守ることに反するが、自分の遺伝子を後世に残すことに合致するので納得できる。しかし、納得しがたい例もある。例えばプレーリードッグはアメリカ大陸の草地に巣穴を作って群れで暮らしている。穴から出て草を食べる時に一部の個体が見張りをする習慣があり、天敵がくると見張り役が大声で知らせて、仲間が穴に逃げるようにする。この場合、見張り役は、大声を出すことで自分の生命を不利にして、群れ全体に恩恵をもたらす。また、社会性昆虫と呼ばれる、蜂や蟻には働き蜂や働き蟻がいて、これらは子孫を残すことができず、危険を冒して巣の外で働いては、女王蜂や女王蟻に尽くす。これらは、自らの生命をもいとわない、そして自らの子を残すこととも関係のない。これらの例は利他的行動と呼べるのではないか。

これについて最初に考えられた学説は、個体では犠牲が出ても、群れ全体としては生命を存続させ、子孫を残すという適応度を高めている、というものである。たしかに、犠牲になる個体があることで、群れ全体として生命を守り、子孫を残す行動のようにみえる。ただし後の説では、群れ全体としてこのような進化を遂げるには、時間がかかるのではないか、ということがいわれるようになった。進化の中で、群れ全体で役割分担をし、犠牲になる個体が誕生し、それが安定的に続くようになるまでには、時間がかかるだろうが、その一方でそんな群れの戒律に従わずに、自分勝手に自己の生命と子孫だけを考える個体がいた場合、後者のほうが早く進化してしまい、前者を淘汰してしまうのではないか、というのである。言い換えるならば群れ全体を通して誰かが随時犠牲を払うという同意が浸透するより前に、誰かが抜け駆けして自分だけ得しようとする個体が出てくるはずだということである。数理モデルによるシミュレーションを行った研究者は、やはり群れによる進化は効率が悪いことを指摘するようになった。

一方、先ほどのプレーリードッグや蜂・蟻の場合にも、詳細な観察と数理モデルによると、新しい発見もあった。例えば蜂・蟻は女王蜂・女王蟻のみから生まれてくるのであるから、働き蜂・働き蟻がどれほど死のうとも女王さえ生き残り、子孫を残すことは、働き蜂・働き蟻とも同じ遺伝子を残すことなのである。プレーリードッグについても、警戒音を発するのは、地上に自分と近い血縁がたくさんいる時だけであるとされ、この場合は犠牲となって直接自分の子供を残さなくとも、その時救われる近縁の個体を通して自分の遺伝子と類似のものを遺すことにはなる。つまり、わが子のために身を捨てるのではなく、甥や姪、あるいはもっと遠縁の子供であっても、そのために身を捨てることが、結果として自分の遺伝子を遺すことになるということである。そうしてみると、利他的行動とされてきたものは、よくよく考えてみるとやはり利己的行動なのであるということになり、これはリチャード・ドーキンス博士による『利己的な遺伝子』の考え方になる。

さて、冒頭の狩猟民の男が肉を分配するのは、決して人間愛のような利他的行動ではなく、利己的行動なのだと考えてみると、どのように説明ができるのであろうか。

男性の狩猟と女性の採集

この地域で調査した研究者らは、繰り返し肉が平等に分配されることを記録した。しかし、行動生態学者であるユタ大学のクリステン・ホークス博士らは、アフリカのサバンナに生きる狩猟採集民であるハッザを調査していて、父親が年間を通して得た肉の量と、その子供の体重増加率には相関があることに気がついた。つまり、優れたハンターであるからといって肉を独り占めできるわけではないのに、その子供は発育が良かったのである。そこでホークス博士らは、なぜそのようになるかを調べてみた。まず父親たちの獲物は、ほぼ平等に分配されており、実際父親が優れていたとしても、子供がたくさん肉を食べているわけではないことがあらためて確認された。

この謎を解くためのカギは母親たちにあった。女性たちは野生のイモや果実などの植物を採集する。実は、狩猟採集民といっても、狩猟から得られる肉はエネルギー（カロリー）としてはそれほど大きくはなく、むしろ日々女性たちが採集してくる植物食料のほうが、エネルギーが大きいことがわかっている。そしてホークス博士らが『カレント・アンソロポロジー』（*Current Anthropology*）誌に二〇〇一年に発表した論文で明らかにしたのは、植物は平等に分配されるわけではなく、たくさん収集した女性のほうが、たくさん家に持ち帰っていたということである。そして、優れたハンターの妻は優れた植物採集者であって、この植物性食料が子供の成長がよくなる直接的な要因になっていたということである（Hawkes et al. 2001）。すなわち、狩猟に優れた男性と、植物採集に優れた女性が結婚していたわけである。

この解釈としては狩猟に優れ、獲物を得る男性は、社会で注目を集め、それ故に女性たちの気を惹くことができたという。そして、社会的地位が高い男性は、さまざまな形で妻と子を守ることができる。女性や子供からすれば、肉はいつでも平等にもたらされるものであるから、肉の分配は夫や父に期待することではないのである。

この研究は狩猟採集社会では、男女で役割分担が必要であることの例にもされる。ただし、ホークス博士らの研究によると食料を得て生命を保つこと、子孫を残すことのいずれにおいても、男性よりも女性の役割が大きく、そして女性に配偶者として選ばれるために男性が労働することが示唆されたものである。なおカリフォルニア大学サンタバーバラ校のマイケル・ガーヴェン博士とアリゾナ州立大学のキム・ヒル博士が『カレント・アンソロポロジー』誌に二〇〇九年に発表したところでは、男性が狩猟をして獲物を平等に分配することは、お互いの生命を維持し、より逞しい子供を育てるために男女が協力するための仕組みであると指摘している（Gurven et al. 2009）。

おばあさん仮説

なお狩猟採集民については「おばあさん仮説」と呼ばれるものがある。これは人間が、他の哺乳類と違い、繁殖力が喪失した後も長生きをすることや、特に男性は高齢になっても繁殖力が続くのに、女性のほうは人生の半ばで子供を産まなくなることに関する、進化的な仮説である。上記の狩猟採集民のように、女性による食料採集が子供の成長にとって重要である場合、女性が生涯にわたって子供を産み続けていると、食料を集める時間が十分にはとられなくなってしまう。実際、ホークス博士らのデータでも、母親が授乳中であるなど、乳幼児をケアしている場合は、そのきょうだい児の発育が悪化したとされる。つまり出産は早い年齢で終えて、その後は子供への投資に力を費やすことが、自分たちの子孫を残すために適応的な行動と考えられるのである。そして、働き盛りの女性が子供をおいて食料採集に出るためには、すでに出産年齢を終えた祖母が孫世代の面倒をみることも適応的であると考えられる。

なおこの仮説は、男尊女卑的な立場からは、女性が若くして繁殖能力を失うことへの生物学的説明として誤用されてしまうことがあるが、これの本質はむしろ逆で、繁殖能力を失った後の女性こそが、社会の存続のために大事であるということである。人間は繁殖能力だけが生物学的な存在意義ではなく、いわゆるケアというようなことも行動による適応の一環であるということなのである。そうすると子供を産んでいなくとも、男女問わず、社会の中で役立つことは、次世代のためになっており、それは現代社会でも同じである。

2　伝統社会は自然を保護してきたのか(1)——最適採食理論から

熱帯雨林とともに暮らす人々

日本や先進国の社会では、熱帯雨林で暮らす人々に対して、二つのイメージがもたれていることがある。一つ目のイメージは、熱帯雨林で暮らす人々は自分たちの生活のために熱帯雨林を破壊し、焼き払い、農地や住居や工場などにしてしまうということである。先進国は、そのような破壊的行為を止めるべく、積極的に保護活動をするべきだといわれる。二つ目のイメージはその逆で、人々は熱帯雨林とともに暮らしてきたのであり、森林のことをよく理解し、それを保護してきたということである。先進国は、そのような人々から、自然を守る知恵や技術を学ぶべきだといわれる。私は高校生の頃までは、前者の考えのとおり、世界の熱帯雨林破壊が深刻であると知り、それを食い止めることが地球のために大切なのだと考えていた。しかし大学生の時に、後者の考えを知り、伝統的知識こそが地球の環境を守る鍵なのだ、ということを考えるようになった。

しかし、大学院に入って本格的に研究に取り組み、実際にソロモン諸島の熱帯雨林で人々と暮らし始めると、どうもそんなに単純なことではないぞ、ということに気づくようになった。人々はたしかに森林についてとてもよく知っており、大切な種類の木を保護する伝統的な慣行もあった。しかしその時、人々は外資系の森林伐採企業を自分たちの土地に誘致して、熱帯雨林を伐らせ、支払われる伐採料のお金を受け取ることに沸き立ってもいた。

またある時、久々に村で手に入った現地の新聞を読んでいたら、欧米の研究者が絶滅危惧種(Ⅱ類)であるアオウミガメを保護する取り組みが紹介されていて、なるほどそれは大事な活動だと思った。しかしその夜、村のお母さんがご馳走の入った鍋を持ってきていった。「さあ、今夜のおかずはアオウミガメのココナツミルク煮よ」。

熱帯雨林に限らず、世界各地には、昔から自然と密接なかかわりをもって暮らしてきた社会がある。そのような伝統社会ははたして自然を保護してきたのか、それとも破壊してきたのか、ということをここで考えたい。

最適採食理論

行動生態学で用いられる理論の一つに最適採食理論というものがある。この理論は、もともと動物の生態と行動を研究することから生まれた。例えばライオンなどの肉食動物は、いつでも手あたり次第なんでも獲物を狩るわけではない。多くの時間は寝転がったりして過ごし、いざ狩るという時だけ俊敏な動きをする。これはまず、ひたすら動物を追い回していては、体力が持たないからである。それから、苦労して捕まえても、それが小さな獲物では割に合わないからである。そもそも、獲物がいないところでは走り回っても、何をしても仕方がない。したがって、狩りをするのは獲物がたくさんいるところであり、その獲物というのは捕まえるのが可能であり、しかも苦労に見合うだけ大きいものであるべきである。

最適採食理論を支えているのは、基本的には二つのモデルであり、それぞれ獲物を食べることで得られるエネルギー（カロリー）と、獲物をとるために体を動かす労力のバランスを考えている。具体的にはモデルの一つは最適食料選択（最適餌選択）モデルといわれるもので、動物は獲物を取り扱う手間とそこから得られるエネルギーを比較して、効率が高い獲物を選んで食べるということである。どのような場合でも獲物には手間がかかるが、余りにも手間がかかるような獲物は、見逃して別の獲物をじっと待つほうが、実は効率がよくなるからである。もう一つのモデルは最適パッチモデルというものである。獲物がいる空間をパッチと呼ぶとすると、動物はあるパッチでしばらく獲物を追い回す。しかし、ある程度時間が経つと、そこで獲りやすい獲物は軒並み食べつくしてしまう。それでも、そのパッチに生き残っている獲物を探し出すことも可能だが、やがてすごく時間がかかる割にはめったに獲物が見つからない時がくる。そうなる前に、別の場所つまり別のパッチに移動して、そこであらためて獲物を狩っていくほうが、効率がよいことになる。

これらの理論は、調査で検証され、多くの動物の行動に合致することが明らかにされた。ここでエネルギーではなく、これをお金に置き換えてみると、およそ現代社会でも同じようなことがいえるであろう。長時間働いてもほとんど儲からないような仕事は避けるし、お客さんがいないところで時間をかけて営業をすることはない。

パラグアイの狩猟採集民アチェが採食する食料と
それぞれの費用対効果

ランク	食　料	処理時間当たりに得られるエネルギー（キロカロリー／時間）
1	クビワペッカリー	65,000
2	シ　カ	27,300
3	パ　カ	6,964
3	ハナグマ	6,964
5	アルマジロ	5,909
6	ヘ　ビ	5,882
7	ミカン類	5,071
8	鳥	4,769
9	蜂　蜜	3,266
10	クチジロペッカリー	2,746
11	ヤシ甲虫の幼虫	2,367
12	魚	2,120
13	ヤシの芽芯	1,526
14	サ　ル	1,215
15	ヤシの繊維	1,200
16	ヤシの果実	946

（出典）Hawkes, Hill, and O'Connell 1982, Table 3 を改変

人間の最適採食理論

人間の狩猟採集民でも、同じように最適採食理論を研究したものがある。例えば、最適食料選択モデルについては、クリステン・ホークス博士らが一九八二年に『アメリカン・エスノロジスト』（*American Ethnologist*）誌に公表したパラグアイ熱帯雨林の狩猟採集民を対象にした研究がある（Hawkes, Hill, and O'Connell 1982）。食料を追い求め、処理するのにかかる時間に対して、得られるエネルギーを、多いほうから順番に並べると、一番高いのはイノシシに似た動物であるクビワペッカリーの一時間当たり六万五〇〇〇キロカロリーで、そこから順にさま

ソロモン諸島ニュージョージア島南部社会における季節ごとの漁撈効率と漁撈時間の関係

潮汐季節	漁撈場所	漁撈時間当たりに得られた獲物（キロカロリー／時間）	漁撈時間	（季節ごと）漁撈時間に占める割合（%）
A：10月初～1月末	内海の浅いサンゴ礁	1,106	77.0	16
	外洋との水路	1,501	313.0	66
	外洋のリーフエッジ	994	84.2	18
B：2月初～4月半	内海の浅いサンゴ礁	1,038	165.4	25
	外洋との水路	1,899	419.6	64
	外洋のリーフエッジ	942	67.0	10
C：5月頃～9月頃	内海の浅いサンゴ礁	1,411	305.7	47
	外洋との水路	1,452	294.3	45
	外洋のリーフエッジ	965	53.2	8

（出典）Aswani 1998, Table 1を改変

ざまな哺乳類、爬虫類、鳥類、魚類などが並んだ。一四番目はサルで一時間当たり一二〇〇キロカロリー、一六番目はヤシの果実で同九四六キロカロリーとなった。

ホークス博士らが調査したところよると、人々はクビワペッカリーのようにランキング上位の動物を積極的に狙っていた。その一方で、ランキングが下位のほうであるサルを見つけても、太っていないからといった理由で狙わないことがあり、さらに下のヤシの果実があってもわざわざヤシに登ってとろうとすることは稀であった。つまり、ランクが下のほうは、割に合わないと判断しているようだったという。理論上は一七番目以降になる食料もあるが、そういうものは狙うだけ労力の無駄が大きくなるもので、人々がわざわざ狙わないため、食料のリストに上がってこないという。

ソロモン諸島ロヴィアナラグーンの「水路」付近で大きな魚を釣り上げた村人

（出典）筆者撮影

また最適パッチモデルについては、カリフォルニア大学サンタバーバラ校のシャンカー・アスワニ博士が一九九八年に『海洋・沿岸管理学』（*Ocean and Coastal Management*）誌に公表したソロモン諸島の漁撈活動を例に挙げたい（Aswani 1998）。ソロモン諸島ニュージョージア島の南部にはラグーン（礁湖）が広がり、浅い海にずっとサンゴ礁が広がる。その先には、このラグーンを外海と隔てる細長い島が並ぶ。それを越えた外洋は急激に深くなる。サンゴ礁、深い海、などそれぞれで生息する魚種やその生態も大きく異なるが、人々はその違いを使い分けている。アスワニ博士は、人々がそれぞれの場所でどのように漁撈をするかを調べたが、ここでは内海の浅いサンゴ礁、内海と外洋をつなぐ水路、そして外洋で急に深くなるリーフエッジの三カ所をパッチとして取り上げることにする。それから、人々は潮汐に基づいて一年を三つの季節に分けており、これも魚類の生態を反映するという。

アスワニ博士によると、一〇月初～一月末の季節（表の季節A）には、水路での漁撈をすることが漁撈時間当たりに得られる海産物のエネルギーが最も高く（時間当たり一五〇一キロカロリー）、そして人々はこの時漁撈活動の六六パーセントの時間をこの場所で費やした。しかし別の季節（季節C：五月頃〜九月頃）には水路での効率が下がり（時間当たり一四五二キロカロリー）、逆に内海での効率が水路に匹敵するほどに上がると（同一四一一キロカロリー）、水路での漁撈時間は四五パーセントに減り、内海に四七パーセントを投入していた。つまり漁猟民は、季節ごとによく獲れるパッチを選んでいたというのである。

なおソロモン諸島にはイルカ猟を行う地域があるが、効率よくイルカを追い込める湾がある村だけに限られており、他の地域ではイルカは猟や食料の対象ではない。そのように恵まれた湾が無い限りは、外海を高速で動くイルカをカヌーで追いかけて捕るなんて、効率が悪すぎるのである。日本の伝統的捕鯨が国際的に問題にされる時、よく食文化の違いだといわれるが、最適採食理論に基づけば生態環境の違いによるということもできる。つまりクジラがいて、それを効率的に捕ることができる生態環境にあれば、それを食料とするし、それがなければ食料とはしない。生態環境の違いが長い年月を経て、それぞれ異なる食文化と価値観へと結びついてきたのである。

狩猟採集民は自然破壊的である

この最適採食理論に基づけば、狩猟採集民や漁撈民は食料を獲得する効率だけで、行動を決めていることになる。そうした中、テキサスA&M大学のマイケル・オルヴァード博士らが一九九五年に『カレント・アンソロポロジー』誌に発表した論文は、最適採食理論から、ペルーの狩猟採集民が自然破壊的であることを示した研究として知られる

（Alvard et al. 1995）。まずオルヴァード博士は、もし狩猟採集民が環境保全的な行動をもっていて、そして将来にわたって獲物となる野生動物が残るようにしているのなら、動物の子供やメスを狩猟することは避けるのではないか、と仮説を立てて、狩られた動物の性別や年齢を調査した。しかしその結果わかったのは環境保全的という仮説とは逆で、種によってはメスのほうがたくさん獲られていたこともあったし、どの動物でも子供もたくさん獲られていた。永続的に獲物を残そうという努力はみられず、最適採食理論どおり、狩猟の効率だけで獲物が選ばれていたのである。さらなる調査では、そのままのペースで獲り続けたら地域で動物の数が減ってしまうほどに、狩猟が行われていることもわかった。

この研究より前になるが、ネブラスカ大学のレイモンド・ハメス教授とフロリダ国際大学名誉教授のウィリアム・ヴィッカーズ博士が一九八二年に『アメリカン・エスノロジスト』誌に公表したアマゾンの狩猟採集民も有名である（Hames and Vickers 1982）。ここでは獲物としては奇蹄目のバクや、ペッカリーが効率のよい動物の上位であり、実際に一九七三〜七五年の調査時点ではこれらの動物が多く獲られていた。しかしそれから年月がたち、一九七九年に行われた調査では、これらの効率よい動物は激減し、かつてはほとんど相手にされていなかった下位のリスやネズミが獲られるようになっていた。つまり効率重視で獲っていき、獲れなくなると、より下位の動物を対象にして狩猟採集していたのである。

これらの例は、狩猟採集民は次世代を考えずに濫獲していることを示していた。それでは狩猟採集民は、本当に環境保全的な考えや行動を持っていないのであろうか。

人間の別の側面

ところで、これまでは肉食動物と同じように人間の狩猟採集や漁撈をみてきたが、人間独自のこともある。人間の最適採食理論について、日本語でよくまとめられているのは岐阜大学名誉教授の口蔵幸雄博士が二〇〇〇年に『国立民族学博物館研究報告』に掲載した論文である（口蔵幸雄 2000）。ここには、上述の古典的理論の欠点や、新しく加えられるべきモデルが体系的にまとめられている。例えば、人間は獲物を村や貯蔵場所に持って帰って食べるので単に食料処理の時間やパッチの時間だけでは効率を測ることができないこと（中心点採食）、人間同士では情報交換したり事前に調査したりするため純粋に自然状態に依存しているわけではないこと（情報の獲得）、食料は社会の中で共有・分配されること（リスク回避）などである。他にも人間は動物を家畜化できることも忘れてはならない。

情報の獲得の例としてはイアン・ベネット氏が一九九一年に『人類生態学 Human Ecology』誌に公表した、ベネズエラの漁撈民がある（Bennett 1991）。この漁撈民は魚毒を使った漁を行うが、魚毒を用いるとその場所にいる魚を一網打尽に殺してしまうため、一度魚毒を使うと、再びそこに魚の個体数が回復するまでに数十日はかかる。別の人がそのことを知らずに、後から来て同じ場所で魚毒漁をすることは明らかに非効率である。そこで漁撈民は、いつ・どこで・誰が魚毒を使ったかという情報をお互いに共有していて、まだ個体数が回復していないところは避けることで、皆が効率よく魚を得ていたという。

よく考えてみると、このベネット博士の研究は同時に別のことを示唆している。すなわち、人々は情報を共有することで、魚の個体数が十分回復する前に、わずかな生き残りすら殲滅するような漁撈はしないのである。人々は個体数が回復するのに必要な日数を知っていて、それを待っていたのである。同じ行動であっても、ある側面からみれば効率を高めるように漁撈をしているが、別の面からみれば自然を知り、その回復を促しながら漁撈を続けているのである。この後者の側面は、自然を守り、生長を助けながらも、そこから必要な食料を得ながら暮らしている、つまり「持続的に自然と共生している」とみなすことすらできる。このように、人々は意識的に自然保護しようとしているわけでなくとも、無自覚のうちにそれを行っていることがあるのである。

冒頭に示したように、伝統社会が破壊的か保全的か、というのは同じことの裏表なのかもしれない。

3　伝統社会は自然を保護してきたのか(2)——保全倫理から

自然保護の倫理観

ヨーロッパ人が大航海時代を経て世界各地に到達し、熱帯雨林の伝統社会の人々ともかかわるようになった頃、相手を「野蛮人」とみなすだけでなく、そこに純粋な人間性のようなものを見出すようにもなった。演劇でも伝統社会の人々は精神が誇り高く、思考は純粋な、「高貴なる野蛮人（noble savage）」として描かれたとされる。伝統社会のこのような描かれ方は、一八～一九世紀ヨーロッパのロマン主義における文明批判、自然礼讃の中で頻繁に取り上げられた。発展途上国の人たちを、過剰に野性的で、純粋な性格であるかのようにみせる演出は、日本のテレビなどでも、いまだに目にするものである。

さて前節から伝統社会の自然保護を取り上げている。日本人の間には、伝統社会の人々は自然を愛し、自然のことをよく知っており、それを保護してきたというイメージを持つ人も多いが、一部の研究者たちは伝統社会をそのようにみなすことは実体と離れた「高貴なる野蛮人」のようなものであり、「生態学的に高貴なる野蛮人（ecologically noble savage）」幻想だといって批判している。実際、伝統社会を訪れてみるとわかるが、彼らは自然を守るために生きているのではなく、それを利用して生きているのであり、そして利用するというのは、多かれ少なかれ破壊するということである。例えば今では熱帯雨林の樹木は、国際的に高値で取引されるため、住民にとっては大きなお金になる。さらに樹木を伐採して輸出した後、そこをアブラヤシのプランテーションにすれば数十年間利益を生み続けてくれる。あるいは地下資源があれば、それも大きなお金になる。したがって、人々は自ら自然をお金に換えたり、あるいは外部から企業を誘致してきてそこを開発させたりもする。たとえそこに外部から研究者や環境保護活動家がきて、それをやめて自然を守ろう、といっても従わない。そこで一部の研究者や保護家には、住民には保護をするという倫理感、つまり保全倫理が欠けているという発想が生まれるようになった。

ジェームズ・キャメロン監督で大ヒットしたハリウッド映画『アバター』では、自然豊かな星で、希少鉱物の開発をもくろむ重武装の地球人と、そこの自然と暮らしてきた先住民の考え方や行動が対照的に描かれ、現代の先進国と熱帯雨林社会の関係をステレオタイプに表現しているが、現実には開発をする側が単に悪で、先住民が自然を愛する純粋な人であるような、そんな単純な関係ではないようである。

自然開発に反対する住民の実態

先住民が熱帯雨林伐採に反対する姿はしばしばメディアに取り上げられるが、それは純粋に自然を愛しているからとは限らない。パプアニューギニアは、熱帯最大の島ニューギニア島の東半分とその周辺の島々からなる国であり、日本国土の約二倍に相当する面積の中に、フウチョウ（極楽鳥）やキノボリカンガルーなどさまざまな珍しい生物が生息しており、豊かな自然を持っている。同時に石油、液化天然ガス、金、銅などの地下資源の埋蔵量も大きく、近年ではその開発が進められる。

この国で豊かな自然やそこに暮らす人々の伝統を調べてきた研究者は、過去数十年の間に、人々と自然環境とのかかわりに大きな変化が起こったことを指摘する。人々が自給的な生活のためだけに自然を使っていた時は、彼らはそれが外国のお金でいくら、という見方をすることはなかった。しかし、彼らが使っていた森林に、やがて値段がつけられ、外国の森林伐採企業がそこで操業を行うようになった。地下資源を掘りに来た外国人は、土地に値段をつける。また今では新薬の元になる知識など、植物についての伝統的知識には現金価値があり、それは知的財産権であることも知られるようになってきた。つまり、自然や自然に関する知識の「商品化（commodification）」が起こったというのである。

それによって住民の態度も変わってきた。森林伐採企業が支払うロイヤルティの金額を吊り上げるためには、自分たちにとってその森林がとても重要であり、価値があるものであると主張するほうが有利になることを学んだのである。さらに、それでも彼らが納得できる金額にならないなら、外国のメディアや活動家に対して、自分たちが外国企業によってむしり取られるかわいそうな存在であることを訴えて、そこから企業に圧力をかけさせることも学んだ。石油や天然ガスなどの地下資源は、樹木よりももっと莫大な価値を持っている。住民たちは、こういうことをよくわかって行動しているのであり、自然保護も純粋に自然を守るのではなく、「商品化」しているのである。

ある研究からみた保全倫理

ワシントン大学のエリック・アルデン・スミス教授とイエール大学のマーク・ウィシュニー教授の二人は、伝統社会が自然を保全してきたのかを、系統的に明らかにするために世界中の事例を調べて、二〇〇〇年に『人類学レビュー年報』(*Annual Review of Anthropology*) に公表した (Smith and Wishnie 2000)。彼らはまずさまざまな文献や研究をもとに、保全には二つの要素が必要であるとした。一つはそれがきちんと保全としての結果を出していること、つまり資源の枯渇や種の絶滅を防いできたということであり、もう一つはそれがもともと保全という目的のためにデザインされていることであった。デザインされていることというのは、別の目的のためにやっていたことが、たまたま偶然、自然を守っているようなことは、保全としてはカウントしない、ということである。

彼らが、この基準により世界中の伝統社会を分析したところ、なんとこの両方を満たすような自然保護は存在しないという結論に至った。例えばあるアメリカ先住民が狩猟対象のヤギを守ることがあるのは、よそ者にヤギをとられるのを防ぐことで、自分たちがそのヤギを持続的に得ることが本来の目的であった。別のアメリカ先住民がサケを濫獲しないのは、単に人手が足りないからであった。太平洋の小島ティコピア島は、きわめて限られた土地面積の中で豊かな森林を持つことが知られているが、実は住民は数百年前までに自然の森林はすべて伐りつくしていて、代わりに食料や建材などになる有用樹木を育てた結果が今の森林であり、あくまで人間の利益を目的としたことの副作用であった。他にもさまざまな農林水産業が結果として自然を守り、豊かにすることはあっても、それはもともと保全のためにデザインされたものとはいえなかったというのである。このような結果は、伝統社会に保全倫理が欠けているということを支持していた。

破壊しながら保全する

ところで、デザインされていなければ、保全と呼ぶことはできないのだろうか。

私がずっと調査してきたソロモン諸島は、地下資源はそれほど豊富ではないが、森林伐採をめぐる経緯については、上述のパプアニューギニアに似ている。地元の人たちは外国の林業会社と交渉して、伐採をさせて、現金を得ようとしてきた。伐採といっても、外国企業はかつてのようにすべての樹木を伐りつくしてしまうことはせず、商業的価値の高い樹木だけを伐り、未成熟の樹木や価値の低い樹木は伐らず、住民の伝統文化にとって貴重な樹木も残すし、水源涵養地なども対象から外す。だが、住民は企業が残した樹木を伐って売ってしまうこともあるし、さらには残された森林をすべて伐って更地にして、より収益性の高いプランテーションにしてしまうこともある。小国ではあるが、沖縄本島よりも大きいサイズの島が五つと、その他に九〇〇ほどの小島があり、それぞれには固有の森林が育まれ、陸地の約八〇パーセントが森林におおわれてきた。このように「豊かな」森林が失われるのは、外部の人間としてみても、残念な思いがする。また別の側面として、海洋生物の保護に取り組む研究者たちが、海洋生物の保護区を作ろうとしたところ、

ソロモン諸島で熱帯雨林が外国系企業により伐採された跡地
（出典）筆者撮影

地元住民が保護の必要性を理解してくれず、その反発に悩まされたという話も聞いた。

しかし二〇世紀半ばからソロモン諸島の熱帯雨林を研究してきた世界的な熱帯雨林学者であるケンブリッジ大学のティモシー・ホイットモア博士によると、そもそもこの国の「豊かな」森林というのは、過去の住民による大きな攪乱のおかげでできたものだという。どういうことかというと、熱帯雨林というものは巨大な木々で覆われていて、地面にはほとんど光が届かない。植物は光がないと成長できないので、ひとたび森林が完成してしまうと、その下に生長できる植物の種類は限られてくる。しかし、サイクロンや樹木の寿命で巨木が倒れると、ぽっかりと空間が開き、その時はじめて地面にも光が達して、新しい樹木がその空間に入ることができる。ホイットモア博士は、このような形で自然に巨木が倒れるだけではなく、住民が生活のために巨木を切り倒したことが、さまざまな種類の樹木が混在することに繋がり、結果として多様性豊かな森林に繋がってきたことを明らかにした。実際、今の住民たちは記憶がなく、「手つかずの自然」とされてきたところでも、よく調べてみると人の手が加わってできた森林の特徴がみつかり、そこで考古学者に調べさせたところ、かつてそこに人間が暮らしていた痕跡がみつかったという。彼が人類生態学者であるオックスフォード大学のティム・ベイリス＝スミス教授やノルウェーのベルゲン大学エドワード・ヴィーディング教授と二〇〇三年に『アンビオ』（*Ambio*）誌に掲載した論文では、現在環境問題になっている森林伐採であるが、かつてはこれと同じくらいの破壊を住民がしてきたのであるから、将来になるとかならずしも破壊であるとはいえないと述べた（Bayliss-Smith, Hviding, and Whitmore 2003）。

同じようなことは、実は日本にも当てはまる。「里山」とは、里の近くにあって人が薪集めなどで日常的に利用することで、手つかずの自然にはない豊かさをもたらしてきたといわれている。里山の生物多様性の豊かさは世界的に注目されており、このように人為的に改変された自然を守ることの重要さが再認識されている（Takeuchi 2010）。また、日本は戦国時代には鍛冶製鉄のための燃料としてや築城のためなどでほとんどの森林が切り払われたといわれているし、近代でも富国強兵の時代にあって森林は燃料などとしてはげ山にされてきた。しかし、戦国時代が終わると江戸幕府は植林を進める一方、違法伐採を取り締まり、森林の回復に努めたし、近代以降も太平洋戦争後には植林が進められて国土面積の三分の二が森林という、世界有数の高い森林被覆割合を誇るようになって今がある。

ソロモン諸島の熱帯雨林にあるタロイモ
（灌漑農耕の遺跡にて）
（出典）筆者撮影

そうするとスミス博士とウィシュニー博士がいうような、保全のためにデザインされ、実際に保全に役立つこととは全く逆方向にみえるような、自然を破壊したり利用したりしたことが、長期的にみれば保全に繋がることもあるということである。「保全」や「倫理」ということ自体が、先進国や学術世界からのおしつけなのかもしれない。

ただし、工学的技術が進み、それが途上国にも広がっているため、伝統社会がかつての感覚で自然を破壊していくことが、取り返しのつかないほどの破壊に繋がる可能性もある。今日の先進国社会も含めて、それぞれの社会は環境を利用して生きていくために適した行動や考え方を身につけてきた。伝統社会と欧米社会は相手を理想化したり、見下したりするのではなく、それぞれの良さを学ぶべきなのである。

第五章　病気の起源

1　感染症と適応

医学者であり、歴史学者であり、鳥類学者でもあるジャレド・ダイアモンド教授は、ピュリツァー賞を受賞した『銃・病原菌・鉄』の中で、独自の文明論を展開した（ジャレド・ダイアモンド 2000）。若い頃にパプアニューギニアで調査をしていた彼は、現地の人から、なぜヨーロッパ人は文明を代表するようなさまざまなものを発達させてきたのに、パプアニューギニアにはそのようなものがなく「原始的」と見下されるのか、という質問を受けた。この質問はずっと彼の頭の中にあり、その後長い研究生活の果てに、ダイアモンド教授が導き出した答えは、鉄、銃、病原菌がカギになったということであった。たしかに鉄器や銃器は、西洋文明

『銃・病原菌・鉄』

の機械力や武力を象徴するものといえ、違いを生み出した原因として誰しも納得するであろう。ただ、病原菌が文明に関係しているというのは、ピンとこないかもしれない。

ヨーロッパは、歴史的に比較的早い段階で農業と家畜飼育の技術を手に入れ、発達させてきた。ユーラシア大陸は広大であるが、東西方向は気候が比較的似ているために、各地から作物や家畜種が移ってくることができる。アフリカ大陸が南北方向に長く、熱帯、砂漠、温帯などと大きく気候が変わることや、パプアニューギニアのある太平洋島嶼地域が海で隔てられた島が拡散していることとは好対照である。このような農業社会が、鉄、銃、病原菌にも結びついていく。病原菌についていえば、家畜と身近に暮らしていると、家畜から病原菌が人間に入ってくる。感染症である。そして農業のために労働力の集中が必要となり、たくさんの人々が集まって暮らしていると、感染症が人から人にうつりやすく、流行する。そうすると病気になり、時には死亡する人もでるが、長期的にみると、流行を通して社会の中に免疫が広がる。免疫を持っていると、その病原菌に感染しても、症状が出なかったり、症状が軽かったりする。

大航海時代以降、ヨーロッパ人が新大陸などに進出すると、彼らは無意識のうちに自分たちの身体の中にいるヨーロッパの感染症を、行く先々にもたらした。その代表が天然痘である。感染症は、免疫を持たない現地の人々の間で大流行を起こし、多くの人々を死に至らしめる「死の贈り物」になったのである。

新型インフルエンザの始まりとパンデミック

家畜から人間に感染症がうつるというのは、毎年のように騒がれる新型インフルエンザを考えると、現代でもそうである。新型インフルエンザといえば、鳥インフルエンザや豚インフルエンザである。鳥については、野生の渡り鳥からインフルエンザウィルスが検出されても問題になるが、より深刻な問題となるのは鶏農家で飼育された鶏からウィルスが検出された場合であり、大量の鶏が殺処分されることには、心を痛めるところである。これは新型インフルエンザが他の家畜だけでなく人間にも入り込ませないためのやむを得ぬ対策なのである。

世界保健機関は、新型インフルエンザの対策をとるべく、状況を段階に分けており、それをフェーズと呼んでいる。フェーズ1は、新型インフルエンザは人間になく、動物でもほとんどみられない。フェーズ2は、人間にはないが、動物の中で流行していて、人間にうつるリスクがある。フェーズ3は、人間にも入ってきているが、動物から人間に感染しただけであり、人間から別の人間に感染することはない。フェーズ4では、人間から人間にも感染するようになっているが、範囲は非常に限定されている。フェーズ5では、人間から人間の感染があり、範囲が大きくなっている。そしてフェーズ6では、世界的な大流行すなわちパンデミックであり、人間から人間の感染が継続して起こり、範囲も制限がきかない。

ウィルスがこのような段階を踏んでいくのは、インフルエンザウィルスに突然変異による進化の

世界保健機関（WHO）によるインフルエンザ警戒水準（フェーズ1〜6）

フェーズ	呼　称	パンデミックの可能性	定　義
1	動物インフルエンザ（鳥インフルエンザ，豚インフルエンザなど）	不確実	ヒトへ感染する動物インフルエンザは確認されていない
2			ヒトへ感染してパンデミックを引き起こす可能性を持つ動物インフルエンザが確認されている
3			変異したインフルエンザが散発的にまたは小規模にヒト感染を起こしているが，社会全体での流行を続けるほどのヒト—ヒト間感染は引き起こしていない
4	新型インフルエンザ	中〜高度	社会全体で持続的に流行する形のインフルエンザがヒト—ヒト間感染をしている
5		高度〜確実	フェーズ4と同じインフルエンザがWHOの地域区分（米州，欧州，西太平洋，南島アジア，東地中海，アフリカ）の1つに属する2カ国以上で社会全体の流行が続いている
6		発生・拡大	フェーズ5の条件に加え，WHOの別の地域区分の1カ国以上で社会全体での流行が続いている

（出典）WHOの分類を改変

メカニズムが働き、それまでは動物への感染に適していたウィルスが、徐々に人間に適したものに変わり得るからである。逆にいえば、進化する前にウィルスを淘汰してしまえば、それ以上先のフェーズには進まない。それであるから、大量の家畜を殺処分することで、フェーズ3より先に進まないように食い止めているのである。なお、鳥インフルエンザ由来で、記録に残る中では人類史上初のパンデミックとなった「スペインかぜ」では、一九一八年から一九年にかけて、人口二〇億人だった当時に世界で感染者五億人、死者五〇〇〇万人以上という被害がでた。

熱帯の感染症と温帯の感染症

二〇一四年を中心に、西アフリカで高い致死率のエボラ出血熱が範囲を拡大して、それが世界中に広まるパンデミックになることを食い止めるべく活動が行われたことも、記憶にあたらしい。エボラ出血熱は熱帯アフリカから始まったが、ほかにすでに世界中に広まってしまったエイズ（ＡＩＤＳ）を起こすウィルスＨＩＶも熱帯アフリカから始まった。当然ながら感染症はヨーロッパだけでなく、熱帯にもある。しかし違うのは、ヨーロッパでは家畜であったのに、エボラ出血熱やＨＩＶは野生動物からきたということである。

ＨＩＶは熱帯雨林でチンパンジーなどの霊長類から人間に移ったという説が有力である。人間が森林を開発する中で、人間にうつり、そこから新たに建設された道路などを通じて森林の外へ、そして世界へと広がっていったのである。しかし、霊長類のエイズはＳＩＶというウィルスである。突然変異したＳＩＶが人間に入り、独自進化してＨＩＶになったのであるが、この種のウィルスは進化が早いとされており、もはやＨＩＶとＳＩＶは異なるウィルス種となっており、チンパンジーがＨＩＶに感染することはない。スタンフォード大学のネイサン・ウルフ博士らは、二〇〇四年に医学誌『ランセット』（*Lancet*）に公開した論文では、中央アフリカで霊長類に特徴的なＳＦＶというウィルスが、現地の狩猟民が狩猟する時や、肉を加工する時など、さまざまな経路で人間に入っていることを示した（Wolfe et al. 2004）。ＳＩＶがＨＩＶになる時も同じようなことが起こったと考

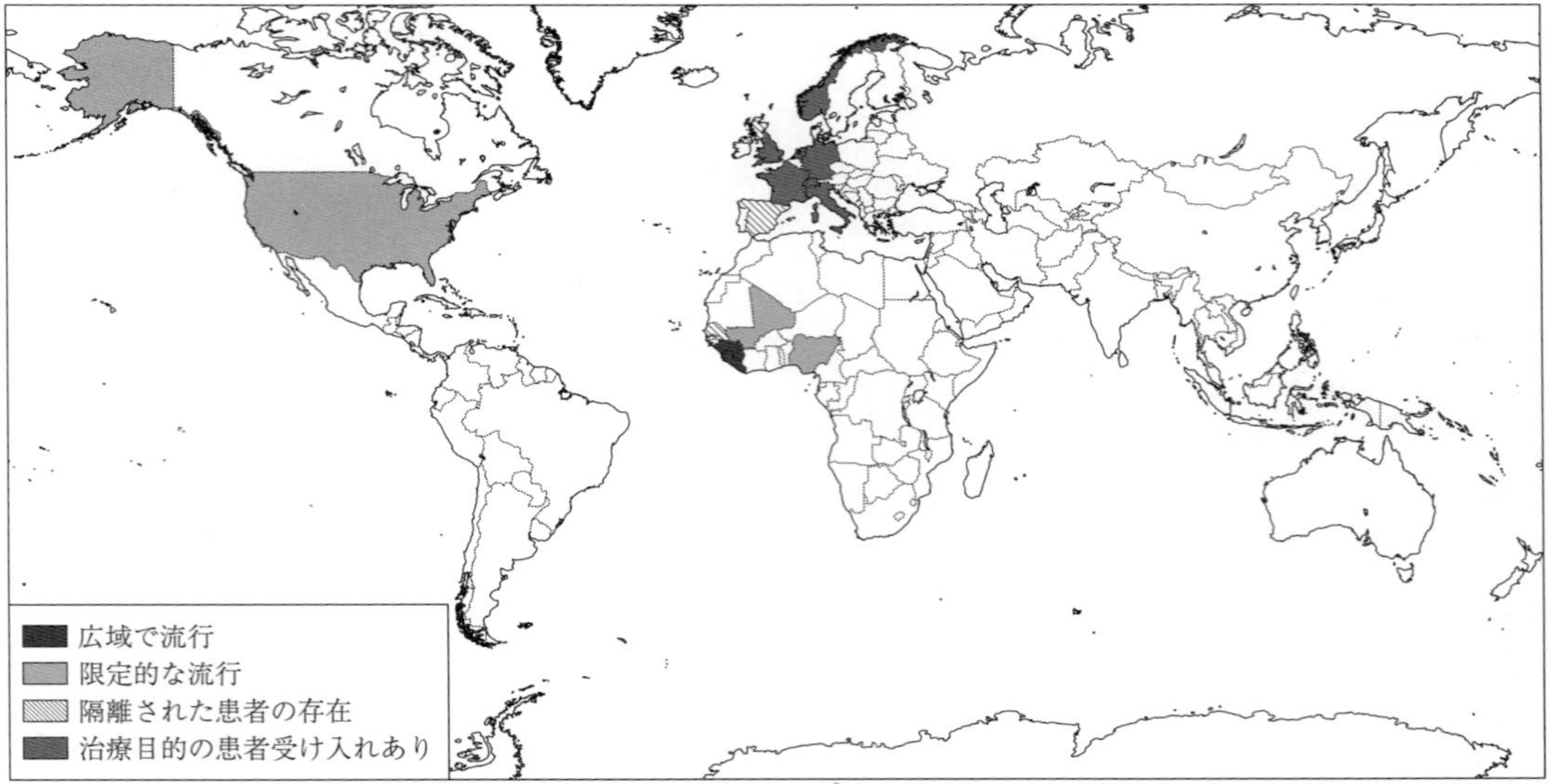

2014年前後の「西アフリカエボラ出血熱」流行の状況を示す地図
（アフリカだけでなく広域に拡大した一方，アフリカでも発生しなかった国が多くある）
（出典）ウィキペディア（https://ja.wikipedia.org/wiki/2014年の西アフリカエボラ出血熱流行）を元に筆者作成

えられている。

ウルフ博士とダイアモンド教授は、さまざまな感染症について調べた結果を二〇〇七年に『ネイチャー』誌に掲載した（Wolfe, Dunavan, and Diamond 2007）。その結果、インフルエンザ、ジフテリア、麻疹、おたふく風邪、ロタウィルスなど、温帯の感染症は農業に由来する家畜化動物が起源と考えられるものが多いのに対して、ＨＩＶ／エイズ、デング熱、マラリア、黄熱病など熱帯の感染症は野生動物起源が多かった。さらに前者では長期間にわたり続く免疫があるのに対して、後者の感染症は免疫がつかないものが多いことも示された。熱帯は、大規模な農業・家畜飼育がなかったことに加え、生息する動物の特徴からも、人間による感染症への防御が弱かったといえる。ただし、孤立して暮らしていた社会が多かったので、各地で限定的なエンデミックな感染症にすぎず、奥地に開発が入るまでは、世界的な問題になることはなかったのである。

感染症が人口増加を妨げてきた

第三章一節に掲載した地図のように、狩猟採集民は世界の熱帯から寒冷までに分布しているが、農耕が広がった温帯地帯に狩猟採集民は少ない。さて、熱帯は気温が高く、降水も多く、そのため熱帯雨林には大きな樹木が生長し、さまざまな動植物が生息する。そうすると熱帯に暮らす狩猟採集民は、豊かな自然の恵みに囲まれ、人口は増えて、社会も発展するのではなかろうか。しかし実際には、人口が増えて発展したのは温帯の農耕社会であったし、さらには寒冷地帯の狩猟採集民と熱帯地帯の狩猟採集民で比べても、人口規模はそれほど

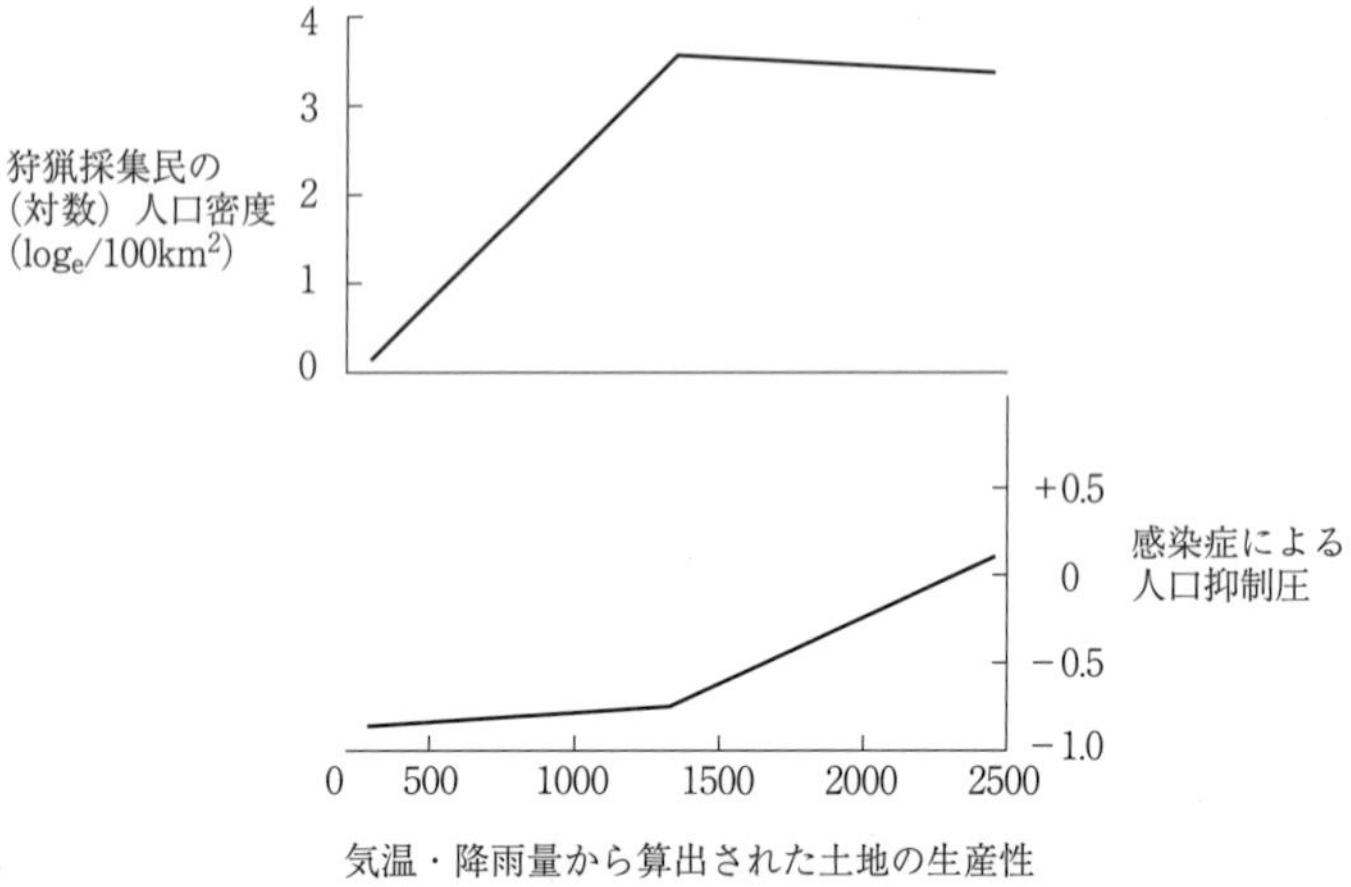

土地の生産性と狩猟採集民の人口密度と感染症による人口抑制圧の相関関係

（出典）Tallavaara, Eronen, and Luoto 2017, Figure 2 を元に筆者作成

変わらないといわれている。フィンランドのヘルシンキ大学のミッカ・タラヴァアラ博士とミスカ・ルオト教授らは、気温が高く、降水量が多いことは、植物や動物の生長を助けることで食料生産性を押しあげるし、それは生物多様性を豊かにするが、同時に強い感染症の温床になることに着目した。そこで博士らは世界各地から三〇〇の狩猟採集民について、気候、生物多様性、感染症、そして人口密度のデータを集めて分析した。

『米国科学アカデミー紀要』の電子版に二〇一七年に公表されたその結果では、土地における生産性（気温と降水量から算出される）が増えると、ある程度までは人口密度が高くなることがわかった（Tallavaara, Eronen, and Luoto 2017）。これは生産性の高さが生物多様性の高さに繋がり、狩猟採集民に食料を提供するからであった。しかし、ある程度以上になると人口密度は増えなくなった。代わりに生産性の高い熱帯になると、感染症による人口抑制圧が相対的に高くなっていることがわかった。『銃・病原菌・鉄』でいわれるような、ヨーロッパ人によって農耕社会の感染症がもたらされなくとも、狩猟採集民は地元の熱帯の感染症によって、人口増加を妨げられてきたと考えられるのである。

感染症は根絶できない

感染症といえば、人間の生存にとっての脅威で、「人類の敵」とすらいわれるくらいであり、そのためたくさんの対処が試みられてきた。重大な感染症に対しては国家的・国際的な大きな予算とたくさんの人材が投入されたきた。しかしこのような人間の英知を結集したような努力が行われてきたにもかかわらず、一つの例外を除いて、根絶できた感染症はない。その一つというのは天然痘である。天然痘はヨーロッパやアジアで古くから流行を繰り返し、恐ろしい感染症とされてきた。先にも書いたが、それがもたらされた新大陸では、全く免疫を持たない集団では死亡率が九割にも上り、数千万人が死んだといわれる。

天然痘は、一度免疫を獲得すると、それがほぼ一生続くという特徴を持っていた。そのため古インド医学の時代から、患者の膿を移すことで免疫を獲得させて予防する方法が図られたが、膿の濃度が高いとそれ自体によって天然痘を発症して死亡することも多く、安全ではなかった。しかし一八世紀末にエドワード・ジェンナーが、天然痘とほぼ同じウィルスである牛の感染症「牛痘」をもとにして、世界で初めて安全なワクチンを開発した。このように効果的で、長期間永続するワクチンがあったことは、天然痘を根絶できた大きな要因であった。ただし、ほかにも要因があった。天然痘は感染してから発症するまでの潜伏期間が七～一六日と比較的短く、発症すると特徴的な発疹が広がるという特徴もあった。そのため、患者がでるとわかりやすいから、すぐに隔離して感染拡大を防ぎつつ、患者を治療することができた。そしてこの際に、感染してから発症までが短いので、知らず知らずの間にウィルスをまき散らすことが少ないのである。このため、ワクチンの使用、患者の早期発見、感染拡大防止という取り組みにより、一九八〇年には地球からの根絶が宣言された。

しかし残念ながら、こんなに好条件がそろう感染症はほかにはなく、それゆえ天然痘が唯一根絶できた感染症となったのである。

生物学的適応と文化による適応

感染症とは、細菌やウィルスといった微生物が体内に入り込むことで引き起こされる。ところが、世界には実は膨大な種類の微生物があり、そのうち病気を起こすものはごくわずかである。例えば大腸菌といえば、いかにも下痢や嘔吐といった食中毒を起こす細菌だと思われがちであるが、しかし文字どおり私たちの大腸内にいて、特に病気を引き起こすことなく、生活しているのが大腸菌である。大腸菌の中でも、ごく一部が病気のもととなるタイプである。そもそも大腸菌にとって、人間の大腸内は生きていくのにとてもよい環境である。その環境でぬくぬくと、何不自由なく、暮らしていればよい。もし病気を引き起こしたらどうなるか。下手をすれば、その人間は死んでしまい、大腸も機能を停止してしまい住む場所を失う。そして火葬にしろ、土葬にしろ、大腸内の大腸菌は殲滅されてしまうことになる。

ウィルスの場合は自分の細胞すら持っていないので、他の生物に入り込み、その生物のもつ細胞を借りることで自分の遺伝情報をコピーしている。ウィルスはこのように、遺伝情報だけの存在であるから、そもそも生物ではない、とみなされることもある。ウィルスの場合も人間が死んでしまうと、もう自分をコピーすることができなくなり、他の人に感染していない限り、ウィルス自体も消滅してしまう。したがってＨＩＶ／エイズのような致死率の高いウィルスは、自然状態ではいずれなくなり、感染しても死亡しないような弱毒型に置き換わるとする説もある。

先に書いたように、感染症は他の動物から人間に入ってくることが始まりであるが、もとの動物の中では病気を起こすことなく暮らしていた微生物が、人間に入ったところ、結果として宿主となった人間に病気を起こしている。このように考えると、微生物が生きるために、人間を次々と食い散らかしているというよりも、自らが生きながらえようとしていたところ、意図せずその宿主である人間に病気を引き起こしてしまっているのである。

これに関連しては、人間をはじめとする生物の細胞の中にはミトコンドリアというものがあり、エネルギーを生み出すなど生命維持に欠かせない役割を負っている。しかしこのミトコンドリアは、細胞の他の機能とは多くの部分で独立していることが知られている。そのため、実はミトコンドリアはもともと独立した細菌であったのが、他の宿主に寄生しているうちに共進化して、細胞の一部になったという説も存在する。このように考えると、微生物は時間をかけて人間に病気を起こさないように進化するのが適応的である。

一方、人間には文化があり病気を防ぎ治療するさまざまな叡智を持っている。これによって鳥インフルエンザ、豚インフルエンザなど新しい感染症が発生するたびに、家畜を殺すことで、人間への病原菌侵入を防ぎ、患者と死者を防ぐのである。また抗ウィルス薬など医学の進展により、HIV感染者と非感染者の平均余命に差はなくなっている。人間は、かつては犠牲を伴いながらも免疫を獲得することで、生物学的に感染症に適応してきたのであるが、いまは科学・技術・政策によって文化による適応が可能になっているのである。

2 適応が病気のもと(1)——肥満と糖尿病

飢餓と肥満

発展途上国に暮らす人々の生存にかかわる大きな問題の一つとして飢餓というものがある。飢餓は戦争のように人為的に引き起こされることもあれば、天候不順などの環境的要因によることもある。飢餓や栄養失調に見舞われた人々、特に子供の様子を報道などでみるとまことに痛ましく、そこに食料を持って行ってあげたい、援助したいと思う人々も多くあり、それが果たされるのは人道上望ましいことである。ただ、このようにきわめて深刻な飢餓状態とい

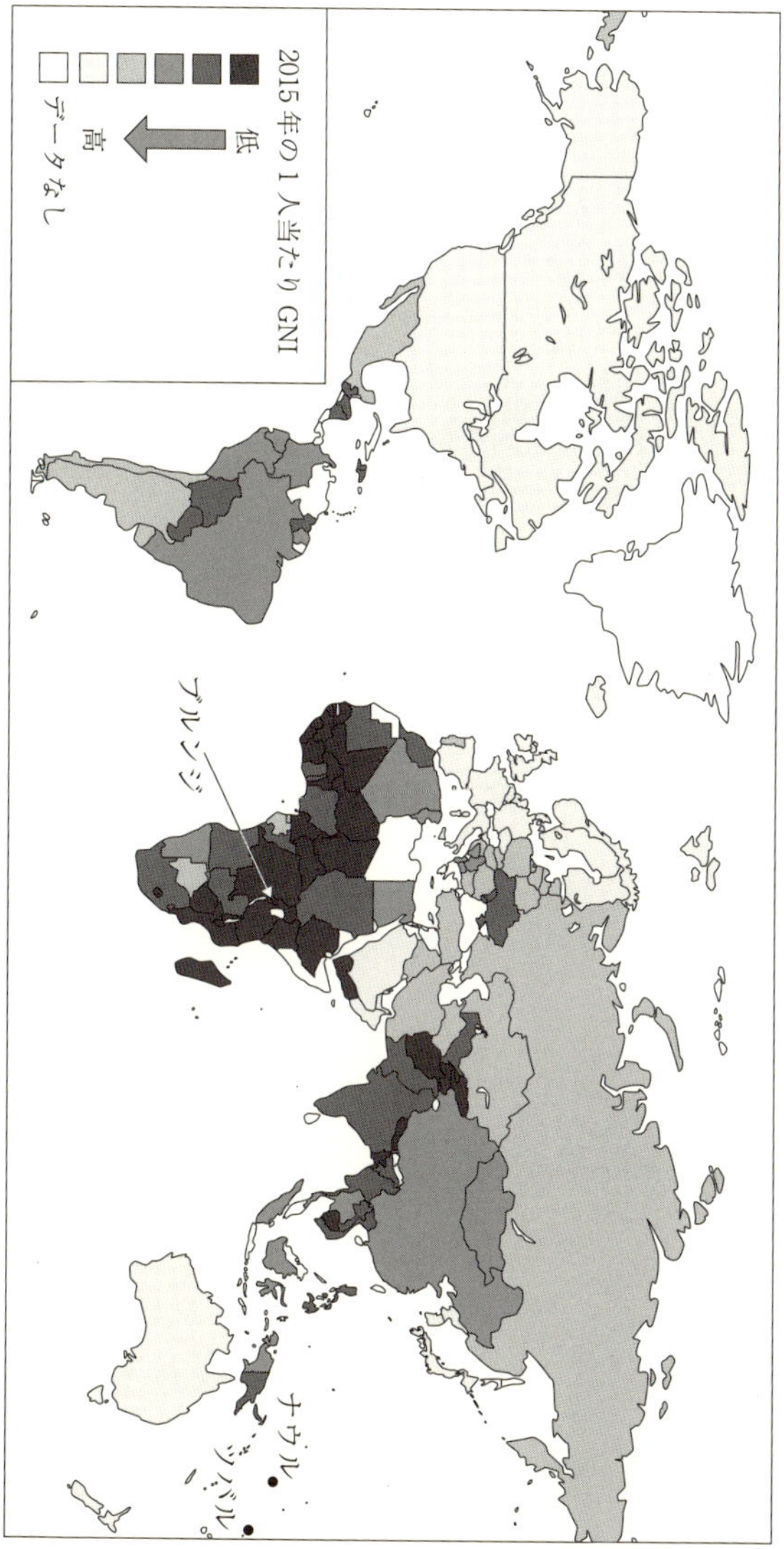

2015年の1人当たりGNI（PPP）

（出典）世界銀行の公開データより

うものは、ほとんどの場合には戦争や天候不順などの突発的な要因で引き起こされるのであり、数カ月から数年といった期間のことである。逆に、もしも数十年とか数百年間も、ずっと深刻な飢餓状態にある社会というのは、社会として存続することができないし、それは人が住むことができない土地である。

現在、世界には大きな経済格差があり、貧困と飢餓が結びつけて考えられることもある。実際、アフリカで経済指標が低い国々では子供の発育不良の割合が高い。例えば世界銀行がインターネットに公開しているデータによれば、二〇一五年時点で中部アフリカの国ブルンジは国内総生産GDPランキング（一九九カ国・地域中）で第一六六位であり、国民一人当たりの経済指標である一人当たりGNI（PPP）のランキング（二一六カ国・地域中）でみると第二一三位という経済的に立ち遅れた国であり、そして五歳未満の子供のうち低体重児の割合は二〇一〇年時点で二九・一パーセントに達する。この低体重児の割合は世界の国・地域の中でもっとも高い。

しかし、経済力と栄養不良の関係はすべての国に当てはまるものではない。先ほどのGDPランキングで最下位はツバルという国である。海面上昇により水没危機にある太平洋の島国としてご存知の方も多いであろう。一人当たりGNIでみても第一四七位であり、下の方である。ところが子供の発育不良は二パーセント未満であり、他の途上国に比べてずっと少ない。それどころか逆に、世界保健機関の推定値によれば、二〇一四年にツバル国民の三七・四パーセントもが肥満（体格指

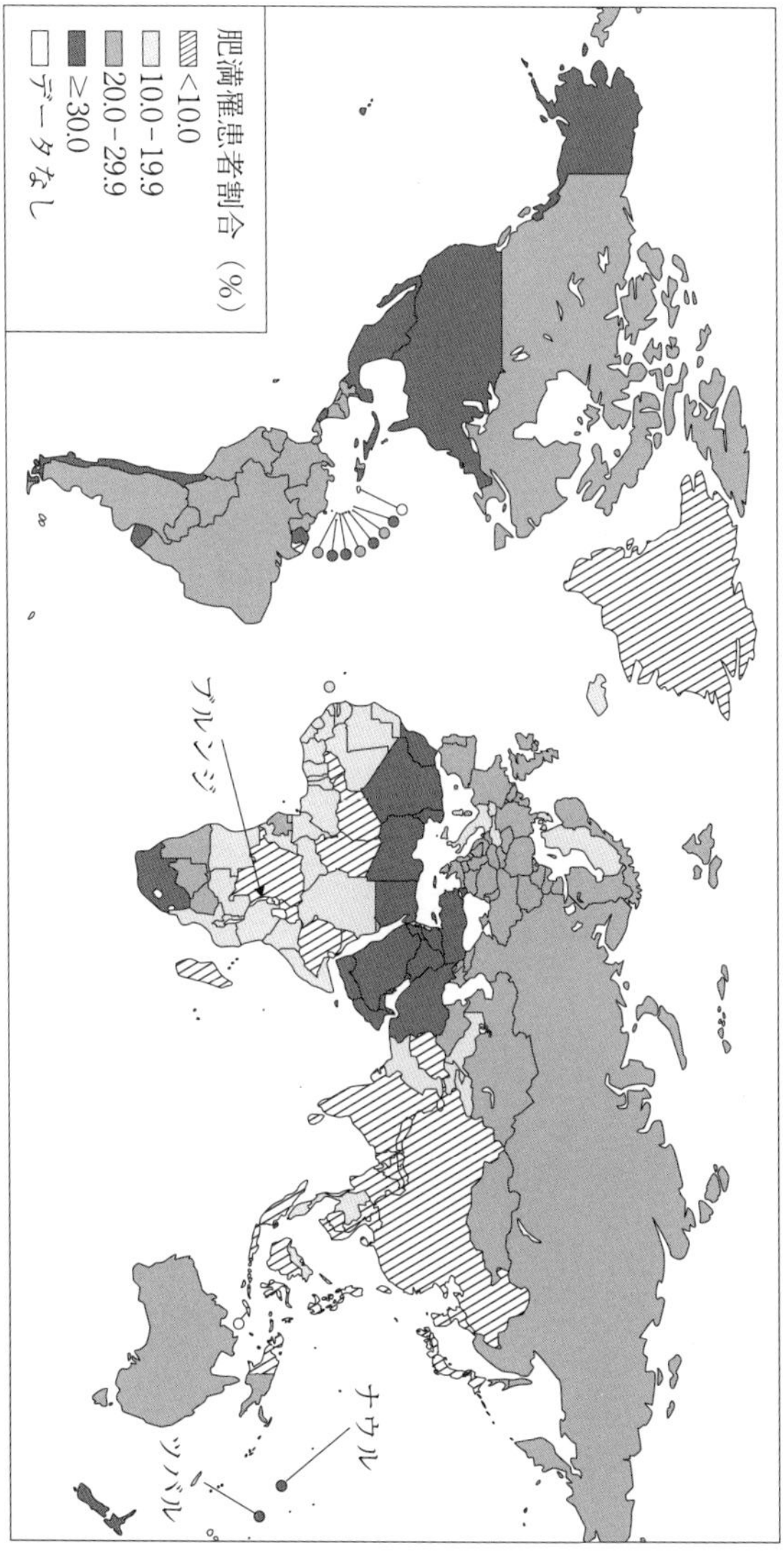

各国の肥満罹患者割合

（出典）WHOのデータより

数BMIが三〇kg／㎡以上）であり、肥満の罹患率の高さで世界第八位である。続いてGDPで下から二番目はナウルという、やはり太平洋島嶼国である。この国はリン鉱石に恵まれて一時は経済的に潤ったことがあるため、一人当たりGNIでみると九七位であり、真ん中よりは上位である。そしてこの国の肥満罹患率はなんと四六・〇パーセントで世界第三位。なお肥満がもっと多いのはクック諸島（四八・六パーセント）、ニウエ（四六・六パーセント）などの太平洋の島国であるが、これらの二国は独立国として国連に加盟していない地域であることから経済統計が揃わない。

肥満の割合がもっとも低いのは上述のブルンジであり〇・八パーセントである。ちなみに日本は三・七パーセント、アメリカは三三・六パーセントである。

いずれも経済的に恵まれないながら、アフリカでは低栄養が蔓延しているのに、太平洋島嶼国では肥満が蔓延している。アフリカのように経済力がないために食料生産が不十分であり、そして食料の流通も不十分であるために、食料が行き届かず、多くの低体重児が発生するということは理解できる。しかし、低開発国での肥満が先進国をもはるかに凌駕しているというのは、なぜこのようなことが起こるのか。

倹約遺伝子型仮説

実はアメリカでも二〇世紀半ばまでに、経済状態の悪いアメリカ先住系住民のほうが、経済的に恵まれたヨーロッパ系住民よりも、高い確率で糖尿病を発症することが知られるようになっていた。糖尿病は適切な治療手段がないと生活や生存に支障をきたすような深刻な病気であることから、もしある民族が別の民族よりも糖尿病になりやすいとしたら、それは生物集団として不利であったはずである。それなのになぜアメリカ先住民は糖尿病になりやすいのか。この疑問に対して、集団遺伝学すなわち民族・集団の遺伝的特徴に関する研究をしていたミシガン大学のジェームズ・ニール教授が、一九六二年に『米国人類遺伝学会誌』(*American Journal of Human Genetics*) に発表した論文で、倹約遺伝子型仮説というものを提唱した (Neel 1962)。ニール教授は、糖尿病は糖代謝機能とかかわっていることから、長年飢餓にさらされてきた民族が独特の糖代謝機能を持つようになったのではないかと考えた。そして食料供給が安定し、商店で食料を買える環境になると、そのような体質の人は糖尿病になりやすいということである。彼はその後、他の民族の肥満や糖尿病の罹患率も研究する中で、この仮説を強化していく。

糖尿病にかかる原因は肥満と深くかかわっている。日本では一般的に、食べすぎ、栄養バランスの偏った食事、運動不足などの生活習慣が、糖尿病や肥満を引き起こすことが知られている。肥満が続くと、食べ物を糖として体に取り込む機能が低下してしまい、糖が血液の中に残り続け、糖尿病になると考えられている。ここで体が糖を取り込む機能や糖を代謝する機能には個人差があり、つまり遺伝的に肥満や糖尿病になりやすい人がいる。倹約遺伝子型仮説によれば、これらの機能の個人差は個人だけでなく、集団単位でもその差があるということになる。

第一章の人間拡散の旅を思い出してもらうと、アメリカ先住民は、約一五万年前にアフリカに誕生した人間が、約六万年前にアフリカの外へ出て、五万〜四万年前に東アジアにたどり着き、そこから北へ向かいシベリアを通り、氷河期で水位の下がったベーリング海峡を渡って、約一万三〇〇〇年前にアメリカ大陸にたどり着いた。そして、北アメリカ大陸北端から南下して、北アメリカ大陸各地、中央アメリカを経て、南アメリカ大陸へと広がっていったと考えられる。さて北アメリカ大陸といえば広大であるが、その北部は寒冷であり、また西部は砂漠やサバンナ気候が広がり、大陸の大半は野生の食料や農地には恵まれず、人間にとっては食料が枯渇する地域が数千キロも続く。アメリカ先住民は、こういう食料欠乏の中を暮らした集団である。なお、先ほど挙げた太平洋諸島民は、数千キロの海洋を移動したのであり、到着した島も小さく食料は少なく、やはり食料欠乏の中を移動した集団でもあった。

このような長い移動、枯渇した食料という環境においては、食料不足が多くの人の死の原因、いわば淘汰圧になったと考えられる。その一方で、食料を効率よく糖として体内に取り込み、蓄積できる体質、いわば倹約的な体質を持つ人は、そうでない人に比べて、生き残りやすく、そして子孫を残しやすかったと考えることができる。こういった体質は、上述の肥満・糖尿病になりやすい体質と一致するのであり、この両集団は倹約遺伝子型仮説の説明に合致するのである。

倹約遺伝子はあるのか

倹約遺伝子型仮説は、民族ごとの肥満や糖尿病の罹患率の違いを説明するものとして提示されたが、それは罹患率という数値を見ただけであって、どのようなメカニズムによってそうなるのかまでは考えられていなかった。そこで多くの研究者が、具体的にどの遺伝子がそれを引き起こしているのかという研究に取り組んだ。肥満や糖尿病には、生活習慣に加えて、とてもたくさんの遺伝子がかかわっていることが知られており、そのうちどの遺伝子が直接の原因であるか、ということの探求であった。

これらの研究からは、さまざまな候補が上がってきた。しかし、決定的なものはいまだに見つかっていない。例えば肥満の原因となる遺伝子としてヨーロッパ人で見つかった*FTO*というものがある。しかし、太平洋諸島民について調べたところでは、この遺伝子の多型は肥満とは関係していなかった。一方、私も含む研究グループが二〇一〇年に『人類遺伝学』（*Human Genetics*）誌に発表した論文では、レプチンホルモンというものの受容体遺伝子の多型が太平洋諸島民の肥満と関係することを示したが、その影響は軽微なものに過ぎなかった（Furusawa et al. 2010）。なお日本人の肥満を研究したところでは、$\beta 3$アドレナリン受容体遺伝子の多型が関係しているといわれる。そうすると民族によって肥満の原因遺伝子が異なる可

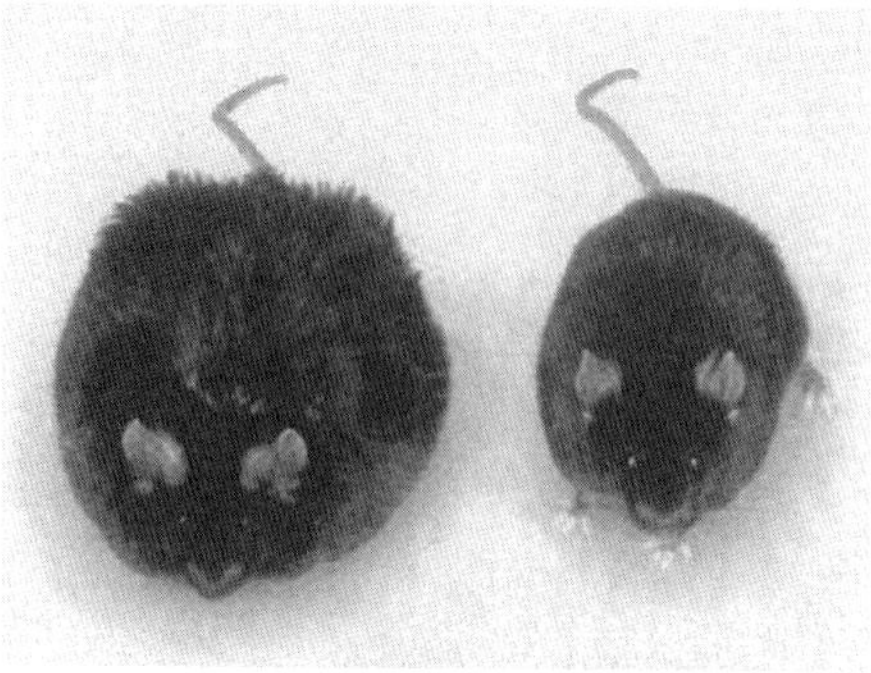

レプチンを欠損したマウス（左）は正常なマウス（右）と比べて，摂食を抑えられなくなる。
（出典）Alberts et al. 2010 の Figure 23-64

能性も浮上する。

そもそも我々の共通祖先がアフリカ大陸で暮らしていた時代にも、やはり食料不足に悩まされ、倹約的な体質を得ていたはずである。とするならば、ある種の倹約遺伝子型はすべての人間に引き継がれているはずである。その一方、第一章三節の「体格の違いは適応なのか」で述べたように、アフリカの熱帯気候では、体内の熱をより多く外に出す必要があり、それは体表面積を大きくすること、つまり身体が細くて手足が長い体型になることであった。このように気候への適応からすると、肥満体型とは逆に進化しなければならない場合もあったであろう。このように、体質・体型には飢餓以外にも適応するべき環境要因が絡まっているのであり、単純に倹約遺伝子型だけを抽出することは難しい。

さらに肥満と糖尿病の関係も一様ではない。例えば、世界保健機関のデータによれば糖尿病の罹患率は、先ほど肥満罹患率で取り上げた国々ではナウル二八・九パーセント、ツバル二三・一パーセント、日本一〇・一パーセント、アメリカ九・一パーセント、ブルンジ二・六パーセントである。上述のデータによれば日本人は、アメリカ人に比べると肥満の割合は十分の一ほどしかいないのに、糖尿病罹患率はむしろ日本のほうが高いレベルにある。これは、日本人では糖尿病を引き起こすメカニズムが他民族と異なるからと考えられている。

ところで、倹約「遺伝子型」仮説ではなく倹約「表現型」仮説というものもある。遺伝学では、それぞれの人が持っている遺伝情報のタイプを遺伝子型と呼ぶが、持っている遺伝子がどうであるかにかかわらず実際の身体や心理などの表出、つまり見た目のタイプを表現型と呼ぶ。イギリスのサウザンプトン大学の疫学者デービッド・バーカー教授は、一九九二年に『欧州糖尿病学会誌』(*Diabetologia*) に発表した論文ではじめて倹約表現型仮説を提示し、のちにバーカー仮説と呼ばれるようになった (Hales and Barker 1992)。これは、人間がまだ母胎内にいる胎児期や生まれてすぐの乳幼児期に栄養素が不十分であると、血中の糖分を倹約的に使う体質になるというものである。胎児期・乳幼児期にこのような体質を獲得した子供が、成長して成人していく中で、食料が安定した環境になると、肥満や糖尿病になりやすいという説である。このように、胎児期の栄養状態でその後の表現型が変わるというのは、第二章四節で母の妊娠時に「オランダ飢餓の冬」の影響を受けた子供に起こったエピジェネティクスのメカニズムと似ているが、まだ十分には解明されていない。

このように、関連する遺伝子やそれ以外の要因が多すぎるため、メカニズムは証明されるには至らないが、いずれにしても飢餓環境への適応が起こることと、その適応が肥満や糖尿病の原因となる傾向は一貫してみられる。

肥満に苦しむ世界

インペリアル・カレッジ・ロンドンのマジッド・エザーティ教授らのグループは、世界中の研究者から分析結果を集めて、一九七五年と二〇一四年の肥満と糖尿病罹患率を算出し、二〇一六年に『ランセット』誌にて公開した (NCD Risk Factor

Collaboration 2016)。これによると、四〇年間で低体重者は減り肥満者が増えたが、特にこの増加傾向が強いのがアフリカ諸国と太平洋島嶼国であった。同様に糖尿病罹患率を比較したところ、増加は太平洋島嶼国で顕著であり、一九七五年には約一〇パーセントであった罹患率が、二〇一四年には約二五パーセントへと激増した。アフリカ諸国は、一九七五年には二パーセント未満であり世界最低であったが、二〇一四年には五パーセントを超える国々が増え、これはヨーロッパ諸国並みである。

食料の生産と流通の安定によって飢餓から逃れる科学・技術を持つことは人類の悲願であり、それと並行してさまざまな便利で快適な生活が生み出されて現代に至ったことも文化による適応の産物であるが、かつて飢餓に生物学的に適応してきた人々には、このような文化による適応が逆に肥満や糖尿病といった病気の原因になっている。

3　適応が病気のもと(2)——塩と高血圧

なぜ高血圧になるのか

日本においてもっとも患者数が多い病気は何か、というと高血圧性疾患といわれるものである。厚生労働省による『患者調査の概況』(平成二六年)によれば平成二六年一〇月時点で高血圧性疾患の患者総数は一〇一〇万八〇〇〇人であり、糖尿病の三一六万六〇〇〇人、高脂血症の二〇六万二〇〇〇人、悪性新生物（がん）の一六二万六〇〇〇人をはるかに凌駕している。高血圧性疾患とは、血圧が正常よりも高い状態にある高血圧と、高血圧が続くことで発生する各種の臓器障害を含む病気のことを指す。しかし高血圧で死亡するということはあまり聞かないであろう。例えば平成二七年度の『人口動態統計』では死亡原因の一位は悪性新生物（がん）であり死亡総数の二八・七パーセントを占め、続いて心疾患が一五・二パーセント、肺炎九・四パーセント、脳血管疾患八・七パーセント、老衰六・六パーセントなどとなるが、高血圧性疾患による死亡はわずか〇・五パーセントにすぎない。ただしこの統計では高血圧が直接の死因になったものだけしか数えられていない。高血圧は動脈硬化、心筋梗塞や脳梗塞、脳出血、腎不全などを引き起こすのであり、さきほどの死亡原因の二位心疾患や四位脳血管疾患の多くは高血圧に由来するとも考えられている。つまり間接的な原因になった場合を含めると、やはり高血圧はかなりの死亡と関係しているといえる。

高血圧になる原因は、塩分の摂りすぎ、肥満、酒の飲みすぎ、喫煙、運動不足などの生活習慣、加齢が挙げられる。この他に遺伝的な要因が存在することも知られている。有名なのは、主に腎臓の機能であるレニン・アンジオテンシン・アルドステロン系という全身の動脈収縮や、塩分（ナトリウム）の再吸収作用に関する遺伝子群である。ほかにも交感神経系、ナトリウム調整系、カリクレイン・キニン系に関する遺伝子が挙げられる。これらの生活習慣や遺伝子が原因になる高血圧は本態性高血圧と呼ばれるもので高血圧の九〇~九五パーセントを占めている。なおその他には二次性高血圧というものもあるが本論では割愛する。

高血圧は人間の弱い部分を映し出す鏡かのようである。塩っ辛いものが好き、美味しいものをたくさん食べたい、酒が好き、たばこを吸う、運動は嫌い、という条件のうち、どれにも該当しないという人間は、よほど意思が強く、自分に厳しい聖人君子のような人物に違いない。しかし、宗教家がいうように人間とはそもそも弱い生き物なのではなかったか。私のような怠け者からすると、人間が意思が弱いがゆえに高血圧になり死亡するというのは、自然の摂理としていかがなものか、と思う。

しかし進化をたどっていくと、実は高血圧は本来このような病気を引き起こすためにあるのではなく、むしろ高血圧こそが人間が生存するカギですらあったという可能性がみえてくる。

アフリカ大陸で生まれた高血圧体質

繰り返しになるが人間が誕生したのは熱帯のアフリカである。このように高温な地域にいても、我々は恒温動物なので何とかして体温を一定に保たなければ生きていくことができない。そのための体温調整機能が汗をかくこと、つまり発汗である。皮膚から汗が蒸発すると同時に熱が発散されるので、汗をたくさんかくと体内から熱を逃すことができる。日本でも夏になるとたくさん汗をかき不愉快な思いをすることになるが、それは生きるために必要なことなのである。なお恒温動物の中でも、大量の発汗で体温調整する動物はそれほど多くないともいわれる。例えばイヌは汗腺がほとんどない。真夏の暑い時でも毛がフサフサしていて、汗でベトベトドロドロになっているイヌは見たことがない。その代わり、イヌは口を大きく開けて、長い舌を空気にさらして、ハアハアと激しく呼吸をする様子がみられる。これにより、唾液として水分を蒸発させて、放熱し、血液を冷ますのである。ゾウは大きな耳を団扇のようにして、体表面温度を直接的に下げるが、寒冷地に暮らしていたマンモスは耳が小さかったと考えられている。

人間の場合の欠点は、汗をかくと水分とともに塩分（ナトリウム）などミネラルが失われることである。水分もさることながら、自然環境から塩分を集めるのは容易ではない。しかも一〇万年以上前のアフリカのことである。当時製塩技術があったという話はきいたことがなく、人工的に塩を製造して食することはおそらくほとんどなかった。そのため自然に食べるものに含まれる塩分から少しずつ入ってくるしかないのである。さてそうすると、塩分を効率よく摂取・利用できる体質である人が望ましい。この体質には塩味を美味しいと感じることで、積極的に塩を食べることも含まれる。そう今私たちが食べ物に塩を足した方がおいしいと感じることには、こういう進化的背景があると考えられるのである。なお、塩分に関してはもっと原始的な適応の可能性も指摘される。すなわち、そもそもすべての生命体は塩分の多い海で誕生したが、五億年ほど前に地上生活をするように進化する中で、地上で塩分を摂取する体質になったという説である。ただ、本日の高血圧に直接

各国の高血圧患者割合（各国の年齢構成の違いを調整したもの）

（出典）WHO のデータより

かかわるのは、発汗に関することである。

さて、このように塩分を欲しがり、摂取・利用する体質の人は、お店で塩がいつでも手に入る現代では高血圧のリスクになる。医者に塩分を控えるようにいわれても、ついつい塩っ辛いものを食べたくなってしまう人というのは、決して意思が弱いからではなく、一〇万年以上前からすでに定められた生存手段であると思い、安心してほしい。しかし、やはりそれでは現代社会を健康に生きることができない。

前節で紹介した倹約遺伝子型仮説というのは、食料が窮乏した環境では、限られた食べ物から効率よくエネルギーを取り入れて蓄積し、できるだけ消費しない体質、つまり倹約的な体質が生まれたが、時代が変わって食料供給が安定した環境になると、その体質は肥満や糖尿病の原因になるという仮説であった。高血圧の場合も、塩分が枯渇した熱帯環境では適応的な体質であったのに、塩分流通が安定した現代では高血圧になり、さらなる病気の原因になるということであり、高血圧の倹約遺伝子型仮説ということができる。

気候と高血圧

ところで熱帯には「高血圧になりやすい体質」が適応的であるということは、必ずしも熱帯に高血圧が多いということを意味しない。熱帯だと適度に塩分をとっても、発汗において必要なだけ利用されるのであり、高血圧に繋がるというわけではない。むしろ温帯や寒冷帯で、熱帯ほどには汗をかかないのに、同じくらいたくさん塩分をとる人がいると高血圧になりやすい。

高血圧については、寒冷地域には別の問題もある。実は寒さつまり寒冷刺激も血圧を上げることが知られている。温帯地域でも冬は血管が収縮し、交感神経系の作用で血圧も上がり、夏よりも心臓病が多くなる。日本で高血圧と診断され、薬を飲んでいる人でも、夏になると血圧が下がり降圧剤を飲まなくなる人もいるであろう。ちなみに日本では、寒いところほど、味噌や醬油の消費量が多い漬物をたくさん食べるなど、塩っ辛い食べ物を好むという話があり、これには食文化や食材の保存法などさまざまな背景があるであろうが、寒冷刺激に加えて塩分を過剰に取ることは高血圧のリスクを大きく高めている。

さて熱帯と寒冷帯を比較すると、前者では発汗により体温調整のために高血圧になりやすい体質が必要であるが、後者では発汗自体が必要ではなく、したがって高血圧になりやすい体質自体が不要であり、それどころか寒冷刺激という別の高血圧の要因がある。そうすると気候と遺伝的な体質が関係することになる。図に示しているのは、世界中の民族について、各民族の中で高血圧にかかわる遺伝子型の祖先型の人の割合と、その民族が居住している地域の赤道からの距離との関係を示すものである。祖先型というのは、その遺伝子のもとのタイプであり、そこから派生して生まれた新しい型は派生型と呼ばれる。またここで赤道からの距離とは、距離が近いほど熱帯で、遠いほど北極・南極に近づいていくので、気候を反映する指標として用いている。左側の図は冒頭にも書い

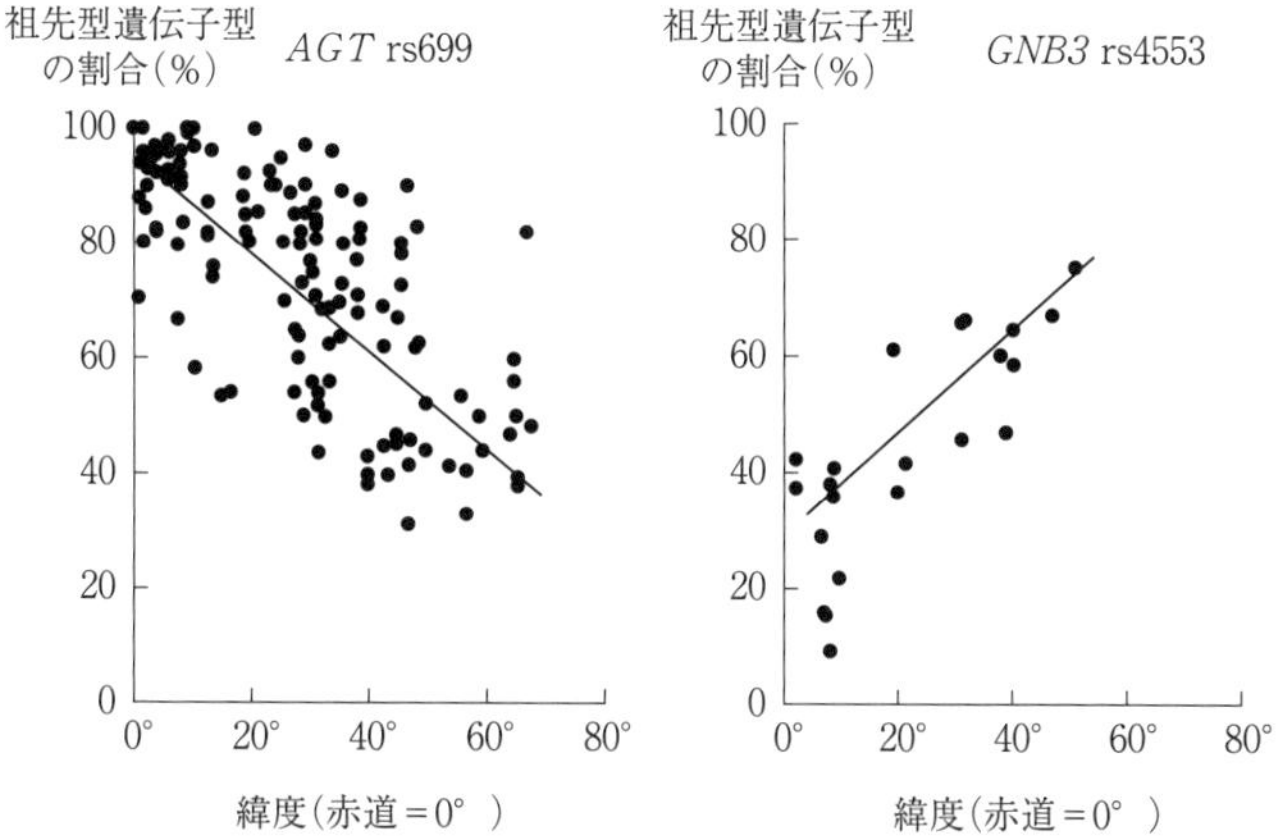

緯度と高血圧関連遺伝子の祖先型の割合との相関

（出典）Furusawa et al. 2013, Figure 2 を改変

た、塩分代謝にかかわるレニン・アンジオテンシン・アルドステロン系という生理機能にかかわる遺伝子 *AGT* の型で、熱帯アフリカで誕生した祖先型という型が民族内に占める割合を示しているが、それが緯度が上がるごとに相関して減っていくことがよくわかる。一方、右側の図は交感神経系にかかわる遺伝子 *GNB3* の型であり、人間が熱帯アフリカにいた頃にはもともとなく、寒冷地に適応する遺伝子型と考えられている。そのため寒冷地で生まれた型が祖先型であり、図を見るとこれは熱帯に少なく、寒冷地に多いことがよくわかる。いずれも統計学的に有意な相関であった。詳しくは私たちが二〇一三年に『人類遺伝学雑誌』（*Journal of Human Genetics*）にて公表した（Furusawa et al. 2013）。

さまざまな遺伝子の中でも、遺伝子型が緯度とこれほどきれいに相関することは稀である。すなわちそれほど気候が高血圧と強く結びついていて、そしてこれまでの人間の淘汰に関係してきたということである。

富める人の病気から貧しい人の病気へ

インペリアル・カレッジ・ロンドンのエザーティ教授らは、世界中の研究者からデータを集めて生活習慣病の世界的パターンを調べており、一九八〇年と二〇一四年の年齢調整済みの高血圧罹患率を算出した。この成果は二〇一七年に『ランセット』誌に掲載された（NCD Risk Factor Collaboration 2017）。それによると一九八〇年頃には高血圧はヨーロッパなどの高所得の国々で多く、アジアやアフリカでは少なかった。しかしその後高所得の国々では罹患率は減っていった。それに対して低所得の国々であるサハラ砂漠以南のアフリカ諸国、南アジア、太平洋島嶼国などで高血圧の人の割合が増加した。先進国で高血圧が減ったのは、高血圧のリスクが知れわたり、人々が生活習慣を改めたことや、医療技術の発達により効果的な治療が施されるようになったおかげであると考えられる。ただし、エザーティ教授らの分析では生活習慣が見直されるより前から高血圧が減り始めており、これは従来からいわれてきた生活習慣だけでなく、子供の頃の社会環境や生活環境が改善されたことなど、目に見えない要因が間接的に効果をもたらしたのではないか、と考えている。一方、低所得国で増加してきたのは経済発展に伴う生活習慣の欧米化や、高齢化の進展であると考えられてきたが、エザーティ教授らの分析に従えば生活習慣を改めるだけでは、増加傾向を止められないかもしれないという。

熱帯の低所得国は遺伝的にもかかりやすい体質であり、そこに塩分が日常的に利用できるなどの環境がもたらされるようになったため、特にこれらの国々ではリスクが高いと考えられる。このように塩と高血圧からも、適応が病気の元となることがわかるのである。

4　マラリアとＤＮＡ

ＤＮＡの日、マラリアの日

世間にはあまり知られていないことであるが、四月二五日は「ＤＮＡの日」である。ＤＮＡというのはデオキシリボ核酸というものの略であるが、親から子へと伝わる遺伝情報の基本となる仕組みである。私たちの身体や心など、生物としての形すべてに関する膨大な情報を、きわめて小さな中に詰め込むことができる仕組みは長らく謎であったが、ついにジェームズ・ワトソン博士、フランシス・クリック博士、モーリス・ウィルキンス博士らがその構造を解明し、科学誌『ネイチャー』にて発表したのが一九五三年四月二五日であった。その構造とは、二重らせん構造と呼ばれるものであった。らせん状こそが情報をコンパクトなサイズに抑える鍵になっていたとともに、二重になっていたのはそこから複製できるという特徴があった。このことにより、それ以降の遺伝学研究が急速に進んだのであった。彼らは一九六二年にノーベル医学・生理学賞を受賞した。

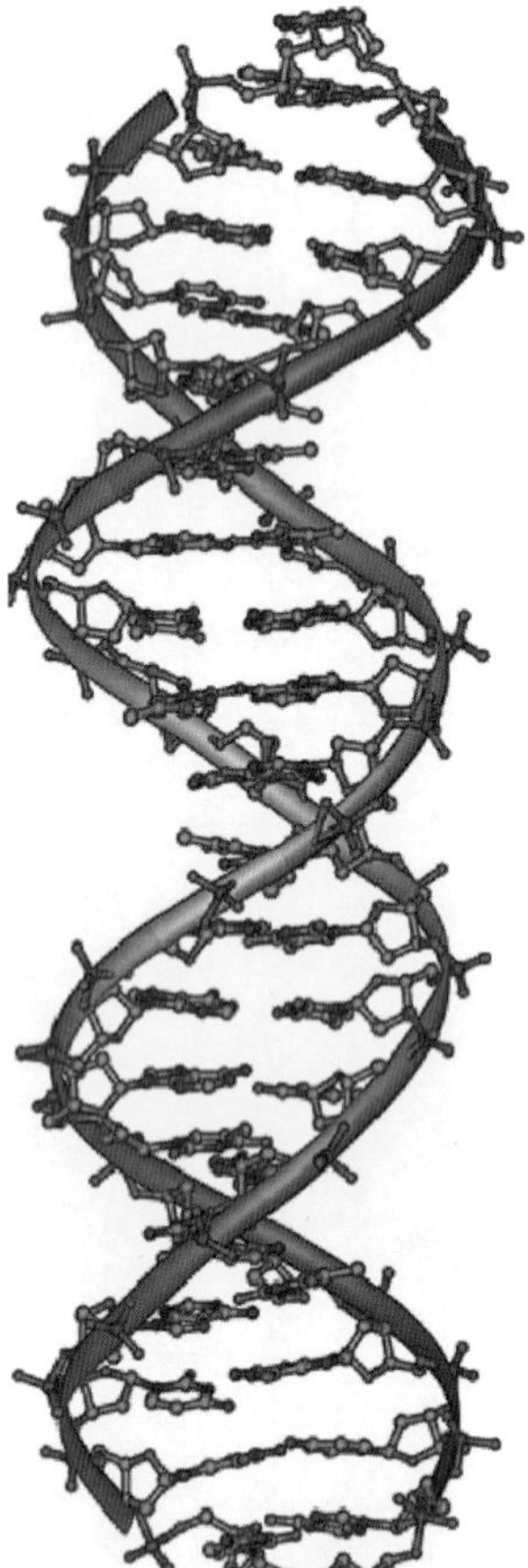

DNAの二重らせん構造
（出典）ウィキペディア

ところで奇しくも同じ四月二五日は「世界マラリアの日」でもある。マラリアとは、主に熱帯にみられる感染症であるが、蚊によって媒介され、死に至ることもある。日本ではすでに根絶されており、今ではあまりなじみがないが、熱帯地域に旅行に行く時は気をつけたほうがよい。日本にもかつてはあって、平清盛の死因だったともいわれる。それから太平洋戦争時には南方の太平洋諸島やビルマの戦線で多くの日本兵が苦しめられた。戦況が不利で、栄養不足で体力も低下していただろうが、当時日本には十分なマラリア予防と治療の手段がなかったのである。比較的近年までは、途上国においてはマラリアへの対処法は限られており、毎年二〇〇万人近い死者をだしていた。いまでは年間死者が五〇万人を切るほどになったが、それでもアフリカ大陸では重症化しやすいタイプのマラリアが多いうえ、政治経済状態のために対策も遅れてきた。こうした中二〇〇一年にナイジェリアの首都アブジャでアフリカ連合加盟国が、マラリアへの「巻き返し」作戦を実施するという共同宣言をだし、その日が四月二五日だった。以降「アフリカ・マラリアの日」となり、やがてこれが「世界マラリアの日」になった。

このように、全く経緯は異なるのに、同じ日が「ＤＮＡの日」と「世界マラリアの日」になったのは偶然のことである。ただ、この二つを組み合わせてみることで、人間と病気のかかわりについて興味深いことが見えてくる。

鎌状赤血球症

先にも書いたとおり、アフリカのマラリアは他地域と比べても重症化しやすく、たくさんの人の命が奪われてきた。しかし、かつてヨーロッパ人がアフリカの植民地化を企んだ頃、マラリアという熱帯病でつぎつぎとヨーロッパ人が倒れる中、地元のアフリカ人たちは平然としていたという報告もあるという。一つには、地元の人々はマラリアのことをよく知り恐れていたため、マラリアを媒介する蚊が少ないところに集落をつくるなどして、文化による適応をしていたからであるが、もう一つには人々は体質的にマラリアになりにくいという身体機能の適応も行っていたからであった。ＤＮＡの中にマラリアへの抵抗性が刻まれていたというのである。

鎌状赤血球症という病気がある。赤血球というのは血液の成分の一つであり、私たちが呼吸して

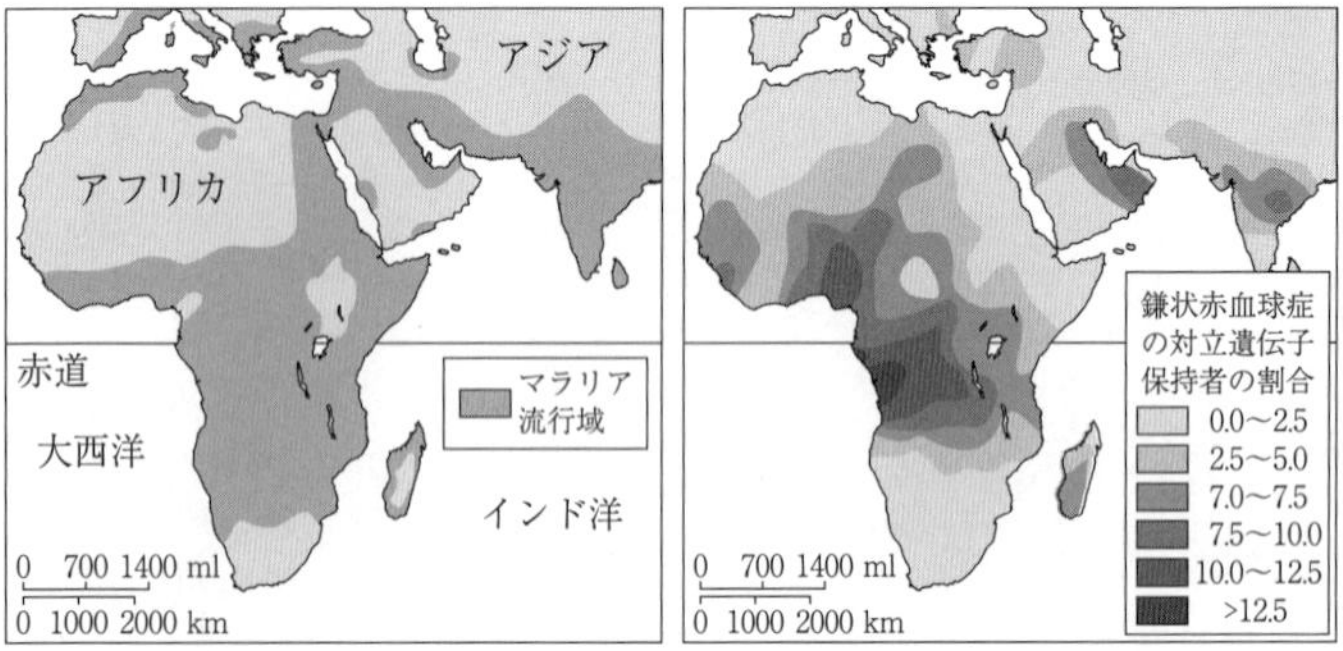

アフリカ大陸におけるマラリア流行地域（左）と鎌状赤血球症の人の割合（右）

（出典）Encyclopedia Britannica（https://www.britannica.com/science/sickle-cell-anemia）を改変

取り込んだ酸素を運ぶのであり、生きるのに欠かせない。酸素は、呼吸を通じて空気から肺に取り込まれるのだが、そこから体の隅々まで酸素を運ぶために血液があり、そしてその役を担うものとして赤血球があるのである。しかしながら、鎌状赤血球症というのは、この赤血球の形が普通と違う、いわば奇形になっていて、酸素を運ぶ能力が低下してしまう。そのため酸素が行き届かずに貧血になる。鎌状赤血球症は遺伝病であり、両親のいずれかからこの遺伝子型を受け継ぐと、このような貧血に悩まされることになる。もしも両親からこの遺伝子型を受け継ぐと、酸素運搬能力などが低すぎて、生まれてくる前に死んでしまうことも多く、生まれても成人まで生きるのは難しいともいわれる。これだけ死亡率が高いと、この遺伝子を持っている人は子孫を残しにくくなり、そのため日本では非常に稀な病気である。

ところが西アフリカの一部では、二五パーセントもの人が、鎌状赤血球症の遺伝子型を持っていることがわかった。そして、この鎌状赤血球症の人は、マラリアにならないということもわかってきた。マラリアというのは、マラリア原虫という目に見えないほど小さな原虫が血液の中の赤血球で増殖することで、激しい発熱が引き起こされる病気である。しかしその赤血球が鎌状という奇形であった場合、赤血球ごとマラリア原虫が脾臓で排除されたり、原虫が破壊されたりするので、たとえマラリアが体内に入ってきたとしても、熱病を引き起こすことがない。先に書いたとおり、鎌状赤血球症は死に至ることもある遺伝病であるが、一方マラリアが流行している地域ではマラリアも強力な死の原因であり、そうするとたとえ激しい貧血があったとしてもマラリアで死ぬことはないという、鎌状赤血球症の遺伝子が残ってきた、と考えられるのである。これこそがＤＮＡに刻まれた抵抗性の例である。

抵抗性のいろいろ

マラリアは、感染症の中でも特に致死率が高いためか、鎌状赤血球症以外の抵抗性があることも指摘されている。例えば、地中海サラセミア、東南アジア卵形赤血球症、Ｇ６ＰＤ（グルコース―６―リン酸脱水素酵素）欠損などである。ただしこれらについては、鎌状赤血球ほど明確な抵抗性はみられない場合もある。

なお、マラリアといえば致死的なものは熱帯熱マラリアと呼ばれるものであるが、それより症状が軽い種類のものに三日熱マラリアなどがある。三日熱マラリアの治療にはプリマキンという薬が用いられることがある。しかしＧ６ＰＤ欠損症の人がこのプリマキンという薬を飲むと、重大な副作用を起こすことがあるため、この薬を用いてはいけない。G6PD欠損症でも三日熱マラリアにかかることがあり、そしてもしその患者が欠損症であることを知らないと、プリマキンで治療されてしまうことがある。三日熱マラリアの致死率は低く、プリマキンによる副作用のほうが恐ろしい。このことは薬を豊富に持つ旅行者が、現地の人に良かれと思って薬を与えてはいけない例でもある。ともかく、マラリアに対しては有効な薬が開発されるよりはるか以前から、抵抗性を持つ体質の人々が生まれ、マラリアによる死亡率が高い地域でも子孫を残してきた。

マラリアとDNAは全く別の側面からも、象徴的に結びついている。ヨーロッパは熱帯ではないが、それでも地中海に近いところを中心に、歴史的にはしばしばマラリアに悩まされてきた。さらにヨーロッパが世界に進出し、熱帯地域に覇権を広げようとした時に、熱帯のマラリアにはずいぶんと苦しめられた。有効な治療薬を持たなかったため、ヨーロッパ人自身や植民地の労働者から多くの命が失われた。

遺伝資源の保護

ヨーロッパ人たちは、大航海時代に進出先のラテンアメリカで先住民ケチュア人が、熱が出た時に伝統的に用いていたキナノキという樹木に目を付けた。この樹皮が、マラリア治療に有効であったのである。一七世紀にはすでに、ヨーロッパでマラリアの治療にキナノキが用いられた記録がある。その後も、このキナノキは使われていたが、一九世紀前半になって、科学者がその樹皮からマラリアへの薬効成分としてキニーネの抽出に成功した。そしてこの抽出成分キニーネはマラリア原虫に特異的な毒性を持つこともわかった。やがて二〇世紀になると、キニーネを化学的に合成できるようになった。

このようにして、キナノキはヨーロッパにとっては奇跡の新薬となった。しかし一説によれば、ヨーロッパの製薬会社がケチュア人の森からキナノキを切り出して収益を上げ、やがて各国の植民地で栽培されてさらなる利益を生み出したが、ケチュア人は森林を失い、利益が還元されることもなかったという。この話は、先進国が途上国の生物多様性を破壊し、伝統的知識を搾取した例としてしばしば用いられるものである。

現在では遺伝資源という単語が用いられるが、植物でも動物でも、薬などの利用価値がある生物を資源としてみると、遺伝情報つまりＤＮＡ等に含まれる情報こそが資源の本質とみなされている。遺伝情報がその生命体を作り、薬としての成分も生み出しているが、現代の科学技術をもっても、そのように複雑な遺伝情報を人工的に作ることはできないからである。これまでに先進国社会は、さまざまな伝統的社会から遺伝資源を見つけ、それがどのような効果を持つかの伝統的知識とともに国に持ち帰り、そこから新しい薬を生み出すなどして利益を上げてきた。しかし、もともとその生物とともに暮らし、その利用法を知っていた人々にこそ、その利益は還元されるべきであった。そのため、現在では各国の自然の豊かさ、生物多様性を保護する過程で、このようなことが繰り返されないように国際的な取り決めが進んでいる。生物多様性条約（生物の多様性に関する条約）の名古屋議定書がその代表である。

なお遺伝資源や伝統的知識を得てきたのは、私のような研究者たちも同じであり、自分たちを見つめなおす必要がある。私たちは相手国の生物多様性と伝統的知識を保護するために、それを記録する研究を行ってきているのであり、これからも相手社会への還元と国際基準を忘れることなく、よい形の研究を続けたいと考えている。

命と死

さて、アフリカ大陸はながらく暗黒大陸と呼ばれていたが、ヨーロッパはその征服を企んできた。先に書いたとおり、ヨーロッパ人はアフリカに侵入しようとするも、マラリアによって次々と倒れた。しかしキニーネの抽出に成功して普及すると、マラリアの脅威は抑えられるようになり、一九世紀には一気に征服が進み、列強によるアフリカ分割が完了するのである。この過程では、武力によって現地の人の命も失われた。つまり、キニーネの発見により、ヨーロッパ人の命は助かったが、結果として、遺伝的にマラリアに適応していたアフリカの人たちの土地と命が失われたのである。

その後、人工合成により新たな薬としてクロロキンやメフロキンが開発されると、マラリアの対策はより一層効果的になったが、薬を持つものと持たざる者の格差を引き起こし、そしてその果てに薬が効かない新たなマラリアを登場させるなどしてきた。そのような中、中国中医科学院の屠呦《ゆ》呦《う》氏が中国漢方薬のヨモギの一種から、毒性を抑えつつ有効な成分を抽出することに成功し、アルテミシニンと呼ばれる成分が作られた。アルテミシニンを用いた新しい薬は、それまでの薬が効かないマラリアにも効果的であり、副作用も少ないものであった。これをもとにした世界的なマラリア対策がとられ、その一方で新型の蚊帳も開発されて、マラリアをうつす媒介蚊も抑えられるようになり、ようやく最近になってからアフリカなどでも死者を大幅に減らしてきている。屠氏は二〇一五年にノーベル生理学・医学賞を受賞している。

このようにしてDNAとマラリアは、人間が感染症に苦しめられてきた歴史、遺伝子レベルでの適応、医学という科学による勝利の歴史、そして科学がもたらす光と闇という、さまざまなことを教えてくれるのである。

第六章　現代の課題

1　人間における格差の始まり

格差はいつから?

現代の社会問題の一つとして経済的格差が取りざたされる。これは貧富の差ともいわれる。貧困に取り組む国際NPOオックスファムによると、世界の富豪トップ八人が持つ資産額と世界で貧しいほうから全人口の半分が持つ資産額は同じであり、また世界の富裕者上位一パーセントが持つ資産額は残り九九パーセントが持つ資産額と同じである。もっとも第五章などで触れてきたように、世界でもっとも貧困とされるような国を訪れてみても、ふくよかな人たちが明るく楽しそうに暮らしていることもある。途上国の貧困を解決しようという意気込みで現地を訪れてみた日本の若者が、むしろ豊かな自然環境の中で自給自足し、大家族や地

高層ビル立ち並ぶインドネシアの首都ジャカルタ（左）と手作業で田植えをするインドネシア・スンバ島の人々（右）

（出典）筆者撮影

域社会の助け合いの中で、人間らしく暮らしている人々と出会い、むしろ自分のほうが元気づけられて帰ってくるようなこともある。結局金銭価値によって評価される資産からみれば貧困であっても、金銭には代えられない豊かさもある。

ところでこれもすでに触れてきたように、狩猟採集民は格差がない平等社会であったが、やがて農業文明が発達する中で社会階層が生まれ、富の不均衡が発生してきたという考え方がある。このような考え方は、一つにはジャン・ジャック・ルソーの『人間不平等起源論』に端を発する。ルソーはこの本の中でまず人間の「自然状態」を仮定した。そこでは人間は進化における初期であり、文明を知らず、純粋無垢で生物としてありのままの人間、すなわち「自然人」であり、人間は平等である。ルソーによると、それに対して農業文明以降の社会では格差が生じて人間は不平等である。このような格差は自然状態にはなかったものであり、「自然の法」の許容範囲を超えたものになりつつあると論じる。

ただしルソーは当時のロマン主義を反映し、狩猟採集民を「高貴なる野蛮人」であるとして理想化してみていたところがある。はたして平等な自然人というものを仮定することが妥当であるのか。実はその後の人類生態学やその他の研究によっては、狩猟採集民や単純な自給自足的農耕社会にもすでに格差はあるということも示されている。本節は、このような格差のはじまりについて考えたい。

まずはルソーの自然法について、自然状態ではどの程度の格差が許容されうるのか、ということを考えてみたい。ルソー自身は許容される格差を具体的に示していないが、ここではそもそも生物にはどれくらいの格差がありうるのか、ということを検討する。

「自然法」の格差

どんなに経済的に成功しても、生物としてはそんなに格差はないことを示唆する日本の格言に「起きて半畳、寝て一畳。天下取っても二合半」というものがある。言葉の由来には戦国時代の天下人が言い出したなど諸説あるが、意味としてはどんなに成功して偉くなっても、体の大きさや食べられる贅沢には限度があるということであり、人間の物欲を諌める意味もある。実は身体的な贅沢の限界については科学的研究も行われている。

もし仮に人間が無限に食べることができて、無限にエネルギーを蓄え、体は大きく、力も強くなることができれば、そのような人は生物としてかなり有利そうである。しかし実際には、そんなウルトラマンのような巨人は存在しない。そもそもウルトラマンのような巨人は生物として非効率になる。ウルトラマンのように巨大だと自重を支えるのも、心臓で血液を隅々まで送り込むのも困難であるし、さらに必要な食料も膨大なことになる。だがそうはいっても、もし力がすべてを決める修羅の国があれば、身体の大小や筋力の強弱が格差となるであろう。その限界はどこにあるのか。

カリフォルニア大学ロサンゼルス校のチャールズ・ピーターソン博士、ケネス・ナギー博士、そして先にも引用したダイアモンド博士らによって一九九〇年に『米国科学アカデミー紀要』に公表された論文では、人間が基礎代謝量の何倍のエネルギーを代謝できるかが研究された（Peterson, Nagy, and Diamond 1990）。基礎代謝量というのは、私たちの身体の中で、心臓を動かすとか脳を働かせるとかして、生命を支えるために最低限必要な活動に消費されるエネルギーであり、一日中ずっと寝ていてもそれくらいのエネルギーが消費される。現実の私たちは起きて仕事をしたり食べ物を食べたりするたびに、さらにたくさんのエネルギーが消費されており、一日に消費する総エネルギー量は基礎代謝量の何倍か、という形で表すことができる。例えばオフィスワーカーであれば、基礎代謝量の一・四倍程度のエネルギーを一日に消費しているとされる。そのため、毎日それと同等のエネルギーを食べ物から摂取しないとエネルギーが不足するし、それ以上のエネルギーを取っていると徐々に太ってしまう。

この研究でもっともエネルギー消費が大きかったのはツール・ド・フランスに出場しているプロの長距離自転車選手であり、基礎代謝量の四・一～五・六倍であった。エネルギー消費の少ないオフィスワーカーが基礎代謝量の一・四倍であったので、それよりも三倍くらいのエネルギー消費であり、そしてその消費を充足するためには、食事等から摂取するエネルギー量も三倍くらいと推察できる。ここで博士らは他の動物についても同様に調べてみた。この場合、体の大きさはさまざまで、元となる基礎代謝量自体もさまざまだ。それにもかかわらず基礎代謝量の何倍を日常で代謝するかをみると、種の間でそれほど大きな違いはみられないことがわかった。特に差が大きい動物でも、海鳥の一種や小型哺乳類の一種でみられた最大基礎代謝量の六・七～六・九倍というものが限界であった。つまり「天下をとっても二合半」というが、人間なら基礎代謝量の五・六倍、哺乳類全部をみてもせいぜい基礎代謝量の七倍しかエネルギーを取って、消費することができない。代謝の限界は運動能力の限界でもある。

実際に一日当たりどれくらいのエネルギーを食べているかを世界の諸民族についてみると、熱帯の伝統農耕民や狩猟採集民でもっとも少なく二〇〇〇キロカロリー程度、日本人はそれよりやや多くて二五〇〇キロカロリー程度であるが、寒冷地の狩猟採集民イヌイットならさらに大きく三七〇〇キロカロリー程度、そしてドイツの林業労働者は六六〇〇キロカロリー程度というデータがある。一日に六六〇〇キロカロリーを食べ、運動消費しているというのは驚異的に聞こえるが、それでも伝統農耕民の三倍程度にすぎない。このように生物としての人間の限界をみた場合、身体的な格差はせいぜい三～四倍とみることができる。

格差は世襲されるか

これも第四章ですでに紹介したが、狩猟採集民で男は狩りで得た獲物の肉を公平に分配するのに、なぜ怠けずに働くのか、という話がある。働いても働かない人と同じしかもらえないが、調べてみると、より働くハンターの子供は発育がよかったという。これは妻の採集によって得られるエネルギーが関係していると考えられ、社会関係を通じて身体の発育、特に子孫を残していくことの豊かさに結びついていた。これは狩猟採集民に存在する格差ということができる。

カリフォルニア大学デーヴィス校のモニーク・ムルダー博士らが二〇〇九年に『サイエンス』誌に公表した論文がある（Mulder et al. 2009）。彼らによると現代先進国のもととなった農業文明社会は、土地や物質的な財産の有無が貧富の差を決定づけてきたという。また牧畜社会でも、どれだけ家畜を持っているかという物質的資産が格差を決定づけている。一方、伝統的な自給自足的農耕社会というものは、例えば焼き畑でイモを育てたりする場合、皆共同で土地を使うため、土地の所有はそれほど大事ではない。しかしこういう場合は、生業を行うために必要な体力などの、身体こそ

生業様式ごとに異なる富の重要さと次世代への継承

		身体的富	関係的富	物質的富
狩猟採集社会	富の重要度	0.46	0.39	0.15
	富の世代継承	0.16	0.23	0.17
自給農耕社会	富の重要度	0.53	0.26	0.21
	富の世代継承	0.17	0.26	0.09
牧畜社会	富の重要度	0.26	0.14	0.61
	富の世代継承	0.07	データ不足	0.67
農業社会	富の重要度	0.27	0.14	0.59
	富の世代継承	0.10	0.08	0.55

（出典）Mulder et al. 2009 の Table 2 を改変

が経済性の違いになって現れるものである。身体が大事なのは狩猟採集社会も同じである。また狩猟採集社会の場合には、獲物を社会で平等に分け合うことや、猟場を共有することが生存上重要であることからすれば、社会的な人間関係を持っているかどうかも重要な財産であるといえる。こうしてみると農業社会、牧畜社会、自給農耕社会、狩猟採集社会のそれぞれで、「富」の形はさまざまであるが、何らかの形で格差があったことになる。

ここで次に博士らが考えたのは、このような格差がどのように次世代に受け継がれるか、ということである。詳細なデータが利用できた世界二一の民族について、数理モデルを用いて解析が行われた。まず身体的な格差とは具体的には体格や握力、生業を行う能力、子孫の数といったことで測られ、このような身体は富としての重要さでは狩猟採集社会や自給農耕社会の半分程度を占めていた。しかし身体的富の格差があっても、この富は一六〜一七パーセントしか次世代に受け継がれていなかった。続いて富としての人間関係の格差も検討された。これは狩猟の獲物を均等配分する食料分配ネットワークや、漁をする船を借りる・共同で狩猟をするなど協力を受けられるかどうかであり、この富は狩猟採集社会で三九パーセント、自給農耕社会で二六パーセントを占める重要さであったが、次世代に受け継がれるのは二三〜二六パーセントであった。このような身体的格差と人間関係の格差は、現代ヨーロッパ文明のもととなる牧畜社会や農業社会では次世代に受け継がれることは実に少なく、いずれも一〇パーセント以下であった。そもそも身体や人間関係というのは、次世代に受け継ぎにくい性質のものである。父が運動神経抜群で筋骨隆々であったとして、そのため息子にもそれなりに運動の素養があったとしても、本人が努力しないと父のような身体を持つことはできない。母がたとえ有力なツテやコネを持っていたとしても、その相手もいずれは老いたり力を失ったりしていくのであるから、子供がその人間関係をそのまま引き継ぐわけにはいかないからである。

研究では最後に物質的富についても検討された。これは土地、家畜、その他のモノ・カネである。狩猟採集社会や自給農耕社会ではこのような富は二〇パーセント程度かそれ未満の重要さであり、次世代に受け継がれるのは少ない。一方、牧畜社会や農業社会では、物質的富が資産の六〇パーセント程度を占めており、そして農業社会では次世代に五五パーセントが、牧畜社会では六七パーセントもが受け継がれていた。

すなわち、狩猟採集社会では現世代の格差は、次世代にはあまり受け継がれず、身体能力や社会関係次第で上位にも下位にもなりうる。一方ヨーロッパ社会に繋がる農業社会では、物質的財産が格差であり、それは生まれながらにかなりの差があるものである。博士らの計算では、狩猟採集社会で生まれながらの格差は三倍程度であるが、農業社会では一一倍、牧畜社会では二〇倍以上であったという。現代工業社会については分析されていないが、もっと大きいのではなかろうか。

格差問題

さて奇しくもエネルギー代謝からみた生物学的格差（三〜四倍）と狩猟採集社会で生まれながらに起こる格差（三倍）は同じ程度であった。これらのことからすると、ルソーのいう自然状態が許容する格差というのが、この程度であるといえるであろう。冒頭に記したような現代世界の富豪との格差というのはこれよりもはるかに大きな格差であり、そして生まれながらにして十数倍から数十倍の格差を抱えるのが現代である。

上述のムルダー博士らの論文によると、現代先進国の中でも高福祉で知られる北欧諸国では、所得の再分配などが進んでいることから、格差が次世代に引き継がれることは抑制されており、それは先ほどの狩猟採集社会や伝統農耕社会と同じ程度になっているという。このことからすると、福祉政策や制度という「文化による適応」によって、自然状態並みに抑えることも期待できるのである。

2 「喪われた女性たち」は差別か適応か

男女比と「喪われた女性たち」

世界人口の中で男女は半々であり、生まれてくる数も半々だと思われがちであるが、実はそうではない。一説によると生まれてくる人の数は、おおよそ女児一〇〇に対して男児一〇五であり、男児のほうが五パーセント分多いといわれる。ただし、女性より男性のほうの寿命が短いため、総人口としてはだいたい男女は半々か、むしろ女性のほうが若干多いことになる。例えば日本では二〇一一年の出生性比は一〇五（男性/女性×一〇〇、以下同じ）であるが、総人口の男女比は九五程度であった。男性の寿命が短いのは、労働やストレスによるからといわれることもあるが、欧米諸国や日本などをみると、生まれた時から一貫して女性よりも男性のほうで死亡率が高いとされ、大人の労働云々だけのことでは説明できない。この理由は、男性のほうが生物学的に脆弱であるからといわれることもある。

このように男性のほうが寿命が短くて総人口では女性が多いということは、多くの国についていわれることであるが、世界各地を見てみると、必ずしもこれには当てはまらない国もある。例えば一九九〇年頃の状況では、バングラデシュ、中国、インド、西アジア諸国において総人口の男女比は一〇五を超えて男性のほうが多く、パキスタンに至ってはこの比は一一一にも達した。この背景

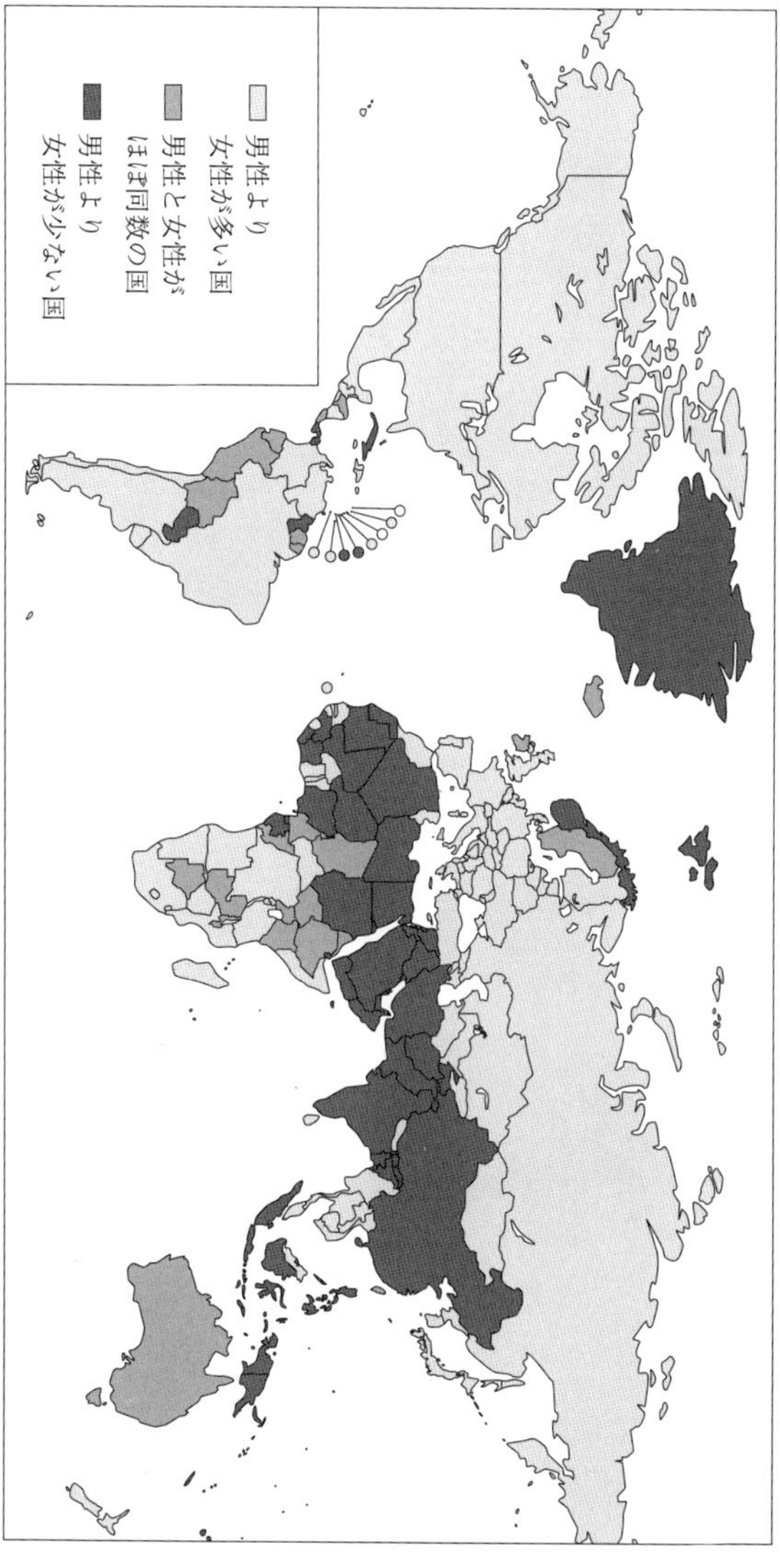

各国における男女比（2006年時点）

（出典）Wikipedia（https://en.wikipedia.org/wiki/Human_sex_ratio）を元に改変

には、女性よりも男性を好む社会文化があり、そのため成長期に女児は栄養や衛生面で無視されたり不利な扱いを受けたりすること、生まれた時に女児が嬰児殺しにあうこと、出生前診断ができる場合には女児が優先的に妊娠中絶させられることなどの差別があるとされた。このような状況を研究したインド出身でノーベル経済学賞を受賞したアマルティア・セン教授は、本来はそこに生存していたはずの女性が、差別のために目立たない形で存在を消されていることを「喪われた女性たち(missing women)」と名付けた。一九九二年の論文で、その女性の数は世界中で一億人に上ると指摘した(Sen 1992)。

セン教授は最初の論文から約一〇年後にあたる二〇〇三年にイギリスの医学雑誌『*BMJ*』にその後の状況について書き、発展に伴い多くの国々の男女比に改善がみられた一方、一人っ子政策下で出生前性別判断技術と中絶技術が広まった中国で、より女性が減っていることも指摘した(Sen 2003)。

ウィルス説

ところがアメリカの新進気鋭の経済学者エミリー・オスター教授は、ハーヴァード大学の大学院生であった当時にセン教授から学びながらも、全く異なる視点で喪われた女性たちの問題に迫った。彼女は経済学者でありながらも、医学の先行研究の中から、B型肝炎ウィルスというものに目をつけた。彼女が調べたところでは、ヨーロッパのグリーンランドでB型肝炎ウィルス保持者から生まれた子供の男女比は一〇七であるのに、非保持者の子供では九〇である事例があり、そのほかのさまざまな研究においてもウィルス保持者から生まれる子供には男児が多いことを見つけた。

B型肝炎というと重い病気であるが、実はウィルスに感染してもほとんどの人は病気の症状を示すことはなく、無自覚に過ごしている。無症状なので感染に気がつくこともなく、治療を受けることもない。そしてB型肝炎は母胎から赤ちゃんが生まれてくる時に、母親の出血などを通して母子感染するので、母親が無自覚にB型肝炎ウィルスに感染していると、その子供も感染する可能性がある。そのため、民族によっては集団内にたくさんのウィルス保持者がいることもありうる。

そしてアジア諸国は、実はウィルス保持者の割合が一〇～一五パーセントと多いのである。そこでこの結果をもとにオスター教授が計算したところ、喪われた女性たち、つまり女性が少ない現象の四五パーセントは、B型肝炎ウィルスの影響によるとされた。そして彼女は、近年になってB型肝炎ワクチンが普及することによって、女性数が増えてきたことも指摘した。このことは『政治経済学雑誌』(*Journal of Political Economy*) 誌に発表され、これまで喪われた女性たちは男女差別によると考えてきた人々に衝撃を与え、論議を呼んだ（Oster 2005）。

しかしオスター教授の説に弱点はあった。B型肝炎ウィルスの医学的研究は古いものが多く、そしていずれにおいても統計的にそういうことが起こることは示されていても、どのような生物学的メカニズムでそれが起こるかは明らかにはされてこなかった。また、彼女が特にウィルスの影響が強いと考えていた中国について、より詳細な追跡調査をした結果、ウィルスの影響は全くみられないことが明らかになり、彼女自身も自説が誤っていたと認めることとなった（Oster et al. 2010）。

このようにウィルス説は否定された状況にあるが、何らかの生物学的なメカニズムが関係する可能性はある。

出生性比は柔軟に変わりうる

二〇一四年に科学誌ネイチャーの姉妹誌で気候変動の専門誌『*Nature Climate Change*』誌に、スウォンジー大学のジャック＝オリヴィエ・ラロー博士らによる研究で、地球温暖化の影響でウミガメがメスばかりになってきているという報告が掲載された（Laloë et al. 2014）。特に高温な砂浜で産卵すると九三・五パーセントもの卵がメスであったという。実は爬虫類の一部は、温度によってオスかメスかが変わる生物であり、このような生物の性決定は温度依存性決定と呼ばれる。ウミガメの場合二九度程度ならばオス・メスが半々くらいであるが、温度が上がるとメスのほうが多くなり、逆に温度が下がるとオスのほうが多くなる。そのため地球温暖化により温度が上昇したことで、異常にメスが増えたというのである。なお逆に、種によっては温度が上がるとオスが多くなる爬虫類もいる。また魚類や多毛類を見渡すと、雌雄同体の種や、環境によって性転換をする種もある。これらは極端な例としても、生物としては常に雌雄同数であるわけでなく、環境によって柔軟に変更されるものであるということである。性とは二項対立ではなく、連続体なものなのである。

出生性比の適応説

このように環境によって性別が変わることとは、限られた資源や、与えられた環境の中で子孫を残すために適応的と考えられている。そして、資源に応じて性別が変わるということが、哺乳類にも起こりえるという説がある。ハーヴァード大学の生物学者ロバート・トライヴァース博士と数理学者ダン・ウィラード博士が一九七三年に『サイエンス』誌に公表したトライヴァース・ウィラード仮説というものである（Trivers and Willard 1973）。例えばトナカイは繁殖期になるとオス同士で戦って勝ったものがメスと交尾する。そしてオスは複数のメスと交尾をする。つまり強いオスは弱いオスよりもたくさん子孫を残せる。一方、メスが強いかどうかは、交尾とは関係ない。この前提で考えてみると、食料が豊富であるなど好条件の環境にいるメスが、たくさんの強いオスを次世代に残すことは、たくさんの自分の孫を残すことができる。一方、悪条件にあるメスは強いオスを産むことができなくても、弱くともメスをたくさん産めば、たくさんの孫を残すことができる。したがってメスがおかれた環境に応じて、オスとメスを産み分けられることが適応的であるという仮説である。

二〇〇八年になってイギリス・エクセター大学のフィオナ・マシュー博士らによって『王立協会紀要B』に、この仮説が人間にも当てはまることを間接的に裏付ける論文が掲載された（Mathews, Johnson, and Neil 2008）。中流家庭で初めての妊娠をしていて、そして出産まで胎児の性別を教えない病院に通院している妊婦七〇〇人以上を対象に、食習慣と食事から摂取するエネルギー（カロリー）や栄養素の量を調べたものである。その結果妊娠前から妊娠時頃の食習慣が性別に影響することが示された。エネルギー摂取量が多い母親の上位三分の一と、摂取量が少ない母親三分の一を比べると、摂取量が多いほうから生まれる男児の割合は、少ないほうの約一・五倍であった。特に関係していたのは、朝食を食べるかどうかであると考察されていて、それは朝食を食べないと身体が絶食と感じる期間が長くなるからであるとされた。妊娠した後の食生活は性別とは関係なかった。

先進国イギリスで行われたこの研究は、喪われた女性たちとは違う示唆も持っていた。一九六二年に出版されたレイチェル・カーソン氏の『沈黙の春』は農薬の過剰使用など、化学物質による環境汚染の恐怖を表したもので、その後環境ホルモンが社会問題として世界的に取りざたされる契機となった（レイチェル・カーソン 1974）。その社会問題の中には化学物質の影響で生物のオスが減ってきているというものがあり、さらに人間でも環境ホルモンが多い先進工業国で男性が減ってきているという説もあった。しかしこれに対してマシュー博士らの研究は、先進工業国ではライフスタイルの変化やダイエットのために女性のエネルギー摂取量が年々減ってきており、朝食を抜く女性も増えてきたことを取り上げ、そのため栄養状態の悪化が女児増加を引き起こした原因である可能性を論じた。

なお、たとえこの研究結果が正しかったとしても、食事を増やしたり、減らしたりすることで、理想とする性別の子供を産み分けられる、というわけではない。例えばエネルギー摂取が特に多かった母親の間で男児が生まれた割合は六〇パーセント未満にすぎない。これに対してそもそも男女半々に生まれるとしたら、約五〇パーセントの確率で男児が生まれてくるのであるから（そして通常、男児のほうが若干多いのであるから）、確率の違いは実に少ない。この数パーセントの差は、社会全体としては大きな差になってくるが、個人レベルで子供の性別をコントロールすることにはほとんど影響しない差である。なお、母親の栄養だけが子供に影響するわけではなく、子供の健康状態には妊娠時の父親の栄養状態が影響するという研究もある。

迷信による選択

迷信によって人為的に男女比が変えられたというと、とんでもない話のように思われるが、これは日本のケースである。日本の出生数の歴史的経緯をみると、一九六六年に出生数が異常に下がる。具体的には一九六四年生まれ一七万二〇〇〇人、一九六五年生まれ一八万二〇〇〇人、一九六六年生まれ一三万六〇〇〇人、一九六七年生まれ一九万四〇〇〇人、一九六八年生まれ一八万七〇〇〇人である。これは一九六六年が、干支による年の数え方で丙《ひのえ》午《うま》であり、そして丙午年生まれの女性は気性が激しく夫の命を縮めるという迷信があるためであった。江戸時代に恋のために火をつけ大火を起こしたという八百屋お七が丙午生まれだったことが、丙午の年には火事が多いという俗信と相まってできた迷信とされる。あまりにも根拠のない迷信であるし、そもそもお七は丙午年生まれではなかったという説も有力である。今の時代からすれば、明らかに迷信であっても、二〇世紀後半の日本では強く効果を発揮したのであった。

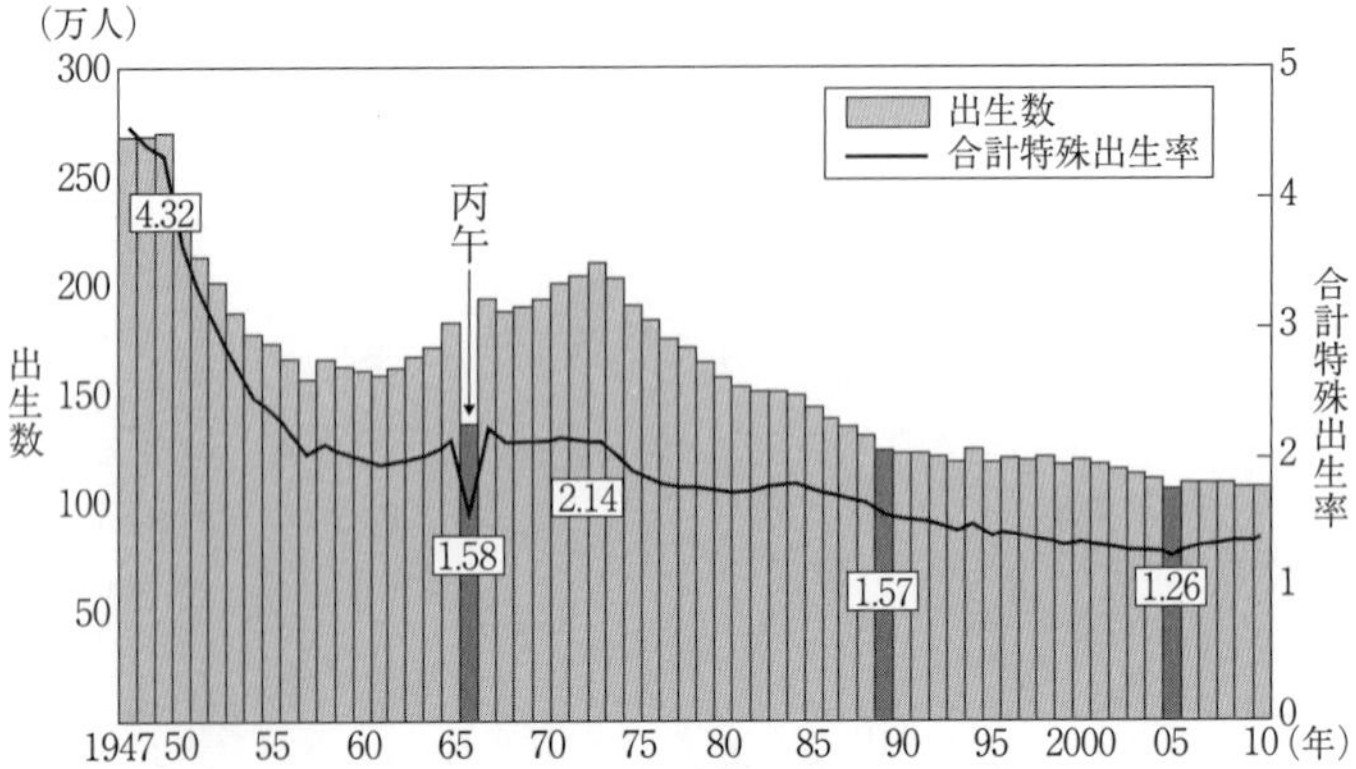

戦後日本の出生数の推移

（出典）厚生労働省の「人口動態統計」（平成29年版）より

なお丙午は六〇年おきに回ってくるので、一九六六年より前は一九〇六年がその年にあたり、この時も出生数が極端に減った記録がある。この年生まれの女性は結婚にも影響したといわれる。一九六六年に起こった現象は、発展した工業社会でも迷信がこれほど大きな影響を及ぼすものとして、人口学分野では世界的に知られることとなった。なお、先に数値を挙げたように、前後の年は出生数が増えている。これは計画的に丙午の年だけを避けたことを表すし、年末年始に生まれた子供は出生届の日付をずらした例もあった。

日本の出生男女比は先ほど書いたとおり、だいたい一〇五であるが丙午であった一九〇六年は一〇八・七、一九六六年は一〇七・六となり、これらの年だけ男性の割合が急に高くなる。女児の出生届の日付操作が多く働いたためでもあるが、日本人が迷信を気にした様子がよくわかる。

このように男女の数というのは差別、適応、そして迷信に基づく操作など、さまざまな形で動いてきたものなのである。

3　持続可能性は「可能」か——二つの島の物語

二つの島の物語

イースター島といえば、独特の面長顔の石像モアイでよく知られる。イースター島は広い太平洋の中でも、ずっと東の方にあり、ユーラシア大陸よりも南米大陸に近いところにある。しかし、言語学や考古学・遺伝学の研究からは、ここに暮らす人々は南米大陸ではなくユーラシア大陸から渡ってきたと考えられている。ユーラシア大陸から東に向かうと、近いところから順にインドネシア、パプアニューギニア、ソロモン諸島と続く。ここから次の島は水平線の向こうになるため、遠洋航海技術と何かしらフロンティアを切り拓く理由を持った人々のみが進むことができ、そしてヴァヌアツ、フィジー、トンガ、サモアなどへと人間は移り住んでいった。最後にたどり着いたのが東はイースター島、北はハワイ、南はニュージーランドであり紀元後五世紀前後のこととされる。イースター島では人間がたどり着いてから農耕を行い、人口は増え続け、最大一万人ほどになった時期もあったという。

イースター島をヨーロッパ人が発見したのはオランダ海軍提督のヤーコブ・ロッへフェーンがこ

太平洋におけるイースター島とティコピア島の位置

（出典）筆者作成

こにたどり着いた一七二二年のことであった。この時島に森林はほとんど残されておらず、荒廃した大地に人間もまばらで、そこに石像モアイが一〇〇〇体以上も残されていたと記録されている。島の面積は一六三・六平方キロメートルあるが、近くに島はない絶海の孤島である。島の限られた資源の中で生きられる人口には限りがあったが、人間はこの島に到達して以降、人口を増やして農地を拡大した結果、生態系も社会も崩壊し、食料不足と民族間紛争を通じて人口が激減し、ヨーロッパ人による発見直前の一〇〇年間で人口は三分の一になったといわれる。なおヨーロッパ人との接触以降、奴隷として連れ出されたり、感染症がもたらされたりしたために人口はさらに激減し、一九世紀には島民はわずか一〇〇人程度となったと記録されている。

イースター島は文明崩壊の例としてしばしば引き出されるが、全く異なる結果を迎えた島にティコピア島という島がある。ソロモン諸島の東端にあり、隣の島は水平線の向こうになる絶海の孤島である。さらに陸地面積はわずか四・六平方キロメートルしかなく、イースター島よりもはるかに条件が悪い。この島には紀元前九世紀前後から人間が暮らし始めたとされる。ヨーロッパ人が最初にこの島を発見したのは一六〇六年のことであり、航海者ペドロ・フェルナンデス・デ・キエロによる。この時ティコピア島では陸地のほとんどが森林に覆われていて、そして島の面積からみればとてもたくさんの人々が暮らしていた。記録や考古学的研究によれば、この島ではおよそ八〇〇年間にわたり一二〇〇〜一三〇〇人もが持続的に暮らしてきたという。イースター島で人口が最大であった時の人口密度が一平方キロメートルあたり六〇人を少し超える程度であるのに、ティコピア島では二六〇人を超えるほど人口密度が持続してきたというのである。

イースター島では社会が崩壊し、ティコピア島では持続的な社会が築かれた。先にも引用したダイアモンド教授が書いた『文明崩壊』でもこの例が引き出されるなど、有名な二つの島の物語である（ジャレド・ダイアモンド 2005）。

小さな島の持続社会

ティコピア島のような小さな島がなぜ持続的な社会を構築できたのだろうか。その要因はまず、島の土地を最大限まで生産的にして利用していたことである。実はティコピア島の陸地を覆う森林は天然の森林ではなく、ほぼすべて人間にとって有益で都合のよい樹木でできた、人工的な森林だった。太平洋の小島嶼では農耕に適した土地がきわめて限られているため、果樹を主食にしている社会が多くある。代表的な例はクワ科の高木パンノキである。でこぼこした丸いボールのような実をつける。これを焼いて食べるとパンのような味がするので、ヨーロッパ人がパンノキと名付けたといわれる。太平洋では、焼いたり、ゆでたりと調理して食べるだけでなく、乾燥させてビスケット状にして保存食にもする。

また椰子の実ココナッツを実らせるココヤシも優れている。ココナッツは若い実を割ってジュースを飲むこともできるし、熟したものからスポンジ状になった胚乳を取り出してかじったり、そこからココナッツミルクを絞り出したりすることができる。脂肪分が多くて、高カロリーである。

乾燥させたパンノキの実
（ソロモン諸島リーフ環礁にて）
（出典）筆者撮影

ココヤシは海辺に生え、海水にも強いため、通常畑など作物を作ることができないところでも豊富に生える。ティコピア島は今でも交通アクセスが困難な島であり、残念ながら私もまだ訪れたことがないが、やはり小さな島であるリーフ環礁を訪れた際には、このような果樹や有用樹種が隙間なく栽培されていた。ちなみにパンノキは、パンの味といえるかはわからないが、実に美味である。

ティコピア島が持続した話に戻るが、しっかりした資源管理が行われたことも重要な要因である。陸地の使い方や、沿岸部での魚介類の採集などにおいて、持続的に使い続けるために慣習法が定められた。これと関連した、もう一つの要因としては、社会が集団主義的であったことがある。個人所有の領域を定めず必要な人が必要なときに土地を使えるようにし、そして得られた食料などを再配分することなどで、無駄をなくすのである。

このように環境やそれを利用する要因がまず挙げられるが、社会の側の要因として忘れていけないのは人口管理である。どんなに資源を大切に使っても人口が増えては食料不足になってしまうからである。

ティコピア島は幸福なのか

人口管理というと、現代中国の一人っ子政策のようなものを考えるが、ティコピア島のそれはもっと過酷である。避妊・中絶そして嬰児殺しである。このような人口管理方法の中でも膣外射精による避妊や、焼けた石を腹に載せて死産させるといった中絶法は効果が限定的なので、そこで結局は生まれてきた子供を殺す嬰児殺しがもっとも効果的な人口抑制手法であったと考えられる。さらに将来子供を産む人が増えてはいけないので、女児のほうが優先的に殺されたという。文化人類学者のレイモンド・ファース教授がティコピア島で初めてきちんとした人口調査をしたところ一九二九年時点で男性六八五人、女性五九三人であり男女比は約一一六対一〇〇となり、本章二節で書いた世界の標準的な男女比からすれば大きくかけ離れた数値であった。また同じくファース教授によると〇歳児死亡率は高く、生まれてきた子供のうち二八・六パーセントが一歳になるまでに死亡していたという。現在世界の〇歳児死亡率は、もっとも高いアフガニスタンが一二・二パーセントで、ニジェール、マリ、ソマリアなどが一〇パーセント以上で続くが、このように公衆衛生状況や人権状況が恵まれない国々でもせいぜい一〇パーセント台前半であったのに、ティコピア島はその倍以上の高さだったのであり、嬰児殺しの存在が示唆される。太平洋島嶼のマルケサス諸島には世界的にあまり多くない一妻多夫婚がみられるが、これは女児嬰児殺しの結果、結婚できない男性が多くなったためという説がある。

もう一つ人口抑制の特徴としてファース教授が発見したのは、自殺が多いことである。ファース教授は一九五二年に再びティコピア島を訪れ、過去二三年間の成人死亡者数を調べたところ、この間に四六二人が亡くなっており、その約四分の一にあたる一〇三人が「自殺」であった。一九六一年に『精神医学』（*Psychiatry*）という学術誌に発表した論文では、人前で夫婦喧嘩をした挙句に、恥ずかしさのあまりにそれぞれ別のところで首をつっていた夫婦、首長の娘が失恋しそれに同情した友人ともどもたくさんの女子が入水自殺したことなどが報告されている（Firth 1961）。多かったのは、意図的にカヌーで海の向こうへと旅立ち帰ってこない自殺法であった。絶海の孤島で逃れられないムラ社会で暮らすことが、このように高い自殺率へと繋がったのかもしれない。余談になるが、人類史において、なぜ人々が住んでいた島を離れ、水平線の向こうのフロンティアを目指したのか不思議に思うところであるが、このように島に住みづらくなり、まさに自殺行為として水平線の向こうを目指した結果、たまたま次の島にたどり着いたこともあったかもしれない。

緑の多い環礁島
（自然林はなく，食用をはじめとした有用樹木による人工的植生である，ソロモン諸島リーフ環礁にて）
（出典）筆者撮影

生物にとって、適応ということは自らが生存し、そして自らの子孫を多く残すことであったはずである。そして人間の文化による適応というのは、生物としての機能だけでは十分適応できない時に、それを乗り越えて子孫を残すために役立てられてきたはずである。しかし、人間がアフリカ大陸から出発して約一五万年をかけて地球上すべてに拡散して、ようやく最後にたどり着いた太平洋の島々では、生存という生物としての適応原則を否定し、人口管理という文化による適応を用いることで、人間社会が持続したのである。

このように考えてくると、持続的社会ティコピア島は本当に幸福だったのであろうか。自由に資源を使うことができず、ムラ社会では自殺に駆り立てられることもあり、多くの子供の命も奪わなければならない。享楽的に資源を使い果たして滅亡する社会と、苦しみながら社会を持続させることのどちらがよいかを考えると、社会としてはもちろん後者がよいのだが、個人の楽しみということではそうとはいいきれない。

なおティコピア島は二〇世紀後半にキリスト教の宣教師が布教に訪れ、中絶・嬰児殺しや自殺をやめることに成功したが、結果として当然人口過密になり、やがて中央政府の政策により定期的に島民を他の大きな島へと移すようになった。当初は故郷を離れることを嫌がる島民を半ば強制的に移住させてきたが、近年ではむしろ大きな島、町に近いところへ移住したがる若者が増えているという。いずれこのような島は過疎化して、社会が崩壊するのかもしれない。

人間の力はどこまで

このようにみてくると太平洋の島々には、持続的な社会と、環境破壊的な社会があり、前者では森林が残されてきたことが特徴であった。そこでハワイ大学の考古学者バリー・ローレット教授はダイアモンド教授とともに、森林が残されてきた島と森林が無い島の決定的な要因を探る研究を行い、二〇〇四年に『ネイチャー』に公表した（Rolett and Diamond 2004）。その結果によると、島の緯度（赤道からの距離）、島ができてからの年数、降水量、島の最大標高、アジア大陸や火山からの距離といった物理環境的要因が、その島に森林が残っていた要因の七〇パーセント程度に上るという結果を示した。例えばティコピア島は雨が多く、しかも火山灰やアジアから風に乗って飛んでくるさまざまな養分に恵まれて土壌は豊かで、森林が育ちやすい環境にあった。一方のイースター島は、赤道から離れてやや寒冷であり、降雨には恵まれず、火山帯やアジア大陸からも大きく離れていた。この結果が意味するところは、人間の努力には限界があり、島の物理的条件に大きく左右されるのであり、したがって住む島を決めた時点で、ある程度その社会の運命は決まっていたということである。

ただしティコピア島と同じような条件にありながらも、イースター島のように崩壊した現フランス領ポリネシアのマンガレヴァ島という島があることもわかり、恵まれた環境に住んでいてもやはり人間が努力をしなければ、持続可能社会を築くことはできないということも指摘された。今地球の持続可能性が取りざたされるが、はたして地球は持続可能なほど恵まれた環境なのか、人間の努力でどの程度克服できるのか、そして持続可能な社会は人々にとって幸福なのか、ということを小さな島が考えさせてくれるのである。

4　世界食料危機とアジアの食文化

世界食料危機は来たか

世界の食料危機が来るという説は何十年も前からある。かつて地球の人口支持力、つまり地球に最大何人が暮らすことができるかは四〇億人という説もあったが、現実はあっという間にその人数を突破し、二〇一七年に世界人口は七六億人に達しているという。しかしながら、食料危機の兆しはない。地域によっては飢餓が存在するが、これまで紹介したように世界では栄養不足よりもむしろ肥満が増加しており、それはアフリカの低開発国においても同様の傾向となっている。

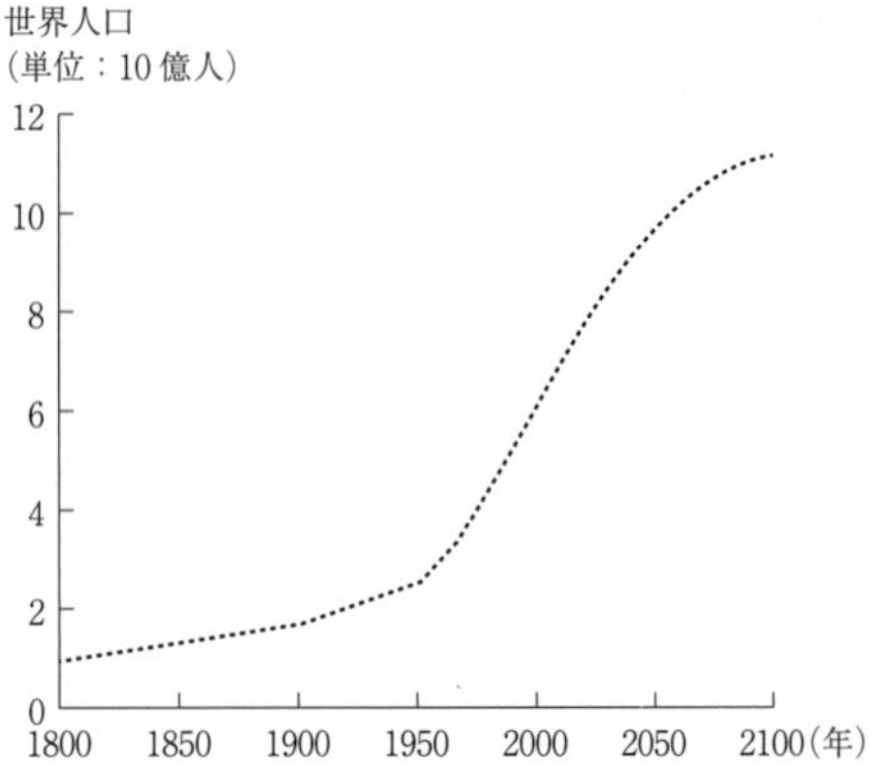

世界人口の予測値（中央値）

（出典）国連経済社会局人口部のデータを元に筆者作成

なぜかつての予測は外れ、巨大な人口を賄う食料が今あるのか。そこには農業生産の変化と各地の食文化がかかわっているという説がある。

まず世界食料危機という問題にあたってはトマス・ロバート・マルサスが一七九八年に発表した『人口論』に触れる必要がある。ここで彼は、人口は幾何級数的（掛け算的）に増加するが、食料は算術級数的（足し算的）にしか増加しないので、食料は必ず不足するということを予測した。人口増加は最近でこそ緩やかになってきたが、マルサスの時代の世界人口は一〇億人程度であったことからすると、彼の予測どおり爆発的な増加をした。そして彼の予想どおり、農地面積はそこまで大きくは増えなかった。

東京大学の川島博之博士は二〇〇九年に出版された『世界の食料生産とバイオマスエネルギー――２０５０年の展望』において、信頼できる統計情報のある一九六〇年を基準として二〇〇〇年代初頭を比べると、この間に人口は約二倍になったが、耕作地面積の増加はわずか一割強にすぎないことを明らかにした（川島博之 2008）。しかし川島博士は、同期間に穀類の生産量は人口増加を上

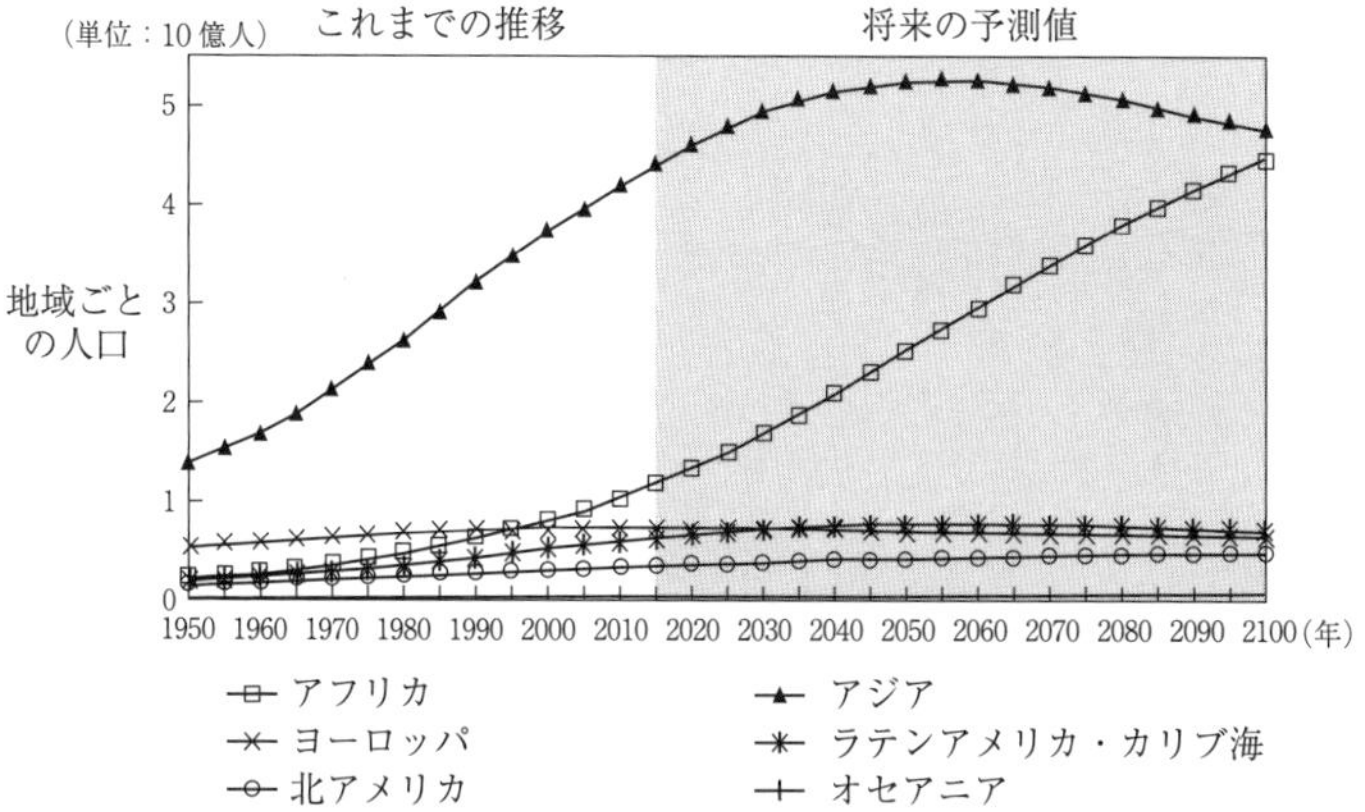

地域別の人口推移の予測

（出典）国際連合世界人口予測（https://esa.un.org/unpd/wpp/Publications/）より

回る二倍以上に増えていたことも発見した。つまり面積当たりの生産性がずっと高くなったのである。これには肥料をはじめとする農業技術の発達や流通の変化などがある。

さらに川島博士は地域による食料消費の違いも指摘した。例えば穀類消費のデータがそれを顕著に示した。二〇〇三年時点において北米では一人一年当たり食用として三七六キロの穀類を食べ、そして食肉飼料用として五八三キロの穀類を使用し、合計で九五八キロの穀類を消費していた。また北ヨーロッパでは一人一年当たり食用一七九キロと飼料用五三八キロの合計七一七キロを消費していた。一方、東アジアでは食用で二一四キロと飼料用で七〇キロの合計二八四キロ、東南アジアでは食用で三一三キロと飼料用で三八キロの合計三五一キロにとどまった。南アジアにおいては食用二一四キロと飼料用六キロの合計二二〇キロであった。

つまり、世界各地で穀類が主食として消費されることは共通しているが、それに加えて北米・北ヨーロッパでは大量の肉を消費していてその生産のために五〇〇キロ以上の穀類を消費しているのに対し、アジアでは食肉用に六キロ（南アジア）から七〇キロ（東アジア）程度の穀類しか消費していないのである。二〇世紀の人口爆発においては、中国など東アジア、インドなど南アジア、そして東南アジア諸国がその多くを占めていたことを考えると、このようにアジアにおける飼料用穀類消

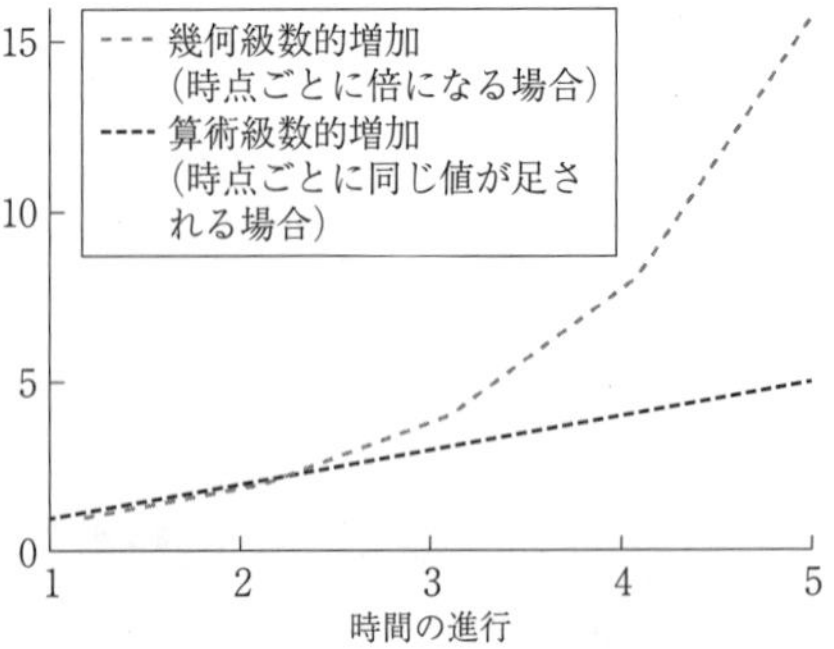

幾何級数的（掛け算的）増加と算術級数的（足し算的）増加の模式図

（出典）筆者作成

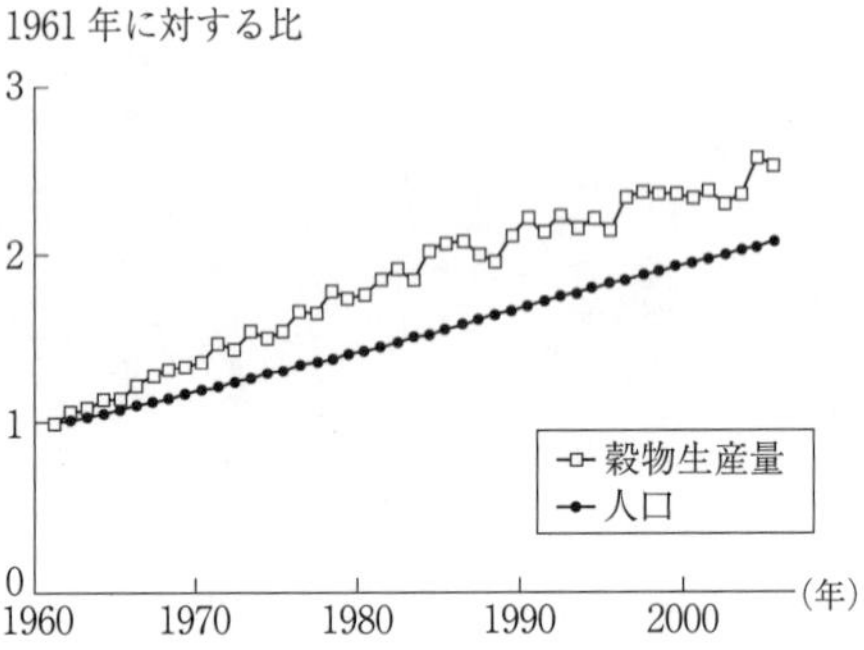

1960年の状態をそれぞれ1とした時の，人口と穀物生産量の推移

（出典）川島 2009の図2.2より

費の低さが、食料危機を回避するうえで重要であったことになる。

あるデータによると欧米人が好む牛肉は、肉一キロを生産するために飼料が八キロ必要である。一方、中国人など東・東南アジアで好まれる豚肉は肉一キロあたり飼料四キロでよく、イスラム教徒やヒンドゥー教徒にも食べられる鶏肉は同二キロで済む。これは大まかな数値であるが、主食とする肉が何であるかによって、必要とする飼料の量が全く異なってくるのである。さらに南アジアには肉を口にしないベジタリアンも多い。こうしてみると、アジアの食文化の存在が世界の食料生産と消費において、重要であったことが如実にわかってくるのである。

食文化の起源

それでは各地の食文化とはどのようにして形成されてきたのか。人間がアフリカに誕生した時は、人間は小さな一つの集団で、みな同じような食生活を送っていたに違いないが、そこから徐々に分かれて、やがて世界に拡散する中で、各地に応じた暮らしを送るようになった。人類史初期の食料は、一般に狩猟・採集・漁撈という形で呼ばれるように、野生にある動植物を採食していたと考えられる。そのため世界に拡散した後では、各地にどのような生物が生息しているかによって、集団ごとに日々の食べ物が変わってきたであろう。

続いて単純な農耕や小規模な家畜飼育が行われる社会が各地に登場した。これは人間にとって都合のよい植物や動物を選んで、栽培したり飼育したりすることである。時間がたつにつれて品種改良が進んだ場合もある。このように栽培化・家畜化というドメスティケーションをしたことはさま

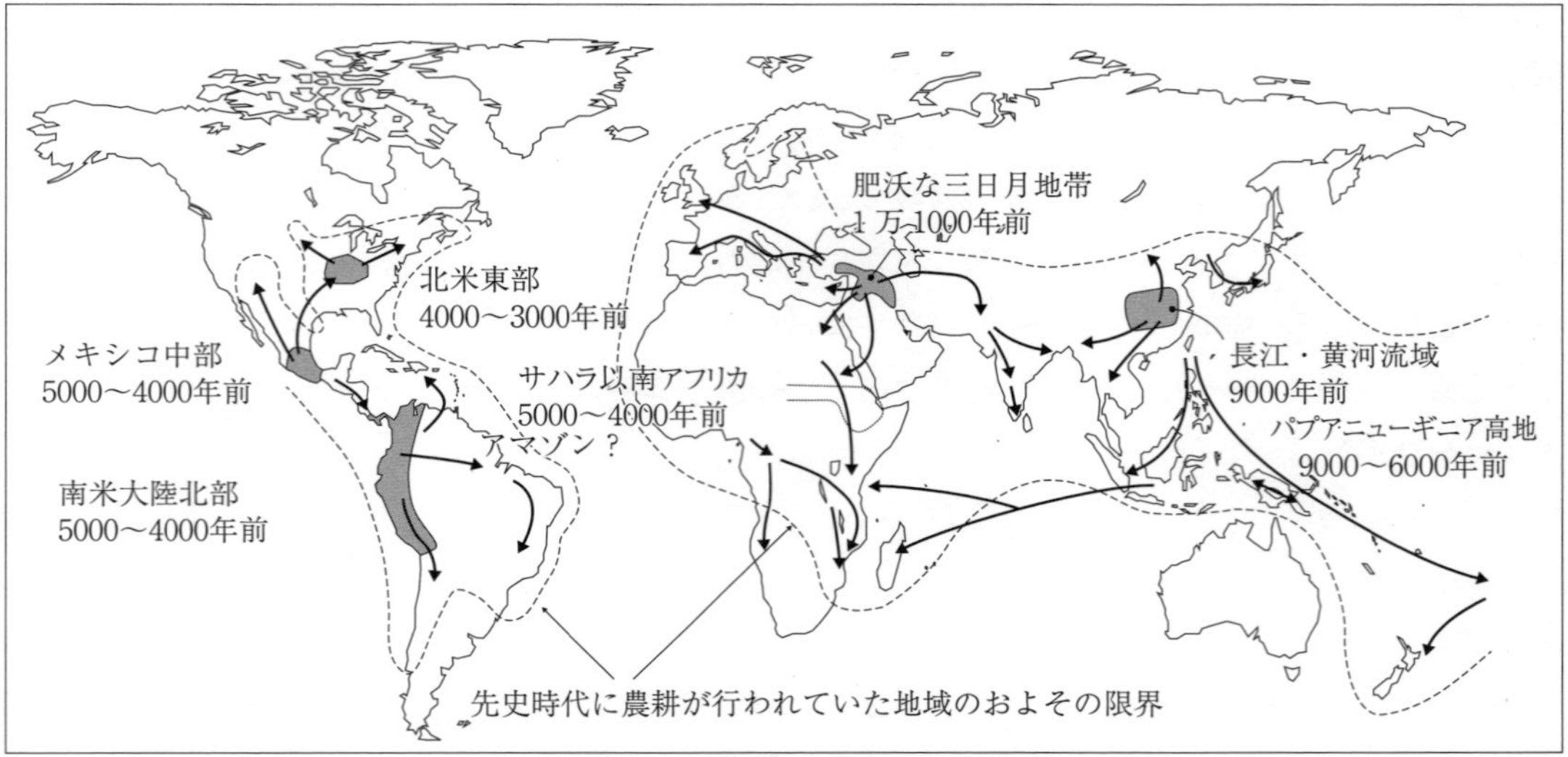

世界の主要な農耕・農業文明の発祥地とその拡大

（出典）Diamond and Bellwood 2003, Figure 1 を改変

ざまな集団にとって共通であったが、その際に自分たちが暮らす周りにある動植物を使ってきたということからすると、やはり周囲の環境に応じた固有の食習慣になっていた。このように考えると、野生動植物のみを利用した時代から、それを一部栽培化・家畜化した時代にかけてすでに各地に食の文化があるが、しかし現代一般にいわれる食文化というのは、むしろ地域を越えた、いわゆる農業文明の誕生が大きく影響している。

最初の農業文明は今から一万一〇〇〇年ほど前に中東のいわゆる肥沃な三日月地帯で生まれた麦類の農業であるとされる。ほぼ同時期であるが一万年前には中国南部域で稲作農耕が始まった。そして麦類の農業はヨーロッパ全域に広がり、さらに北アフリカ、中央・南アジアにも広がった。一方、稲作農業も広範囲に広がり、日本を含む東アジアや東南アジア・南アジアへと広がった。麦、稲が作物になったのは、それぞれの起源地周辺にあった植物を利用したからであるが、同緯度帯の東西方向であれば、昼夜の時間が同じで気候も似ており、同じ農業を取り入れやすかったため、ユーラシア大陸では東西に拡散したのである。麦も稲も広範囲に広まったので、稲作文化と思われがちな日本でも、五穀豊穣として知られるように、古い時代にすでに麦類栽培が届いていたし、逆に雑穀文化とされるアフリカ北部でも紀元前には米作が行われていた。

ところでジャレド・ダイアモンド教授とオーストラリア国立大学のピーター・ベルウッド教授は二〇〇三年に『サイエンス』に公表した論文で、世界各地の農業文明の広がりについて論じた

(Diamond and Bellwood 2003)。両教授による大きな発見は、さまざまな農業文明はそれぞれ各地に広がっていったが、行く先々でもともと住んでいた人たちを淘汰して自分たちの文明を広げていったわけではないことであった。例えば肥沃な三日月地帯発祥の小麦農業がヨーロッパ全土に広がり今に至り、そしてここには現在同じ言語系統であるインド・ヨーロッパ語族の諸民族が広がっている。しかし、人の遺伝子を調べたところヨーロッパ南東端であるアナトリア半島では一・八パーセントしかみられないある特定の遺伝子型が、ヨーロッパ西端に近いバスク地方では八九パーセント、ヨーロッパ北西端の北アイルランドで九八パーセントにみられ、この遺伝子型の濃度はグラデーションのように徐々に濃くなっていくものであることがわかっている。つまり各地の先住民と、民族間結婚を繰り返しながら、徐々に言語と農業が広まっていったのである。もしも小麦農業の民族が各地の先住民を根絶やしにして、自らの言語と農業様式を拡大したのならば、このような遺伝子型のグラデーションは起こらないはずだからである。

両教授が調べた中で珍しいケースとしては、イモ類の根菜農耕文化が太平洋諸島に広まった過程がある。オーストロネシア諸語という言語系統の集団は台湾南部あたりから、農耕技術、遠洋航海技術、土器製作技術などを持って移動し、東南アジアのフィリピンやインドネシアを経て、そこから東の太平洋各地へと広がっていった。しかしながら、ボルネオ島のプナン人やニュージーランド先住民のモリオリ人は、その系統の言語集団に属しながらも狩猟採集民である。つまりオーストロネシア諸語の集団が農耕技術を持って各地にたどり着いたとするならば、おそらくボルネオ島やニユージーランドの土地では農耕よりも狩猟採集のほうが優れていたために、農耕をやめたと考えられるのである。

このように各地の食文化は、それぞれの気候風土、動植物相に依存したものに、他から広まった農業文明が重なり、それがまた各地に応じて変化を遂げてできてきたものである。

日本の食文化から

食文化といえば「和食」が二〇一三年にユネスコの無形文化遺産に登録された。登録に際して作られた資料によると、和食の「多様で新鮮な食材とその持ち味の尊重」「栄養バランスに優れた健康的な食生活」「自然の美しさや季節の移ろいの表現」「年中行事との密接なかかわり」という四点が強調されている。日本の環境や文化と密接にかかわっていることに加え、日本は平均寿命がもっとも長い国の一つであることも、食が注目される所以かと思う。

ところで農林水産省が二〇一二年に発行した熊倉功夫編『和食――日本人の伝統的な食文化』の中で国士舘大学の原田信男教授が「日本食の歴史」という章を書かれている（熊倉功夫編 2012）。それによると高温多湿な東南アジア・東アジアでは稲作が発達し、そこに用いられる大量の水を貯えるところには魚が棲み、こうして和食のもととなる米と魚の文化が生まれた。これは乾燥しがちな北アジア・西アジア・ヨーロッパで小麦が主食料となり、同時に牧畜が行われ肉と乳製品を利用したことと対照的であった。そして米と魚の文化では、魚を発酵させた魚醤や大豆を用いた味噌・醤油などが産まれた。また稲作地帯ではブタやニワトリが飼われるようになったという。

しかし、同論文では日本食では、他の稲作地域と比べても、肉食がなかったことが特徴として挙げられている。日本でも石器時代にはマンモスやオオツノジカなどの狩猟を始めていたが、縄文時代になるとドングリなどの木の実が食用されるようになり、やがて農耕が始まり、弥生時代には水田稲作を全面的に行う米文化が始まる。この頃までには家畜の豚肉食もあった。しかしやがて肉食は穢れたものとして社会的に遠ざけられていった。奈良時代の天武天皇の時代には肉食の禁止令が出された。これは原田教授によると、単に仏教によるものだけではなく、肉を食べると稲作が失敗するという、日本独自の思想によるものであったという。

新潟県十日町市の棚田

（出典）筆者撮影

その後、いわゆる和食が形成されるにはたくさんの歴史的経緯があるわけであるが、その間に肉に対する禁忌は徐々に民衆の間に広まり、江戸時代になっては庶民の間でもさまざまな迷信をともない禁忌意識がもっとも高まったという。それが明治になると、今度は欧米列強との外交の場で肩を並べるために肉食が必要になり、あらためて肉食再開宣言がなされ、急速に肉の消費が増えていったのだという。

食というのは、栄養学的観点からすると、人間の生存と繁殖の根幹である。しかし、一二〇〇年間にわたり肉食が避けられてきたのは、どうやら迷信に基づくものなのである。そうすると食というのはとても文化的な物である。

カンボジア・プルサットの市場に並ぶ豚肉
（出典）筆者撮影

食料危機は来るのか

今でも日本では米を主食とすることや、味噌や醬油による味付け、海産物を豊富に使うなど、和食が根づいている。しかしこういった食品の消費量が落ちて、西洋的な食習慣も増えている。逆に海外が和食ブームで寿司が人気だという話も聞くが、海外ではすきやき、しゃぶしゃぶ、鉄板焼きなど、明治以降に日本で始まった肉食料理が、伝統料理かのような扱いを受けていることもある。これは食文化のグローバル化である。

先に挙げた川島博士は、肉の消費量の世界傾向も分析している。一人当たりの年間食肉消費量を一九六一年と二〇〇四年とで比べると北米では八七・八キロから一二三・一キロ（一・四倍）に、北欧では四八・七キロから七九・六キロ（一・六倍）に増加したが、東アジアでは四・五キロから五四・四キロ（一二・一倍）に、東南アジアでは八・一キロから二一・七キロ（二・七倍）にと著しい増加を示した。これにはさまざまな要因が関係しているが、何よりアジアの食習慣が大きく変化してきたことがある。私が東南アジアを訪れる中でも、肉食、特に欧米流の牛肉食がどんどん広まってきている様子を感じることができる。多様な食文化の存在が失われ、世界が欧米に類似した食文化に収斂していくと、食肉消費に必要な穀類需要が急速に高まり、そして再び食料危機の問題が頭をもたげてくるのである。

終　章　永遠の生命・一つの連続体

延びない寿命

不老不死、永遠の命というのは、古来人類にとっての大きな夢である。そのためにたくさんの研究が行われ、医学をはじめとする科学技術が大きく発展してきた。そして実際、平均寿命は延びてきた。例えば、信頼性にやや問題のあるデータだが、明治時代、日本人の平均寿命は男女ともに四〇代であったといわれる。その後太平洋戦争などの社会情勢の影響などがあったが、一九四七年には平均寿命は男性五〇歳、女性五四歳であったとされる。その後は急速に延び、一九九〇年には男性七六歳、女性八二歳となり、二〇一六年には男性八一歳、女性八七歳となっている。日本は世界でももっとも長寿な国の一つであるが、世界的にみても平均寿命は延びてきている。ただし実は平均寿命が延びることと、永遠の命に近づくことは違う。

例えば平均寿命が五〇歳代といわれるような途上国に行っても、八〇歳代や九〇歳代の老人と出会うことができる。なぜ平均寿命という名の平均値が低いかというと、〇歳など乳幼児にして死んでしまう人々がたくさんいるからである。乳幼児を含む五歳未満の子供は身体が脆弱で、衛生状態に敏感であり、人によっては生まれた時から何かしら深刻な病気を抱えている場合もあり、とりわけリスクが高いのである。いうまでもなく〇～五歳で亡くなる子供がたくさんいると、平均寿命も大きく下がるのである。逆にこの年代の命を助けることができると、その後は比較的病気に強い年代が続く。衛生環境向上や医療進歩により、これらの子供たちの命が助かったことで、統計上の平均寿命が延び続けてきたのである。

一方、日本人最高齢にしろ世界最高齢にしろ、最高齢者記録というのはほとんど延びていない。二〇一七年にギネスブックに認定された世界最高齢者は一一七歳であったが、これまでに認定された中での最高齢者は一二二歳のジャンヌ・カルメンさんであり、彼女は一九九七年に亡くなっている。つまり過去二〇年間に科学が進歩し平均寿命が延びたこととは関係なく、最高齢者記録は延びていない。日本は平均寿命が世界でもっとも長い国の一つであるが、二〇一七年の年末に報道されたところでは、この年日本は出生数が記録が残る中では過去最少の九四万人であり、死亡者は戦後最多の一三四万人であったということであり、単純計算の死亡率は年々高くなってきている。高齢になってからも医療に支えられて長生きできるが、それでもある一定以上の高齢になると高い死亡率になる。米国アルベルト・アインシュタイン医学校のシャオ・ドン博士らが二〇一六年に『ネイチャー』誌に公表した論文によると、これまで科学の進歩により一〇〇歳を超える人はどんどん増えたきたが、一〇〇歳を超えた人が何歳まで生きられるかは全く延びてこなかった（Dong, Milholland, and Vijg 2016）。このことは、さらに技術ではどうしても超えられないホモ・サピエンスとしての自然の壁があることを示している。

永遠の命

かたやコペンハーゲン大学のジュリアス・ニールセン博士らが二〇一六年『サイエンス』誌に発表した研究によると、北極海などに生息するニシオンデンザメというサメの年齢を調べたところ、対象とした個体の平均は二七二歳であり、最長では三九二歳であった（Nielsen et al. 2016）。この発見より前は、脊椎動物でもっとも長生きする生物は、最長二五〇歳くらいのゾウガメとされてきたが、それをはるかに超える長生きである。なお無脊椎動物まで含めると、五〇〇年も生きる二枚貝が知られている。

しかし広く生物全般を見渡せば、細菌のような単細胞生物には寿命自体がないといえる。細菌の多くは細胞一つでできていて、当然オス・メスの区別もない。生殖して子孫を残すこともしない。ただ単に、自分の身体を分裂させて、新しい自分を作って行くだけである。どんどん分裂をして増えていき、もととなった細菌はいずれ消えるが、それでも同じ細胞がたくさん残っている。単細胞生物は三〇億年以上前に誕生しており、そこからさまざまな種類の生物が進化して生み出されてきたが、その中の種によっては数十～数億年も同じ形で生き続けていることになる。単細胞生物から進化して藻類のような多細胞生物が生まれたのは一〇億年ほど前とされ、陸上の植物が生まれたのは五億年前、脊椎動物が生まれたのは四億年前とされ、そこから恐竜の繁栄と絶滅を経て、人間の誕生はわずか一五万年前となる。

細胞一つでできている単細胞生物の寿命と、人間など脊椎動物の寿命を比べるには、概念に違いがあるかもしれない。人間は何十兆もの細胞でできていて、そのうち十億もの細胞でできた心臓や、千数百億もの細胞でできた脳が活動を止める時が寿命の終わり、すなわち死として公的に認められている。ただ、これらの細胞一個一個は、単細胞生物と同様に日々分裂して、新しく生まれ変わっている。新陳代謝である。このように新しい細胞が作られ、古い細胞が消えていくサイクルは意外と早く、内臓の細胞は数日から一カ月程度で、長いものでも骨で三カ月程度とされる。物に油性マジックペンで文字を書くと、洗ってもずっと落ちないが、肌にうっかりつけたマジックペンはいつの間にか消えている。これは古い肌細胞が落ちてなくなり、新しい肌細胞に新陳代謝したからである。

ここで常に古い細胞が、同じ機能を持つ新しい細胞に置き換えられていくならば、老化はなく、永遠に生き続けられるように思われるが、残念なことにそうはならない。年齢によって異なる機能の細胞ができていくし、人間の細胞が分裂する回数には制限があり、永遠に分裂することができない。これは不老不死が医学的にできないという、技術的な大きな壁である。これを生理学的にいえ

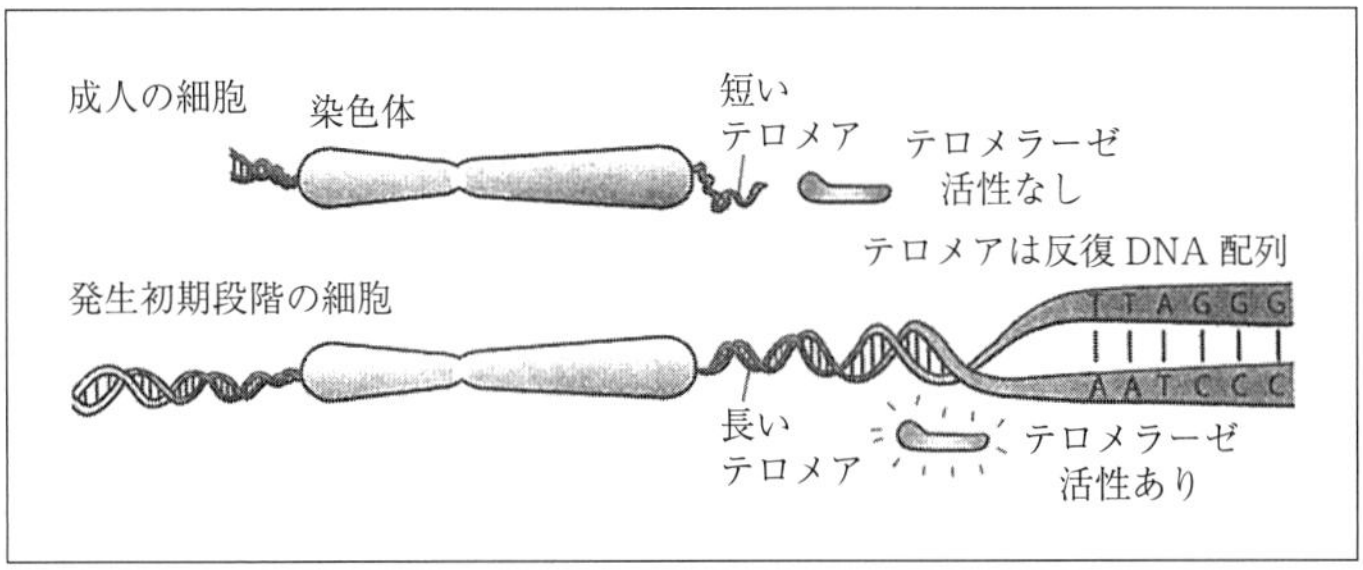

テロメアは染色体の端に位置し，発生から加齢に伴い短くなる
（出典）井村（2013）

ば、すべての細胞はテロメアというものによって分裂回数が決まっているからである。テロメアとは染色体の端っこにあり、新陳代謝で細胞が生まれ変わるたびにだんだんと短くなり、新しくなってもテロメアの長さは元には戻らない。そして老齢になり、テロメアがある程度まで短くなると、細胞に不具合が起こるようになり、やがて細胞の生まれ変わりができなくなる。

長い人生を送る中で、膨大な細胞がそれほどの高頻度で置き換わっていたら、どこかでエラーが発生するようになる。その結果生み出される例の一つが「がん」である。高齢になるほど、それまでに繰り返した新陳代謝の回数も蓄積して増えてきているし、がんができる確率も高くなる。がんがなくとも、テロメアが極端に短くなることが、老衰のような形での機能不全に繋がるともされている。

実は単細胞生物は、一部の例外を除いて、テロメアによる細胞分裂の回数制限がなく、永遠の命が可能なのである。単細胞生物と比べて残念ながら人間の場合には、細胞一つで生きているわけではないし、しかもその細胞の分裂に制限があるために、二重の意味で永遠の命がないということになる。

しかし、実はこれは正確ではない。人間の場合もある細胞だけは、単細胞生物と同じように永遠に続くことが可能であるし、実際にずっと続いてきたのである。その細胞とは生殖細胞のことである。女性なら卵細胞、男性なら精子をつくる細胞である。ここに含まれる遺伝情報は子供ができるたびに次世代に受け継がれる。生殖細胞では、テロメラーゼという酵素の活性が続くことにより、テロメアの長さが回復できるのである。

多彩な連続体という生命

人間一人ひとりは、卵細胞に精子が受精したことでできた、受精細胞という一つの細胞から、膨大な数の細胞に分かれてこのように複雑な機能を持った生物になる。そしてその中の一つである生殖細胞はテロメアの長さが回復されて、分裂を続けることができて、次世代に残すことができる。つまり、もし自分に子供がいれば生殖細胞から生まれた卵と精子に含まれた情報は、たとえ体のすべてが死に果てて、焼かれたり、土に還ったりしても、残り続けていくのである。第一章一節で説明したように、人間最初の女性としてイブという人がいたとしたら、その人の持っていた卵細胞が永遠に今まで受け継がれているのである。ただし、卵細胞の中身はどんどん変わってきている。それはアダムの精子によって伝えられた情報が、半分はそこに入り込むからである。

第二章一節で紹介したように、両生類・爬虫類等の一部には脊椎動物ながらも単為生殖（無性生殖）をするものがいる。純粋に単為生殖を続ければ、まざりっけなく卵細胞もずっと同じものが受け継がれ、永遠に続いていく。この場合、遺伝情報は変わらないから、親と同じ姿形の個体が生まれてくる。クローンのようなものである。クローン技術という言葉があるとおり、ヒツジやらブタやらイヌやらでは人工的技術によりクローンが生まれており、理論的には人間でも可能である。映画『スター・ウォーズ』シリーズの中で、エピソード２・３にはクローンの兵士が登場する。同じ顔、身体、能力を持った何万もの兵士が命令に従って戦うことが描かれる。これは技術的に生み出されたクローンの姿であるが、ある種の両生類・爬虫類のように生物として単為生殖を行うということは、自然にクローンを作り出しているということであるから、もし仮に人間が単為生殖を行う生物であったとしたら、同じ姿形の生命体が永遠に繰り返し作り出される、映画のような世界になっていたに違いない。だがしかし、人間には女性だけではなくて男性がいるおかげで、クローンにはならなかった。人間が単細胞生物と異なるのは、次世代が誕生する瞬間に新たな個性を産むことができるということなのである。

この本の趣旨をあらためて考えてみたい。人間は同じ一つの生物ホモ・サピエンスであり、それが多彩な姿を示す連続体＝スペクトラムなのだということを書いてきた。これによって私たち人間はお互いに差別はできない連続した存在であるし、異なる文化や異なる身体形質を持つことと、それを理解し尊重することの大切さを示してきたのである。残念ながら世界には差別が後を絶たない。そもそも人間に差が無かったら、個性という差がなかったら、今のような形での差別は存在しなかったであろうが、その世界というのは、同じ姿かたちの生物が埋め尽くした、クローンの世界である。そうではなく、私たち人間には女性と男性がいることによって、同じ遺伝情報を永遠に複製しながらも、性格も身体も異なる、すばらしい個性を生み出してきて、この世界に彩を添えてきたのである。

なお、このように書くと子供のいない人は、自分が死んだら命を残すことができないと思われるかもしれないが、それは誤解である。繰り返しになるが、その人の中には最初の人間から途切れることなく続いてきた生命があるのである。そこにある細胞の遺伝情報と同じものは、兄弟姉妹にもあるし、もっと祖先から枝分かれした親戚にもあるし、さらにいえば世界のすべての人の中にあるのである。世界数十億の人々のうち、誰かが子供を残せば、たとえどれだけ姿形が違っていても、あなたの生命を次世代に繋ぐことと同じことである。したがって、たとえ直接の血縁がなくとも、生きている人はすべてあなたと同じ生命体なのであるから、差別や紛争といった障害を取り除いて、それを守り続けていくことがすべての人に求められているのである。

参考文献

Alberts, Bruce, Alexander Johnson, Julian Lewis, Martin Raff, Keith Roberts, and Peter Walter. 2007. Molecular Biology of the Cell, 5th Edition. Garland Science. 中村桂子・松原謙一監訳（2010）『細胞の分子生物学　第５版』ニュートンプレス。

Alvard, Michael, Janis B Alcorn, Richard E Bodmer, Raymond Hames, Kim Hill, Jean Hudson, R Lee Lyman, Rajindra K Puri, Eric A Smith, and Allyn Maclean Stearman. 1995. Intraspecific Prey Choice by Amazonian Hunters [and Comments and Reply]. *Current Anthropology* 36(5): 789–818.

Asante, Emmanuel A, Michelle Smidak, Andrew Grimshaw, Richard Houghton, Andrew Tomlinson, Asif Jeelani, Tatiana Jakubcova, Shyma Hamdan, Angela Richard-Londt, and Jacqueline M Linehan. 2015. A Naturally Occurring Variant of the Human Prion Protein Completely Prevents Prion Disease. *Nature* 522(7557): 478.

Aswani, Shankar. 1998. Patterns of Marine Harvest Effort in Southwestern New Georgia, Solomon Islands: Resource Management or Optimal Foraging? *Ocean & Coastal Management* 40 (2-3): 207–235.

Bayliss-Smith, Tim, Edvard Hviding, and Tim Whitmore. 2003. Rainforest Composition and Histories of Human Disturbance in Solomon Islands. *AMBIO* 32(5): 346–352.

Bennett, Ian Moore. 1991. Bari Loricarid Collection and the Value of Information: An Application of Optimal Foraging Theory. *Human Ecology* 19(4): 517–527.

Bogin, Barry. 1999. *Patterns of Human Growth, Second Edition.* Cambridge University Press.

Bogin, Barry, Patricia Smith, Alicia Bibiana Orden, Maria Ines Varela Silva, and James Loucky. 2002. Rapid Change in Height and Body Proportions of Maya American Children. *American Journal of Human Biology* 14(6): 753–761.

Brace, Selina, Yoan Diekmann, Thomas J Booth, Zuzana Faltyskova, Nadin Rohland, Swapan Mallick, Matthew Ferry, Megan Michel, Jonas Oppenheimer, and Nasreen Broomandkhoshbacht. 2018. Population Replacement in Early Neolithic Britain. *bioRxiv*: 267443.

Cann, Rebecca L, Mark Stoneking, and Allan C Wilson. 1987. Mitochondrial DNA and Human Evolution. *Nature* 325(6099): 31–36.

Chiao, Joan Y, and Katherine D Blizinsky. 2010. Culture-gene Coevolution of Individualism-collectivism and the Serotonin Transporter Gene. *Proceedings of the Royal Society of London B: Biological Sciences* 277(1681): 529–537.

Diamond, Jared, and Peter Bellwood. 2003. Farmers and Their Languages: The First Expansions. *Science* 300(5619): 597–603.

Dong, Xiao, Brandon Milholland, and Jan Vijg. 2016. Evidence for a Limit to Human Lifespan. *Nature* 538(7624): 257.

Firth, Raymond. 1961. Suicide and Risk-taking in Tikopia Society. *Psychiatry* 24(1): 1–17.

Friedlaender, Jonathan S, Françoise R Friedlaender, Floyd A Reed, Kenneth K Kidd, Judith R Kidd, Geoffrey K Chambers, Rodney A Lea, Jun-Hun Loo, George Koki, and Jason A Hodgson. 2008. The Genetic Structure of Pacific Islanders. *PLoS Genetics* 4(1): e19.

Furusawa, Takuro. 2016. *Living with Biodiversity in an Island Ecosystem: Cultural Adaptation in the Solomon Islands*. Springer.

Furusawa, Takuro, Izumi Naka, Taro Yamauchi, Kazumi Natsuhara, Ricky Eddie, Ryosuke Kimura, Minato Nakazawa, Takafumi Ishida, Tsukasa Inaoka, and Yasuhiro Matsumura. 2013. Hypertension-susceptibility Gene Prevalence in the Pacific Islands and Associations with Hypertension in Melanesia. *Journal of Human Genetics* 58(3): 142.

Furusawa, Takuro, Izumi Naka, Taro Yamauchi, Kazumi Natsuhara, Ryosuke Kimura, Minato Nakazawa, Takafumi Ishida, Tsukasa Inaoka, Yasuhiro Matsumura, and Yuji Ataka. 2010. The Q223R Polymorphism in LEPR is Associated with Obesity in Pacific Islanders. *Human Genetics* 127(3): 287–294.

Green, Richard E, Johannes Krause, Adrian W Briggs, Tomislav Maricic, Udo Stenzel, Martin Kircher, Nick Patterson, Heng Li, Weiwei Zhai, and Markus Hsi-Yang Fritz. 2010. A Draft Sequence of the Neandertal Genome. *Science* 328(5979): 710–722.

Gurven, Michael, Kim Hill, Raymond Hames, Tatsuya Kameda, Rose McDermott, Karen Lupo, Chris Kiahtipes, Sonia Ragir, Alejandro Rosas, and Michael Gurven. 2009. Why Do Men Hunt? A Reevaluation of "Man the

Hunter" and the Sexual Division of Labor. *Current Anthropology* 50(1): 51–74.

Hales, C Nicholas, and David JP Barker. 1992. Type 2 (non-insulin-dependent) Diabetes mellitus: The Thrifty Phenotype Hypothesis. *Diabetologia* 35(7): 595–601.

Hames, Raymond B, and William T Vickers. 1982. Optimal Diet Breadth Theory as a Model to Explain Variability in Amazonian Hunting. *American Ethnologist* 9(2): 358–378.

Hancock, Angela M, David B Witonsky, Edvard Ehler, Gorka Alkorta-Aranburu, Cynthia Beall, Amha Gebremedhin, Rem Sukernik, Gerd Utermann, Jonathan Pritchard, and Graham Coop. 2010. Human Adaptations to Diet, Subsistence, and Ecoregion Are Due to Subtle Shifts in Allele Frequency. *Proceedings of the National Academy of Sciences of the United States of America* 107 (Supplement 2): 8924–8930.

Hawkes, Kristen, Kim Hill, and James F O'Connell. 1982. Why Hunters Gather: Optimal Foraging and the Ache of Eastern Paraguay. *American Ethnologist* 9(2): 379–398.

Hawkes, Kristen, James F O'Connell, Nicholas G Blurton Jones, Duran Bell, Rebecca Bliege Bird, Douglas W Bird, Raymond Hames, Paula K Ivey, Debra Judge, and Alexander Kazankov. 2001. Hunting and Nuclear Families: Some Lessons from the Hadza about Men's Work. *Current Anthropology* 42(5): 681–709.

Heijmans, Bastiaan T, Elmar W Tobi, Aryeh D Stein, Hein Putter, Gerard J Blauw, Ezra S Susser, P Eline Slagboom, and LH Lumey. 2008. Persistent Epigenetic Differences Associated with Prenatal Exposure to Famine in Humans. *Proceedings of the National Academy of Sciences of the United States of America* 105(44): 17046–17049.

Jablonski, Nina G, and George Chaplin. 2000. The Evolution of Human Skin Coloration. *Journal of Human Evolution* 39(1): 57–106.

Jin, B, J Zhu, H Wang, D Chen, Q Su, L Wang, WB Liang, and L Zhang. 2015. A Primary Investigation on SNPs Associated with Eyelid Traits of Chinese Han Adults. *Forensic Science International: Genetics Supplement Series* 5: e669–e670.

Kitayama, Shinobu, Anthony King, Carolyn Yoon, Steve Tompson, Sarah Huff, and Israel Liberzon. 2014. The Dopamine D4 Receptor Gene (DRD4) Moderates Cultural Difference in Independent Versus Interdependent Social Orientation. *Psychological Science* 25(6): 1169–1177.

Krause, Johannes, Qiaomei Fu, Jeffrey M Good, Bence Viola, Michael V Shunkov, Anatoli P Derevianko, and Svante Pääbo. 2010. The Complete Mitochondrial DNA Genome of an Unknown Hominin from Southern Siberia. *Nature* 464(7290): 894.

Laloë, Jacques-Olivier, Jacquie Cozens, Berta Renom, Albert Taxonera, and Graeme C Hays. 2014. Effects of Rising Temperature on the Viability of an Important Sea Turtle Rookery. *Nature Climate Change* 4(6): 513.

Lesch, Klaus-Peter, Dietmar Bengel, Armin Heils, Sue Z Sabol, Benjamin D Greenberg, Susanne Petri, Jonathan Benjamin, Clemens R Müller, Dean H Hamer, Dennis L Murphy 1996. Association of anxiety-related traits with a polymorphism in the serotonin transporter gene regulatory region. *Science* 274: 1527–1531.

Mathews, Fiona, Paul J Johnson, and Andrew Neil. 2008. You Are What Your Mother Eats: Evidence for Maternal Preconception Diet Influencing Foetal Sex in Humans. *Proceedings of the Royal Society of London B:*

Biological Sciences 275(1643): 1661–1668.

Mead, Simon, Jerome Whitfield, Mark Poulter, Paresh Shah, James Uphill, Tracy Campbell, Huda Al-Dujaily, Holger Hummerich, Jon Beck, and Charles A Mein. 2009. A Novel Protective Prion Protein Variant that Colocalizes with Kuru Exposure. *New England Journal of Medicine* 361(21): 2056–2065.

Mulder, Monique Borgerhoff, Samuel Bowles, Tom Hertz, Adrian Bell, Jan Beise, Greg Clark, Ila Fazzio, Michael Gurven, Kim Hill, and Paul L Hooper. 2009. Intergenerational Wealth Transmission and the Dynamics of Inequality in Small-scale Societies. *Science* 326(5953): 682–688.

NCD Risk Factor Collaboration. 2016. Trends in Adult Body-mass Index in 200 Countries from 1975 to 2014: A Pooled Analysis of 1698 Population-based Measurement Studies with 19. 2 Million Participants. *The Lancet* 387(10026): 1377–1396.

NCD Risk Factor Collaboration. 2017. Worldwide Trends in Blood Pressure from 1975 to 2015: A Pooled Analysis of 1479 Population-based Measurement Studies with 19. 1 Million Participants. *The Lancet* 389: 37–55.

Neel, James V. 1962. Diabetes Mellitus: A "Thrifty" Genotype Rendered Detrimental by "Progress"? *American journal of human genetics* 14(4): 353.

Newman, Marshall T. 1956. Adaptation of man to cold climates. *Evolution* 10(1): 101–105.

Nielsen, Julius, Rasmus B Hedeholm, Jan Heinemeier, Peter G Bushnell, Jørgen S Christiansen, Jesper Olsen, Christopher Bronk Ramsey, Richard W Brill, Malene Simon, and Kirstine F Steffensen. 2016. Eye Lens Radiocarbon Reveals Centuries of Longevity in the Greenland Shark (Somniosus microcephalus). *Science*

353(6300): 702–704.

Nussbaum, Robert L, Roderick R McInnes, and Huntington F Willard. 2007. Thompson & Thompson Genetics in Medicine. Elsevier. 福嶋義光監訳（2009）『トンプソン&トンプソン 遺伝医学』メディカル・サイエンス・インターナショナル。

Oster, Emily. 2005. Hepatitis B and the Case of the Missing Women. *Journal of Political Economy* 113(6): 1163–1216.

Oster, Emily, Gang Chen, Xinsen Yu, and Wenyao Lin. 2010. Hepatitis B Does Not Explain Male-biased Sex Ratios in China. *Economics Letters* 107(2): 142–144.

Peterson, Charles C, Kenneth A Nagy, and Jared Diamond. 1990. Sustained Metabolic Scope. *Proceedings of the National Academy of Sciences of the United States of America* 87(6): 2324–2328.

Reich, David, Richard E Green, Martin Kircher, Johannes Krause, Nick Patterson, Eric Y Durand, Bence Viola, Adrian W Briggs, Udo Stenzel, and Philip LF Johnson. 2010. Genetic History of an Archaic Hominin Group from Denisova Cave in Siberia. *Nature* 468(7327): 1053.

Relethford, John H. 2002. Apportionment of Global Human Genetic Diversity Based on Craniometrics and Skin Color. *American Journal of Physical Anthropology* 118(4): 393–398.

Rolett, Barry, and Jared Diamond. 2004. Environmental Predictors of Pre-European Deforestation on Pacific Islands. *Nature* 431(7007): 443.

Saccucci, MJ, RD Denton, ML Holding, and HL Gibbs. 2016. Polyploid Unisexual Salamanders Have Higher

Tissue Regeneration Rates than Diploid Sexual Relatives. *Journal of Zoology* 300(2): 77–81.

Sen, Amartya. 1992. Missing Women. *BMJ* 304(6827): 587.

Sen, Amartya. 2003. Missing Women——Revisited: Reduction in Female Mortality Has Been Counterbalanced by Sex Selective Abortions. *BMJ* 327(7427): 1297.

Smith, Eric Alden, and Mark Wishnie. 2000. Conservation and Subsistence in Small-scale Societies. *Annual Review of Anthropology* 29(1): 493–524.

Swallow, Dallas M. 2003. Genetics of Lactase Persistence and Lactose Intolerance. *Annual Review of Genetics* 37(1): 197–219.

Takeuchi, Kazuhiko. 2010. Rebuilding the Relationship between People and Nature: the Satoyama Initiative. *Ecological Research* 25(5): 891–897.

Tallavaara, Miikka, Jussi T Eronen, and Miska Luoto. 2017. Productivity, Biodiversity, and Pathogens Influence the Global Hunter-gatherer Population Density. *Proceedings of the National Academy of Sciences of the United States of America*: 201715638.

Tirindelli, Roberto, Michele Dibattista, Simone Pifferi, and Anna Menini. 2009. From Pheromones to Behavior. *Physiological reviews* 89(3): 921–956.

Tishkoff, Sarah A, Floyd A Reed, Alessia Ranciaro, Benjamin F Voight, Courtney C Babbitt, Jesse S Silverman, Kweli Powell, Holly M Mortensen, Jibril B Hirbo, and Maha Osman. 2007. Convergent Adaptation of Human Lactase Persistence in Africa and Europe. *Nature Genetics* 39(1): 31.

Trivers, Robert L, and Dan E Willard. 1973. Natural Selection of Parental Ability to Vary the Sex Ratio of Offspring. *Science* 179(4068): 90–92.

Watkins, W Scott, Alan R Rogers, Christopher T Ostler, Steve Wooding, Michael J Bamshad, Anna-Marie E Brassington, Marion L Carroll, Son V Nguyen, Jerilyn A Walker, and BV Ravi Prasad. 2003. Genetic Variation among World Populations: Inferences from 100 Alu Insertion Polymorphisms. *Genome research* 13(7): 1607–1618.

Watts, Phillip C, Kevin R Buley, Stephanie Sanderson, Wayne Boardman, Claudio Ciofi, and Richard Gibson. 2006. Parthenogenesis in Komodo Dragons. *Nature* 444(7122): 1021.

Wedekind, Claus, Thomas Seebeck, Florence Bettens, and Alexander J Paepke. 1995. MHC-Dependent Mate Preferences in Humans. *Proceedings of the Royal Society of London B: Biological Sciences* 260(1359): 245–249.

Wolfe, Nathan D, Claire Panosian Dunavan, and Jared Diamond. 2007. Origins of Major Human Infectious Diseases. *Nature* 447(7142): 279.

Wolfe, Nathan D, William M Switzer, Jean K Carr, Vinod B Bhullar, Vedapuri Shanmugam, Ubald Tamoufe, A Tassy Prosser, Judith N Torimiro, Anthony Wright, and Eitel Mpoudi-Ngole. 2004. Naturally Acquired Simian Retrovirus Infections in Central African Hunters. *The Lancet* 363(9413): 932–937.

Yamazaki, Kunio, and Gary K Beauchamp. 2007. Genetic Basis for MHC-dependent Mate Choice. *Advances in Genetics* 59: 129–145.

五十嵐忠孝（2008）「バリのこよみ・考――現行太陰太陽暦が辿って来た道」『東南アジア研究』45：497–538。

井村裕夫（2013）『進化医学――人への進化が生んだ疾患』羊土社。

印東道子（2010）「共同研究　人類の移動誌――進化的視点から」『民博通信』129：24–25。

大塚柳太郎（2015）『ヒトはこうして増えてきた――20万年の人口変遷史』新潮選書。

大塚柳太郎・河辺俊雄・高坂宏一・渡辺知保・阿部卓（2012）『人類生態学　第2版』東京大学出版会。

レイチェル・カーソン（1974）青樹簗一訳『沈黙の春』新潮社。

海部陽介（2016）『日本人はどこから来たのか？』文藝春秋。

川島博之（2008）『世界の食料生産とバイオマスエネルギー――２０５０年の展望』東京大学出版会。

川端裕人（2017）海部陽介監修『我々はなぜ我々だけなのか――アジアから消えた多様な「人類」たち』講談社。

口蔵幸雄（2000）「最適採食戦略――食物獲得の行動生態学」『国立民族学博物館研究報告』24：767–872。

熊倉功夫編（2012）『和食――日本人の伝統的な食文化』農林水産省。

篠田謙一（2007）『日本人になった祖先たち――ＤＮＡから解明するその多元的構造』ＮＨＫ出版。

ジャレド・ダイアモンド（2000）倉骨彰訳『銃・病原菌・鉄――１万３０００年にわたる人類史の謎（上・下）』草思社。

ジャレド・ダイアモンド（2005）楡井浩一訳『文明崩壊――滅亡と存続の命運を分けるもの（上・下）』草思社。

竹沢泰子編者代表（2016）『人種神話を解体する（全三巻）』東京大学出版会。

多田富雄（1997）『生命の意味論』新潮社。

日本人類学会教育普及委員会監修（2015）中山一大・市石博編『つい誰かに教えたくなる人類学63の大疑問』講談社。

羽田正（2017）『グローバル・ヒストリーの可能性』山川出版社。

参考文献

羽田正責任編集（2016）『地域史と世界史』ミネルヴァ書房。

古澤拓郎（2017）「インドネシア・スンバ島西部の在来暦法――『苦い月』と『ゴカイ月』をめぐる地域間シグナル伝達の分析から」『アジア・アフリカ地域研究』17：1-38。

ピーター・ベルウッド（2008）長田俊樹・佐藤洋一郎監訳『農耕起源の人類史』京都大学学術出版会。

G・ホフステード、G・J・ホフステード、M・ミンコフ（2013）岩井八郎・岩井紀子訳『多文化世界――違いを学び未来への道を探る』有斐閣。

美甘光太郎（1896）「眼瞼成形小技」『中外醫事新報』396：9-50。

むすびにかえて

本書はミネルヴァ書房の月刊誌「ミネルヴァ通信『究』」にて連載された、「連続体の人類生態史」（二〇一五年四月号〜二〇一七年三月号、全二四回）に大幅な加筆修正を加えたものである。

最初にこの連載のご依頼をいただいた時には、それまで日頃の講義で学生たちに人類生態学と地域研究を教える時に使っていた、小ネタを集めたものにしようと考えた。講義では私たちの身体や生理的特徴それから文化といったものは、人間がアフリカで誕生して、そして世界に広まる中で進化・適応してできたものであることをわかってもらうために、理論よりもまず、身近な事例を取り上げて、学生に「へえー」と思ってもらうようにしていたのである。私自身が一重まぶたで憂鬱であったという話をしては同情を引き、フェロモン香水は効果があるかという話題で青春を謳歌する若者の興味を引き、伝統社会が環境保護的であるか、格差は許されるのか、なぜ病気があるのか、ということを学生たちに考えてもらった。ただ、このような小ネタを使って学生に知ってもらいたかったことはもう一つあって、自分たちとは異なるものを科学的に見ることで、差別のない地域理解・人間理解・世界理解ができるということであった。ご依頼を受けて執筆準備を始めた頃、ちょうどアメリカでは人種差別が再び大きな問題となっており、日本でもヘイトスピーチの問題があり、このような時代にこそ、よりたくさんの人々にこういう見方を知ってもらう必要があることを感じた。出版を目前にした今も、日本の政治家が性的多様性を否定する言動をしたことが社会問題化しており、当初のねらいがはずれていなかったことを実感している。

またそれよりも少し前、エマ・ワトソンさんの国連スピーチのことを知り、二つしかない男女を連続体としてみるというのは、はたしてどういうことなのか、ということを考えていた。生物学からみて男女が二項対立的な存在ではないことはわかっていたが、それでも男女は交わることのない点あるいは集合という形以外で、どのように表現できるかと悩んでいたところであった。連続体の英語が spectrum であることを知った時、さまざまな色が連続的に繋がる光学スペクトルが浮かび、それぞれの人間が異なる輝きを見せているが、人間としての違いはない様が、ふっと頭に浮かんだのである。なお、自然人類学の英語文献では、それ以前から spectrum という用語は使われてきていたし、連続体すなわちスペクトラムの解釈には別の形も可能であろうが、私なりの解釈に基づいて、性別の違いだけでなく、人種の違いや文化の違いについても連続的に描けるのではないか、と考えたのである。日本語では「連続体」、「スペクトラム」、「スペクトル」という風に、分野や状況に応じて異なる表記・発音が用いられるが、このようにいささか捉えにくく謎めいた感じがあることも、この用語の魅力である。

私はながらく南太平洋のソロモン諸島に滞在して調査を行った経験があるが、人間が最後にたどり着いたこれらの太平洋の島々の人や文化を見ていると、彼らが一五万年もの長い長い旅を経てこのような美しい島にたどり着いた壮大なストーリーを書きたい、という欲求にかられたことも告白しておきたい。実は太平洋で研究していて、その後人類史に関心を持つ研究者は多い。本書でもしばしば引用したが、『銃・病原菌・鉄』の著者であるジャレド・ダイアモンド氏、『農耕起源の人類史』の著者であるピーター・ベルウッド氏、そして日本人では『ヒトはこうして増えてきた――20万年の人口変遷史』や『人類生態学』（共著）の著者であり、私にとっては大学院の指導教員でもあった大塚柳太郎氏らである。このような方々に比べると私はあまりにも若輩者であるが、無知を恥じることよりも、若気の至りで欲求に身を任せることを選んだものである。

こういった背景は私的な事情であるが、さらに私的な背景もある。私の妻は、私なんかよりもずっとしっかりした科学者であり、科学の先端に詳しい。彼女の研究話を聞いていると、私がうすぼんやりと考えている人類進化史を、科学的に書くアイデアをもらうことができたのである。例えばエピジェネティクスの研究まで本書に取り入れることができたのは、彼女のおかげに負うところが大きい。なお彼女とは結婚以来、人によって考え方が違うこととそれを理解し合うことが重要であるという本書の根源的テーマに気づかされる日々を与えてもらった。

授業で使う小ネタであったが、連載ならびに本書を執筆するにあたって調べなおしたところ、最近になって科学が進歩して新しい発見があったり、単に私が記憶違いしていたりして、これまでとは全く違う結論になったところもある。また連載に合わせて分析を深めていく中で、私の中でもこれまでよりも深い理解と新しい発見に結びついたところもある。例えば身体運動における基礎代謝量の格差には限界があることと、狩猟採集民における経済格差の存在については、それぞれ別の知識であったが、今回身体科学と経済学の知見の両方を結びつけてみると、自然状態における格差は三〜四倍に収まるという結論に収束することができた。マラリアとＤＮＡについて鎌状赤血球症など生物学的な共通点は広く知られていることであるが、そこにあえて伝統医療の知的財産権という社会的な側面を絡めることもできた。それからまた、人間の生命とは心臓や脳が動くことによって成立するのか、細胞一つひとつが存続することによって成立するのか、ということを前から考えていたが、終章でこの議論を発展させることで、私たち人間が一つの連続体であることを示すことができたと考えている。

ホモ・サピエンスというのは、人間を指す学名であるが、ラテン語で「知性ある人（賢い人）」という意味である。とはいえ、これは人間が勝手につけた名前であり、自分で自分のことを「知性ある」と自画自賛しているにすぎず、本当に知性があるとは限らない。たしかに、人間は高度な科学・技術を築き上げてきたが、とても知的であるとはいえないような、根拠なき差別や偏見が根強く残っている。本書を書くことは、自分自身の中にある差別意識や偏見に気づかされる作業でもあった。そして、それを乗り越える知性の在り方を探る日々でもあった。

異文化を理解すること、異なる人を理解することは容易ではない。異なるものを「異物」というカテゴリーに押し込めて、見下したり、差別したりすることが許されないのは当然である。一方、異なることを見て見ぬふりをしてひたすらに「同じ」とみなすのも、理解する努力をやめてしまい、単に思考を停止している状態であると思ってきた。理解するには多くの努力と長い時間がかかるが、それだけの苦労をして、少しでも理解を進めることに価値があると考えている。人だけ、文化だけ、行動だけを見ていてもダメで、人、文化、自然環境、それから歴史的な経緯などを総合的にみて、理解するための思考をしてほしい。それは究極の地域研究であり、真の異文化理解と人間理解になると信じている。

本書では読者にはあまりなじみのない地域の人々や環境について多くとりあげてきたが、そのような地域にも思いを寄せてみることができるように、できるだけ地図や写真を取り込んだ。また、学問分野でも人文・社会科学系から自然科学系まで幅広いが、各分野についても理解してもらえるように平易な文章と図表を用いることに努めた。写真や図表は、専門書を用いるだけでなく、誰にとっても身近に利用できるインターネット上の公共リソースも活用した。インターネット上には誤った情報がしばしばあるため注意が必要であるものの、瞬時に膨大な情報にアクセスすることができできるという利点がある。本書をきっかけに関心を持たれた地域や分野があれば、ぜひインターネットなどを活用して、さらに理解を深めて欲しいと願う。

最後に、本書はさまざまな人と機関のおかげで執筆が可能になったことを述べさせていただく。何より私を受け入れて調査をさせてくださった、ソロモン諸島、インドネシアをはじめとする、各地の人々に感謝を申し上げる。また、日本学術振興会からは科学研究費補助金や「課題設定による先導的人文・社会科学研究推進事業」として、京都大学からは「研究大学強化促進事業」などとして、公益財団法人パブリックヘルスリサーチセンターからはパブリックヘルス科学研究助成金としてなど、多くの資金援助をいただいたことに深く御礼申し上げる。またさまざまなご意見を寄せてくださった、先輩・後輩、同僚、学生にも感謝を申し上げる。いつも私を応援してくれる妻と子供たちに感謝する。そして『「究」』での連載者に私を選んでくださり、このような書籍へと結びつけてくださった、ミネルヴァ書房の堀川健太郎氏に深甚なる謝意を表する。

二〇一八年九月

古澤拓郎

ま　行

や　行

ら　行

わ　行

は　行

た　行

な　行

人名索引

あ 行

か 行

さ 行

た 行

事項索引

あ 行

か　行

《著者紹介》

古澤拓郎（ふるさわ・たくろう）

1977年 生まれ。

2005年 東京大学大学院医学系研究科国際保健学専攻博士課程修了，博士（保健学）（東京大学）。

東京大学サステイナビリティ学連携研究機構特任研究員，同大学国際連携本部特任講師，同大学日本・アジアに関する教育研究ネットワーク特任准教授を経て，

現　在 京都大学大学院アジア・アフリカ地域研究研究科准教授。

主　著 *Living with Biodiversity in an Island Ecosystem: Cultural Adaptation in the Solomon Islands*, Springer, 2016.（第16回日本オセアニア学会賞受賞）。

『フィールドワーカーのための GPS・GIS 入門』（共編著）古今書院，2011年ほか。

叢書・知を究める⑮

ホモ・サピエンスの15万年

──連続体の人類生態史──

2019年4月30日　初版第1刷発行　〈検印省略〉

定価はカバーに
表示しています

著　者　古　澤　拓　郎

発行者　杉　田　啓　三

印刷者　田　中　雅　博

発行所　株式会社　ミネルヴァ書房

607－8494　京都市山科区日ノ岡堤谷町1

電話代表（075）581－5191

振替口座 01020－0－8076

創栄図書印刷・新生製本

ISBN978-4-623-08444-9

Printed in Japan